AF327721

BIOGRAPHIES

DES

HOMMES ILLUSTRES

DES TEMPS ANCIENS ET MODERNES

OUVRAGE DESTINÉ AUX JEUNES ENFANTS

CONTENANT

des leçons, des récits, des lectures extraites des grands historiens,
des exercices oraux et écrits

ET ACCOMPAGNÉ

DE 138 GRAVURES ET DE CARTES INTERCALÉES DANS LE TEXTE

PAR

Désiré BLANCHET

PROFESSEUR AGRÉGÉ D'HISTOIRE ET DE GÉOGRAPHIE AU LYCÉE CHARLEMAGNE
ET A L'ASSOCIATION DE LA SORBONNE

PARIS

LIBRAIRIE CLASSIQUE EUGÈNE BELIN

Vᵉ EUGÈNE BELIN ET FILS

RUE DE VAUGIRARD, Nº 52

1882

Tout exemplaire de cet ouvrage non revêtu de ma griffe sera réputé contrefait.

AVERTISSEMENT

L'auteur des nouveaux programmes d'histoire dit avec raison : « L'enseignement qui s'adresse aux jeunes enfants doit rester élémentaire et facilement accessible. » Nous avons cherché à donner à ce petit livre ce caractère ; nous voudrions que ce fût son principal mérite.

En racontant les biographies des hommes célèbres des temps anciens et modernes, nous n'avons pas cherché à présenter un précis de l'histoire universelle. L'enchaînement des faits et la suite logique des événements frappent peu l'intelligence de l'enfant. Mais son esprit est vivement impressionné par un fait saillant, une action remarquable, un épisode intéressant. On ne trouvera donc pas dans ce livre une narration suivie, mais des récits détachés. Et, en cela encore, nous avons voulu nous conformer au programme. « Il faut, dit-il, que le détail anecdotique et vivant domine, à condition qu'il offre les caractères de la vérité historique. »

Mais si nous avons évité de donner un tableau même sommaire de l'histoire générale, nous avons cru cependant nécessaire de disposer nos récits dans l'ordre chronologique. C'est le plus naturel et aussi le plus clair. Il permettra aux maîtres de donner quelques indications sur l'époque où vivaient les personnages célèbres, et sur les peuples qui les ont vus naître.

Nous avons respecté rigoureusement les prescriptions du programme en remplaçant, pour l'histoire ancienne de l'Orient, les biographies légendaires par quelques détails sur les peuples les plus remarquables et sur les monuments qu'ils nous ont laissés.

Nous avons suivi, dans la division de ce livre, la même méthode que dans nos petites histoires de France. C'est à l'imagination et à l'intelligence des enfants, autant qu'à la mémoire, que nous avons voulu nous adresser.

Des *récits* détachés, courts, écrits dans un style simple et clair; des *anecdotes* qui sont pour les enfants la première forme de l'histoire; un *questionnaire* et un *lexique* explicatif de tous les mots difficiles à la fin de chaque récit; telle est la partie qui met en éveil l'*intelligence*.

Des *cartes* et des *gravures*, qui sont, pour ainsi dire, la reproduction matérielle du récit, frappent l'*imagination*.

Une *leçon* de quelques lignes, imprimée en caractères forts, précède chaque récit et grave dans la *mémoire* les faits principaux.

Enfin une *lecture* reproduit ou résume une page d'un grand écrivain.

Avons-nous besoin d'ajouter qu'en plaçant sous les yeux de nos enfants les actions bonnes ou mauvaises des hommes, nous avons songé à l'enseignement moral qui se dégage de ces récits. C'est surtout à l'âge où la notion du bien et du mal commence à naître que les exemples marquent dans une jeune âme une empreinte ineffaçable. Puisse ce petit livre n'inspirer à nos enfants que de bonnes pensées et de généreux sentiments!

Désiré BLANCHET.

BIOGRAPHIES DES HOMMES ILLUSTRES

PETITS RÉCITS PRÉLIMINAIRES

1. L'histoire. — Vous allez, mes enfants, commencer l'étude de l'histoire.

L'histoire est le récit des événements qui se sont accomplis sur notre terre.

2. La terre. — La terre que vous habitez n'a pas toujours eu l'aspect que vous lui voyez aujourd'hui.

Quand sa surface encore en feu fut refroidie, quand la mer fut formée, quand l'air devint respirable, des êtres vivants apparurent. Ils peuplèrent la terre, les eaux et l'air.

3. Les végétaux. — La terre se couvrit d'abord de plantes et d'arbres de toutes sortes : c'est ce qu'on appelle les végétaux.

Certaines plantes, comme les fougères, atteignaient alors des dimensions énormes. Celles que nous voyons aujourd'hui sont beaucoup plus petites.

4. Les animaux. — Les animaux peuplèrent peu à peu la terre déjà couverte de plantes. Les espèces d'animaux étaient fort nombreuses. Quelques-unes ont complètement disparu.

Ainsi le mammouth, sorte d'éléphant, mais beaucoup plus grand, couvert de longs poils, aux défenses recourbées ; ainsi le mégathérium, monstre assez fort pour arracher les arbres les plus grands, n'existent plus aujourd'hui.

D'autres animaux qui vivaient dans nos contrées habitent d'autres climats.

Ainsi les rennes que l'on rencontre dans le nord de l'Europe, les lions qui vivent en Afrique, les éléphants et les hippopotames qui vivent en Asie étaient, à cette époque très reculée, les habitants de notre terre de France.

Fig. 1. — Mégathérium (taille de l'éléphant).

5. Les sciences naturelles. — Des savants, dont vous lirez l'histoire, ont étudié ces différentes transformations de la terre, des plantes et des animaux. Ils ont créé cette science de la nature, c'est-à-dire les *sciences naturelles*.

DEUXIÈME RÉCIT. — L'HOMME. — LES PREMIÈRES INDUSTRIES HUMAINES.

1. L'homme. — Les hommes qui vivaient à cette époque primitive étaient aussi sauvages que les animaux auxquels ils disputaient leur vie.

Les variétés de l'espèce humaine sont nombreuses : elles se sont modifiées suivant les époques, le sol et le climat.

2. Les races humaines. — On distingue quatre races principales :

Fig. 2. — Un type de la race blanche, rouge, jaune et noire.

1° La race blanche qui habite l'Europe et une partie de l'Asie ;

2° La race jaune, dans l'Asie et une partie de l'Océanie ;

3° La race noire, en Afrique.

4° La race rouge, en Amérique.

3. Les premiers hommes. — Les premiers hommes vécurent longtemps dans un état misérable.

Mais leur intelligence, qui les rendait supérieurs à tous les animaux, leur a donné la

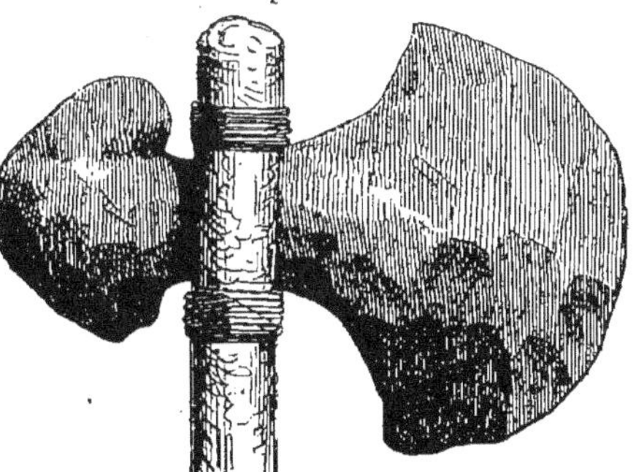

Fig. 3. — Une hache avec silex.

force de les vaincre et leur a appris à utiliser, pour

leur avantage, toutes les forces de la nature.

4. Les âges primitifs de l'humanité. — Ils ont d'abord cherché à se fabriquer des outils. Ils taillaient et aiguisaient en forme de hache une pierre dure ou silex. Cette époque, pendant laquelle les hommes ne savaient se servir que d'instruments en pierre, s'appelle l'*âge de la pierre.*

Fig. 4. — Une caverne.

Fig. 5. — Une tente.

Plus tard ils apprirent à fabriquer le bronze; plus tard enfin ils surent travailler le fer. Ces diffé-

Fig. 6. — Une maison lacustre.

rentes époques prirent le nom d'âge *du bronze* et *âge du fer.*

5. Les premières habitations. — Armés

de leurs outils les hommes purent se construire des demeures. Ils enfonçaient des pieux au milieu des eaux et y bâtissaient leurs maisons ; la nuit ils enlevaient le pont de bois qui faisait communiquer la maison avec la terre. Ils étaient ainsi à l'abri des attaques des animaux.

Ces premières habitations humaines s'appellent les habitations *lacustres* ou construites au milieu des lacs.

6. Les premiers vêtements. — Les hommes apprirent peu à peu l'art de se vêtir. Les peaux desséchées des animaux sauvages furent d'abord leur unique vêtement ; puis ils fabriquèrent avec la laine de grossières étoffes ; enfin ils surent utiliser la soie, le lin et le chanvre et en façonner des tissus. Ainsi naquirent et se développèrent les premières *industries* humaines.

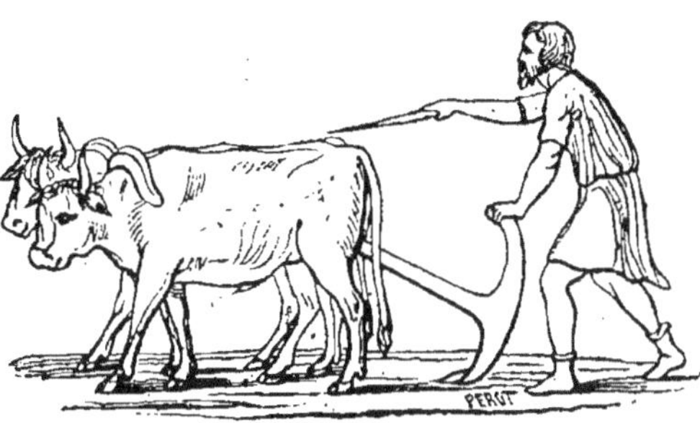

Fig. 7. — Une charrue antique.

7. L'agriculture. — La nourriture des premiers hommes consistait dans les fruits de la terre. Ils apprirent à découvrir les plantes utiles et à les cultiver. Ils semèrent le blé et en fabriquèrent le pain. Quand la chasse aux animaux devint moins productive, ils élevèrent pour leur usage des troupeaux ; ils domestiquèrent les animaux et surent utiliser

Fig. 8. — Une charrue moderne.

leurs forces. Les bœufs et les chevaux devinrent les

1.

auxiliaires de l'homme. L'*agriculture* est le premier travail auquel les hommes se sont adonnés.

8. Le commerce. — Bientôt ils échangèrent, pour leur commun usage, les produits de leur agriculture ou de leur industrie ; et ainsi naquirent entre eux les premières relations de *commerce*.

9. Le progrès. — Ainsi l'homme a transformé par un travail opiniâtre la terre qu'il habite. Tous ces changements qu'il a accomplis pour devenir meilleur, plus instruit et plus heureux s'appellent le *progrès*.

TROISIÈME RÉCIT. — **LES PREMIÈRES SOCIÉTÉS HUMAINES.**

1. Les sociétés humaines. — Les hommes ne tardèrent pas à comprendre qu'ils devaient se prêter un mutuel appui ; ils vécurent en société.

Plusieurs familles réunies ensemble formèrent une tribu ; plusieurs tribus formèrent un peuple.

2. La loi. — Pour vivre en bon accord entre eux, les hommes d'une même tribu ou d'un même peuple se fixèrent certaines règles qu'ils devaient respecter : c'est là ce qu'on appelle *la loi*. Ainsi quand ils dirent : *Tu ne tueras pas ton semblable, tu ne voleras pas son bien*, ils firent une loi.

3. Le gouvernement. — Mais pour que la loi fût respectée de tous, pour que ces petites sociétés ne vécussent pas dans un trouble continuel, il fallait qu'un homme fût assez fort pour imposer son autorité aux autres. Les hommes reconnurent alors des *chefs* qui les *gouvernèrent*.

Quand les hommes eurent ainsi des lois et un gouvernement, ils sortirent de l'état *barbare* et devinrent *civilisés*.

4. Les différents gouvernements. — Le gouvernement ne fut pas toujours le même chez les différents peuples. Tantôt on se soumettait à l'autorité d'un seul, le gouvernement était une *royauté* ou *monarchie* ; tantôt on se soumettait à l'autorité d'une assemblée composée des hommes les plus intelligents ou les plus riches, dans ce cas le gouvernement était une *aristocratie*; tantôt, enfin, on établissait que tous les hommes d'un même peuple prendraient part aux affaires publiques : le gouvernement s'appelait la *république*.

5. Les guerres. — L'agriculture, l'industrie, le commerce développèrent le bien-être et la richesse parmi les peuples; mais aussi des jalousies et des rivalités entre eux. Les *guerres* étaient fréquentes entre les différentes tribus et les différents peuples, puis, après de nombreuses *batailles*, on finissait par s'entendre et on faisait un *traité* de paix.

6. L'histoire. — Ce sont toutes ces différentes actions qui constituent la vie d'un peuple; et c'est là ce que nous raconte l'histoire.

Le souvenir de tous ces événements a été conservé par les monuments mêmes que les hommes ont élevés ou par les récits qu'ils ont écrits.

QUATRIÈME RÉCIT. — **LES GRANDES DIVISIONS DE L'HISTOIRE.**

1. Les deux époques de l'histoire.—L'histoire peut se diviser en deux grandes époques : l'*époque préhistorique* et l'*époque historique*.

L'époque préhistorique est celle des premiers âges, dont nous n'avons conservé aucun document écrit. Elle précède l'histoire. Nous ne la connaissons que bien imparfaitement par quelques rares débris de la vie primitive des hommes.

L'époque historique est celle dont le souvenir a été conservé par les monuments, par les récits, par l'histoire.

2. La chronologie.—Elle se divise elle-même en plusieurs périodes ou espaces de temps. Ces différents espaces de temps sont fixés par une science qui s'appelle la *chronologie*. La chronologie calcule les *dates*, c'est-à-dire l'époque fixe où un fait s'est passé.

Les peuples ont adopté différentes manières de calculer les dates. L'époque à partir de laquelle ils commencent à compter le nombre des années, s'appelle *ère*. Généralement on prend un fait mémorable comme point de départ. Les chrétiens ont établi leur chronologie à partir de la naissance du Christ, qui est l'an 1 de l'*ère chrétienne*. On dit : tel fait s'est passé cent ans ou un *siècle* avant Jésus-Christ; tel fait s'est passé cent ans après Jésus-Christ. Les Romains avaient compté à partir de la fondation de Rome. Ils disaient, par exemple, l'an 60 de la fondation de Rome.

3. Les grandes divisions de l'histoire. — La chronologie divise l'histoire universelle en quatre grandes périodes :

1° L'*Histoire ancienne*,
2° L'*Histoire du moyen âge*,
3° L'*Histoire moderne*,
4° L'*Histoire contemporaine*.

Cette histoire universelle ne comprend pas l'histoire de tous les peuples.

Car bien des peuples, aujourd'hui encore, nous sont inconnus. Il y a, en Afrique, en Océanie, dans l'Amérique du Nord, une infinité de peuplades qui vivent à l'état sauvage, et qui n'ont pas d'histoire. L'histoire universelle ne raconte donc que ce que nous savons des peuples qui ont joué un grand rôle dans l'humanité, tels que les Égyptiens, les Assyriens, les Perses, les Grecs et les Romains dans les temps anciens, les Français, les Allemands, les Anglais, les Italiens, les Russes, etc., dans les temps modernes.

CINQUIÈME RÉCIT. — **UTILITÉ DE L'HISTOIRE.**

1. Utilité de l'histoire. — L'étude de l'histoire est utile aux hommes. Non seulement elle satisfait ce sentiment naturel de curiosité qui nous pousse à connaître ce qui était avant nous, mais elle nous donne de précieux enseignements. Elle nous montre les fautes que nos pères ont pu commettre, elle nous apprend à les éviter; elle nous raconte les belles actions des hommes et elle nous inspire le désir de les imiter.

2. L'amour de la patrie. — L'histoire doit surtout nous inspirer l'amour de la patrie, c'est-à-dire du pays où nous sommes nés et où ont vécu nos pères.

Quel est celui d'entre vous qui, sachant tous les sacrifices que s'impose son père pour l'élever et le faire instruire, n'a pas pour lui une reconnaissante affection? De même, quand vous saurez ce que tous les Français, de tous les temps, ont souffert, toutes les guerres qu'ils ont faites, toutes les luttes qu'ils ont soutenues pour vous donner tous les biens dont vous jouissez, vous les aimerez davantage et vous les imiterez.

Sans doute il faut rendre justice à tous les autres peuples, parce que le progrès est l'œuvre commune de tous. Mais il faut surtout et avant tout aimer son pays, comme on aime sa famille.

Donc, enfants, instruisons-nous, apprenons l'histoire qui fera de nous de bons *patriotes,* c'est-à-dire des hommes dévoués à notre chère patrie, à la France.

EXERCICES ORAUX ET ÉCRITS.

Premier récit. — Qu'est-ce que l'histoire? — Quel était l'aspect primitif de la terre? — Qu'est-ce que les végétaux? — Certaines plantes n'étaient-elles pas plus grandes primitivement qu'aujourd'hui?—Les espèces d'animaux étaient-elles plus nombreuses et plus grandes autrefois qu'aujourd'hui? — Qu'est-ce que le mammouth, le mégathérium? — Quels sont les animaux disparus de notre terre de France? — Qu'est-ce que les sciences naturelles?

Deuxième récit. — Que savons-nous de l'homme primitif? — Quelles sont les quatre principales races humaines? — Quels ont été les premiers outils des hommes? — Qu'appelle-t-on âge de la pierre, du bronze et du fer? — Quelles ont été les premières habitations humaines? — Qu'est-ce qu'une habitation lacustre? — Comment les hommes se sont-ils adonnés à l'industrie, à l'agriculture et au commerce? — Qu'entend-on par progrès?

Troisième récit. — Comment se sont formées les premières sociétés humaines? — Qu'est-ce qu'une famille? — Une tribu? — Un peuple?

— Qu'est-ce que la loi? — Pourquoi les hommes se sont-ils donné un gouvernement? — Qu'entend-on par monarchie, aristocratie, république? — Qu'est-ce que les guerres, les batailles, les traités de paix? — Qu'entendez-vous par le mot de civilisation?

Quatrième récit. — Comment avons-nous conservé les souvenirs de l'histoire? — Comment divise-t-on l'histoire? — Que signifient les mots époque préhistorique et époque historique? — Comment a-t-on fixé les périodes de l'histoire? — Qu'est-ce que la chronologie, la date, l'ère? — Citez les grandes divisions de l'histoire? — L'histoire est-elle vraiment universelle? — Pourquoi?

Cinquième récit. — Pourquoi faut-il apprendre l'histoire? — Que nous enseigne-t-elle? — Quel amour doit-elle nous inspirer?

CHAPITRE PREMIER

LES PEUPLES DE L'ORIENT

PREMIER RÉCIT. — **L'ÉGYPTE. — LES ÉGYPTIENS.**

LEÇON.

1. L'Égypte est comprise dans la vallée du Nil.

2. Elle doit sa fertilité aux inondations de ce fleuve.

3. Les nombreux monuments qui couvrent l'Égypte attestent la grandeur du peuple égyptien.

4. Les Égyptiens étaient laborieux, actifs, habiles dans les sciences et dans les arts. Ils croyaient à l'immortalité de l'âme et avaient un culte religieux pour les morts.

5. L'Égypte, après avoir été gouvernée par ses rois, fut conquise par les Perses et, plus tard, par les Grecs.

RÉCIT.

1. L'Égypte. — L'Égypte est située au nord de l'Afrique; elle est comprise tout entière dans la vallée du Nil.

2. Le Nil. — Le Nil est un grand fleuve qui descend des lacs situés à l'intérieur de l'Afrique. Ses sources, longtemps inconnues, ont été découvertes de nos jours par des voyageurs anglais.

3. Inondations du Nil. — Tous les ans, au mois de juin, le Nil, gonflé par les pluies, se répand dans les campagnes; il dépose, en se retirant, un limon fertile. Partout où pénètrent les eaux bienfaisantes du fleuve, le sable aride se change en terre féconde. Aussi on a dit avec raison que l'Egypte était un *présent du Nil.*

4. Fertilité de l'Égypte. — L'Égypte, après les inondations du Nil, est un des pays les plus fertiles du monde. La culture est à peine nécessaire. Le blé, les fruits, les légumes, le papyrus, qui servait à fabriquer le papier, poussent avec une extrême abondance sur cette terre humide exposée aux chauds rayons du soleil.

5. Les Égyptiens. — Aussi ce beau pays a été, dès la plus haute antiquité, le séjour des hommes. Les Égyptiens sont le peuple le plus ancien dont l'histoire nous soit connue.

6. Les monuments de l'Égypte. — L'histoire de l'Egypte nous a été révélée par les nombreux monuments qui témoignent de l'ancienneté

Fig. 9. — Les Pyramides d'Egypte.

et de la grandeur de la civilisation égyptienne. Il faut citer parmi les plus remarquables :

Les *pyramides,* qui servaient de tombeaux aux

rois égyptiens, masse énorme de pierres, large à la base, pointue au sommet, d'une hauteur de plus de cent mètres ;

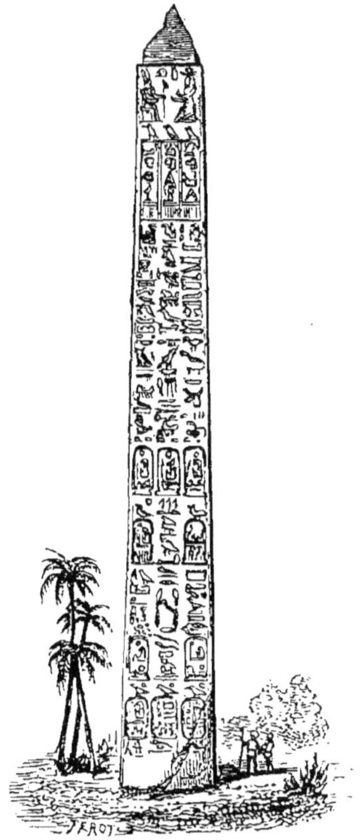

Les *obélisques,* colonnes d'un seul bloc de pierre ;

Les *sphynx,* figures énormes taillées dans une masse de granit ; généralement la face du sphynx était d'un homme, le corps d'un lion accroupi sur ses jambes ;

Les *hypogées,* édifices souterrains où reposaient dans des cercueils en pierre (*sarcophages*) les corps embaumés des morts (*momies*) ;

Enfin les *temples* des dieux et les *palais* des rois, avec leurs vastes constructions, leurs cours, leurs portiques et leurs rangées de sphynx. Ces monuments étaient couverts de dessins coloriés ou d'inscriptions rappelant

Fig. 10. — L'obélisque.

les principaux faits de l'histoire égyptienne.

7. Histoire de l'Égypte. — Au commencement de ce siècle, un Français, Champollion, lut pour la première fois les inscriptions gravées sur les monuments. Il reconstitua l'alphabet de la langue égyptienne et désormais on put lire et traduire tout ce qui était écrit en caractères égyptiens (hiéroglyphes). Ces monuments de pierre sont donc le livre où les savants peuvent lire l'histoire ancienne de l'Égypte.

8. Les rois égyptiens. — Cette histoire nous apprend que l'Égypte fut gouvernée par de nombreuses dynasties de rois, que l'on désigne sous le

Fig. 11. — Le sphinx.

nom général de *Pharaons*. Les plus célèbres de ces rois furent *Ménès*, le fondateur de la ville de Memphis ; *Chéops, Chéphren* et *Mycérinus*, qui élevèrent les trois plus grandes pyramides ; *Aménémat*, qui fit creuser le lac Mœris, pour régulariser les inondations du Nil, et qui fit construire le Labyrinthe, une des merveilles de l'Égypte ; *Ramsès II*, plus connu sous le nom de *Sésostris* le Conquérant et dont on voit encore le magnifique palais dans les ruines de Thèbes.

Fig. 12.
Momie.

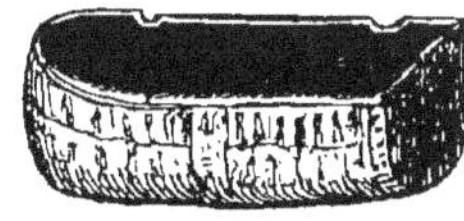

Fig. 13.
Un sarcophage.

L'Egypte, après avoir été gouvernée par ses rois, fut conquise par les Perses et plus tard par les Grecs.

9. Religion des Égyptiens. — Les Égyptiens étaient très religieux. Ils croyaient à l'existence d'un dieu unique ; mais tantôt ce dieu était assimilé à un astre, tantôt il était incarné dans un animal. C'est ainsi que le soleil, la lune, le crocodile, le bœuf, le chien, l'épervier, le bouc étaient, suivant les localités, adorés comme des dieux. Le culte du bœuf *Apis* était répandu dans toute l'Égypte ; quand il mourait on prenait le deuil et on l'ensevelissait dans les salles souterraines de Memphis.

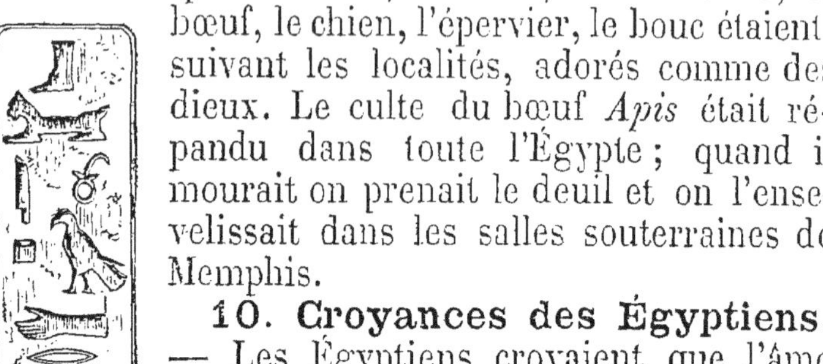

Fig. 14.
Caractères
hiérogly-
phiques.

10. Croyances des Égyptiens. — Les Égyptiens croyaient que l'âme était immortelle et qu'elle revenait, longtemps après la mort, habiter le même corps. Aussi conservaient-ils avec soin les corps ; ils les embaumaient et les plaçaient dans des cercueils en pierre, au fond de ces immenses salles souterraines qui étaient comme les villes des morts.

Fig. 15. — Un crocodile.

11. Mœurs des Egyptiens. — Les inscriptions gravées sur les cercueils racontent la vie du mort et nous donnent les détails les plus intéressants sur les mœurs des Égyptiens. Elles nous apprennent que ce peuple était adonné à l'agriculture, simple et frugal, pratiquant le bien. Les Égyptiens

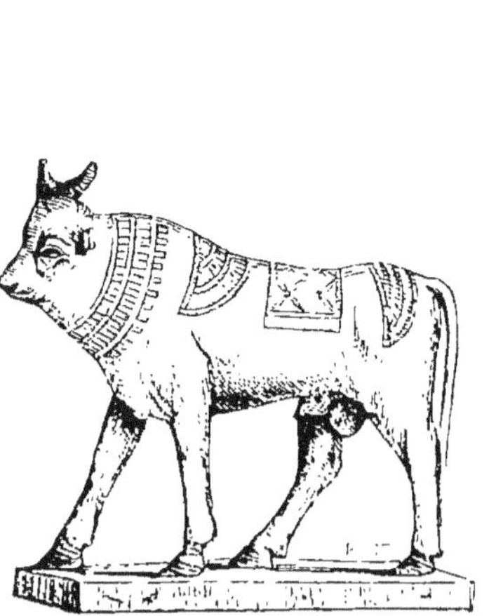

Fig. 16. — Le bœuf Apis.

Fig. 17. — Statuette égyptienne.

avaient aussi une industrie active ; ils fabriquaient des étoffes de lin et de laine, et travaillaient avec goût l'or et l'argent. Le musée du Louvre renferme une quantité considérable d'objets de toutes sortes, de bijoux, de petites statuettes qui attestent leur goût artistique et leur grande habileté.

Enfin les Égyptiens cultivaient les lettres et les sciences avec tant de succès qu'ils étaient devenus célèbres dans l'antiquité. Les Grecs considéraient l'Égypte comme la mère de la science et de la sagesse.

LECTURES.

PREMIÈRE LECTURE. — Les ruines de Thèbes.

Thèbes, la capitale de l'Égypte, était bâtie sur les deux rives du Nil. La rive droite, où sont encore aujourd'hui les villages de *Louqsor* et de *Karnac*, avait la population la plus active et la plus nombreuse. Sur la rive gauche étaient les temples, les palais, les cimetières de la cité et les tombes royales. On voit encore à Louqsor les ruines du palais de Ramsès ; et c'est de là qu'a été apporté à Paris l'obélisque qui orne la place de la Concorde. Les ruines de Karnac sont encore plus imposantes ; on y voit le temple d'Ammon avec ses vastes constructions, ses cours, ses portiques, ses sphynx ; puis le palais des rois, et au-dessous la salle souterraine ou hypostyle divisée en quatorze galeries, soutenue par cent trente colonnes.

DEUXIÈME LECTURE. — Le lac Mœris.

L'Egypte doit toute sa fertilité aux inondations du Nil.

Les inondations du fleuve, pour être bienfaisantes, ne doivent être ni trop fortes ni trop faibles. Si elles sont trop abondantes, elles emportent les digues et ravagent les terres au lieu de les fertiliser ; si elles sont trop faibles, elles n'arrosent pas la plus grande partie des sables qui restent stériles. Pour régulariser les crues du fleuve, les Egyptiens avaient creusé un vaste réservoir qui emmagasinait les eaux trop abondantes ou qui suppléait à l'insuffisance de l'inondation : c'était le lac Mœris.

Près de ce lac se dressaient de nombreux palais dont le plus célèbre était le Labyrinthe.

EXERCICES ORAUX ET ÉCRITS.

1. **Explication des mots.** — *Limon*, terre que déposent les fleuves et les rivières. — *Civilisation*, on dit d'un peuple qu'il est civilisé quand il est instruit, poli, soumis à de sages lois ; le contraire est un peuple *barbare*. — *Granit*, pierre très dure. — *Hypogée*, édifice souterrain, a été formé de deux mots grecs, *hypo*, sous, et *gê*, terre. — *Hiéroglyphes*, c'est-à-dire écriture sacrée, pour la distinguer de l'écriture vulgaire. — *Pharaon*, nom donné aux rois d'Egypte ; il signifie fils du soleil. — *Musée*, palais où l'on conserve des collections précieuses pour l'histoire. Le plus célèbre est le musée du Louvre, à Paris.

2. **Explication des noms géographiques.** — *Égypte :* l'Egypte est une des principales contrées de l'Afrique. — *Afrique*, une des cinq parties du monde qui sont l'Europe, l'Asie, l'Afrique, l'Amérique et l'Océanie. — *Nil,* un des plus grands fleuves de l'Afrique ; ses sources ont été découvertes par les voyageurs anglais, Specke et Grant.

3. **Questionnaire.** — Qu'est-ce que l'Egypte ? — Dans quelle vallée est-elle située ? — A quoi doit-elle sa fertilité ? — Quels sont les produits de l'Egypte ? — Comment connaissons-nous l'histoire de l'Egypte ? — Citez les principaux monuments de l'Egypte. — Indiquez quelques noms de rois égyptiens, le plus grand de tous ? — Quelle était la religion des Egyptiens ? — Que faisaient-ils pour les morts ? — Pourquoi ? — Quelles étaient les mœurs des Egyptiens ? — Avons-nous conservé des œuvres égyptiennes dans nos musées ? — Que disaient les Grecs de l'Egypte ?

4. **Devoir à rédiger.** — Racontez ce que vous savez sur l'Egypte et sur le Nil.

D_{EUXIÈME} R_{ÉCIT}. — LES ASSYRIENS. — NINIVE ET BABYLONE.

LEÇON.

1. Les Assyriens habitaient la région de l'Asie arrosée par le Tigre et l'Euphrate.

2. Ninive et Babylone, leurs capitales, étaient remarquables par le nombre et la beauté de leurs monuments.

3. Les Assyriens firent de nombreuses guerres avec les peuples voisins et ils furent remarquables dans les sciences et dans les arts.

RÉCIT.

1. Le Tigre et l'Euphrate. — Le Tigre et l'Euphrate, qui descendent des monts Taurus et se jettent, après avoir réuni leurs eaux, dans le golfe Persique ont été, comme le Nil, le berceau d'un peuple célèbre dans l'histoire.

C'est le peuple assyrien.

2. Ninive et Babylone. — Deux villes furent les capitales de ce peuple : Ninive bâtie sur le Tigre et Babylone sur l'Euphrate.

Babylone était surtout remarquable par le nombre et la grandeur de ses monuments. Les hautes murailles qui l'entouraient, ses cent portes d'airain, la tour gigantesque du temple du dieu Bel, le palais des rois, enfin les jardins suspendus frappèrent d'admiration l'historien grec Hérodote.

Mais ces monuments bâtis avec des briques cuites

Fig. 18. — Jardins suspendus.

au four ou séchées au soleil, n'ont pu, comme les ouvrages égyptiens, braver les ravages du temps et des hommes.

3. Les ruines de Ninive. — En 1842, un Français, M. Botta, découvrit et explora les ruines de l'ancienne Ninive. Il envoya au Musée du Louvre des statues, des briques recouvertes d'inscriptions et ces taureaux ailés à tête humaine

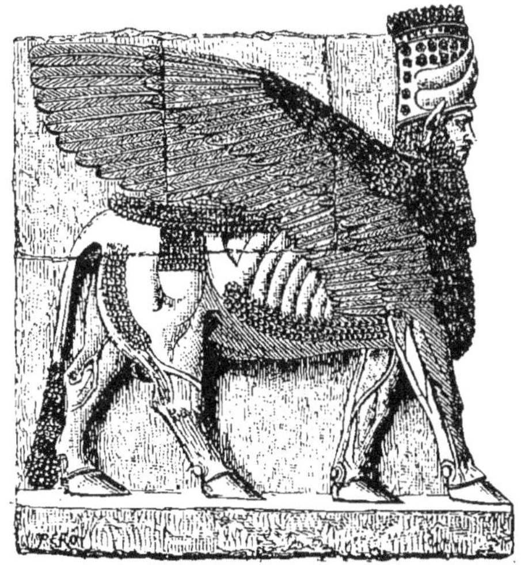

Fig. 19. — Taureau ailé à face humaine.

qui gardaient l'entrée du palais de Khorsabad.

4. L'histoire des Assyriens. — Les inscriptions en caractères cunéiformes (en forme de coins) lues par un savant français, Eugène Burnouf, nous ont révélé d'importants détails sur l'histoire des Assyriens. Elles nous représentent ce peuple comme ami de la guerre, brave mais avide de pillage. Le plus célèbre des rois assyriens, Nabuchodonosor, passa son règne à faire la guerre à ses voisins : il s'empara des villes de Jérusalem et de Tyr, et fit construire les magnifiques monuments de Babylone.

Fig. 20. — Caractères cunéiformes.

5. Religion des Assyriens. — Les prêtres assyriens croyaient probablement à un Dieu unique. Mais le peuple adorait des idoles. Le culte le plus répandu était l'adoration des étoiles.

Aussi les prêtres assyriens étaient renommés comme astronomes. Ils avaient calculé les éclipses de lune; ils ont inventé la table de multiplication appelée table de Pythagore, et un système de poids et mesures qui fut en usage chez tous les peuples anciens.

Fig. 21. — Un roi assyrien.

6. Industrie des Assyriens. — Les Assyriens étaient adonnés aux travaux de l'industrie et y avaient atteint une grande perfection. Les étoffes de lin, les bijoux, les poteries, les faïences, le travail des métaux étaient renommés. Enfin nous savons par les récits d'Hérodote et par les objets conservés dans nos musées que les Assyriens étaient habiles dans l'art de la sculpture et de l'architecture.

LECTURE. — Babylone.

L'historien grec, Hérodote, visita Babylone vers le cinquième siècle avant Jésus-Christ. C'est, dit-il, une ville si magnifique qu'il n'en est pas qu'on puisse lui comparer. Située dans une grande plaine, elle est de forme carrée. Un fossé large, profond et plein d'eau l'entoure d'abord ; on trouve ensuite un mur très élevé et si large que plusieurs chars pouvaient y marcher de front. Ce mur est percé de cent portes en airain massif, et il est flanqué de tours très hautes. L'Euphrate partage la ville en deux parties ; il y coule au milieu d'un mur de briques cuites. Ces briques sont couvertes de dessins coloriés représentant des animaux de toutes sortes. Les maisons sont à trois et quatre étages, les rues droites et coupées par d'autres qui vont au fleuve. Au centre, d'un côté du fleuve, est le palais du roi ; de l'autre, le temple du dieu Bel.

Ce temple est formé par huit tours : dans la dernière tour est une chapelle, et dans cette chapelle une table d'or. En bas il y a une autre chapelle où l'on voit une grande statue d'or qui représente le dieu assis. En face sont deux autels d'or où l'on immole les victimes.

Enfin Hérodote décrit les vastes terrasses de la ville, plantées d'arbres et de plantes rares, comme de véritables jardins suspendus. Il est si émerveillé de toutes ces beautés qu'il place Babylone bien au-dessus des grandes villes égyptiennes, Thèbes et Memphis. Les découvertes qui ont été faites dans les ruines de Babylone prouvent que l'admiration de l'historien grec était justifiée.

EXERCICES ORAUX ET ÉCRITS.

1. Explication des mots. — *Capitale*, ville principale d'un pays, siège du gouvernement ; Paris, par exemple, est la capitale de la France. — *Brique*, terre pétrie et durcie au feu. — *Idole*, faux dieu.

2. Explication des noms géographiques. — *Tigre et Euphrate.* — Ces deux fleuves réunis portent aujourd'hui le nom de Chatt-el-Arab. — *Golfe Persique*, est formé par le grand océan indien. — *Babylone,* n'est aujourd'hui qu'un petit village du nom de Hillah, sur la rive droite de l'Euphrate. — *Ninive*, ses ruines sont sur la rive gauche du Tigre en face de la ville moderne de Mossoul.

3. Questionnaire. — Quel pays habitaient les Assyriens ? — Quelles étaient leurs deux villes principales ? — Dites ce que vous savez sur Babylone ? — Qui a exploré les ruines de Ninive ? — Quel est le nom de l'écriture assyrienne ? — Qui l'a déchiffrée ? — Citez le nom d'un roi assyrien ? — Quelle était la religion des Assyriens ? — Dans quelle science étaient-ils renommés ? — Étaient-ils adonnés aux travaux de l'industrie ? — Lesquels ?

4. Devoir à rédiger. — Décrivez, d'après la lecture, la ville de Babylone.

TROISIÈME RÉCIT. — LES JUIFS. — MOÏSE

LEÇON.

1. Les Juifs sont un des peuples les plus remarquables de l'antiquité. Leur histoire est racontée dans la Bible.

2. Moïse fut le législateur du peuple juif. Sa loi résumée dans le Décalogue renferme les préceptes les plus élevés de la morale.

3. La tribu de Juda conserva le plus fidèlement cette loi. C'est dans cette tribu que devait naître plus tard le Christ.

RÉCIT.

1. Les Juifs. — Un des peuples de l'antiquité qui ont joué le rôle le plus remarquable est le peuple juif.

Fig. 22. — Statue de Moïse d'après Michel-Ange.

On l'appelle encore le peuple des Hébreux ou des Israélites.

2. La Bible. — L'histoire des Juifs est racontée dans la Bible ou *livre*.

La Bible comprend l'*ancien testament* qui se compose des livres sacrés des Juifs, et le *nouveau testament* qui renferme les livres sacrés des chrétiens.

3. Moïse. — Le plus grand législateur des Juifs fut Moïse.

La Bible raconte que les Juifs attirés en Égypte par un d'entre eux nommé Joseph, y étaient devenus très nombreux.

Le roi d'Égypte, pour diminuer leur nombre, ordonna qu'on tuerait tous les enfants mâles nés parmi les Juifs.

Une femme pour sauver son fils l'exposa sur le Nil

dans un berceau d'osier. La fille du roi entendit les cris de l'enfant et résolut de le sauver.

Cet enfant s'appela Moïse, c'est-à-dire sauvé des eaux.

4. La loi de Moïse. — Devenu homme Moïse voulut délivrer son peuple de la persécution des Égyptiens. Il le conduisit dans le désert et lui dicta des lois.

5. Le Décalogue. — Moïse résuma en dix articles ou *Décalogue* toutes ses prescriptions.

Le Décalogue renferme toute la morale divine et humaine. On y lit ces beaux préceptes :

« Tu n'auras point d'autre Dieu que moi l'Éternel.

Fig. 23. — Les tables de la loi, d'après Raphaël.

» Tu ne feras pas d'idoles, ni d'images de ce qui est au ciel, sur la terre ou dans les eaux.

» Honore ton père et ta mère afin de vivre longuement.

» Tu ne déroberas point.

» Tu ne tueras point.

» Tu ne porteras pas faux témoignage contre ton prochain.

» Tu ne convoiteras ni sa maison, ni sa femme, ni son serviteur, ni sa servante, ni rien de ce qui lui appartient.»

6. Les Juifs en Palestine. — Les Juifs, après avoir erré dans le désert, vinrent se fixer dans la Palestine.

Jérusalem fut leur capitale et leur Ville Sainte. C'est là qu'ils bâtirent le Temple, magnifique monument qui ne fut achevé qu'au bout de huit ans.

Les Juifs oublièrent souvent la loi religieuse de Moïse. Les peuples voisins, les Assyriens, profitant de leur division, les réduisirent en esclavage.

7. Le christianisme. — Cependant la loi de Moïse ne tomba pas dans l'oubli. Elle fut rappelée aux Hébreux par des *prophètes*.

Une tribu, celle de Juda, en garda plus pieusement le souvenir. C'est dans une famille de cette tribu que devait naître Jésus-Christ.

LECTURE. — Lois des Hébreux.

Les lois des Hébreux étaient bien supérieures à celles des autres peuples. On y remarquait ces préceptes admirables dont tout homme de bien doit s'inspirer : « Vous aimerez votre prochain comme vous-même. — Vous protégerez la veuve et l'orphelin. — Levez-vous devant ceux qui portent les cheveux blancs, et honorez les vieillards. — Quand vous ferez la moisson, vous ne ramasserez pas les épis tombés derrière vous ; et, dans vos vignes, vous ne cueillerez pas les grappes oubliées sur le cep pour que le pauvre et l'étranger puissent les prendre. »

La loi établissait l'autorité du père de famille ; elle recommandait le respect de la femme ; elle prescrivait tous les sept ans l'affranchissement des esclaves ; enfin, elle faisait un devoir de l'hospitalité envers les étrangers.

EXERCICES ORAUX ET ÉCRITS.

1. **Explication des mots.** — *Juif*, vient de Juda, une des tribus d'Israël. — *Hébreux*, vient d'Héber, aïeul d'Abraham. — *Israélites*, d'Israël, surnom de Jacob. — *Bible*, vient d'un mot grec qui signifie livre. — *Loi*, c'est la règle qui fixe les droits et les devoirs de tous les citoyens d'un pays. — *Prophète*, vient de deux mots grecs qui signifient prédire.

2. **Explication des noms géographiques.** — *Palestine*, pays de l'Asie, situé à l'ouest de l'Assyrie.

3. **Questionnaire.** — Dans quel livre est racontée l'histoire des Juifs ? — De quoi se compose ce livre ? — Quel fut le législateur des Juifs ? — Que raconte la Bible sur Moïse ? — Qu'est-ce que le Décalogue ? — Citez-en quelques prescriptions ? — Quelle est la tribu qui conserva le mieux la loi de Moïse ?

4. **Devoir à rédiger.** — Montrez par quelques exemples la supériorité de la loi des Hébreux.

QUATRIÈME RÉCIT. — **LES PHÉNICIENS. — TYR ET CARTHAGE.**

LEÇON.

1. Les Phéniciens furent les plus hardis marins de l'antiquité.

2. Ils fondèrent de nombreuses colonies. La plus célèbre fut Carthage.

3. Les Phéniciens s'enrichirent par le commerce; mais ils n'ont pas laissé de grands monuments, souvenirs durables de leur histoire.

4. Tyr fut prise par Alexandre le Grand, et Carthage fut détruite par les Romains.

RÉCIT.

1. Les Phéniciens. — Ce peuple, de même famille que les Juifs, habitait le pays compris entre la mer Méditerranée et la rivière du Jourdain.

2. Tyr. — Tyr était la ville principale des Phéniciens. Elle était célèbre par ses richesses et par l'étendue de son commerce.

3. Colonies phéniciennes. — Les Phéniciens qui vivaient à l'étroit sur

Fig. 24. — Un cèdre du Liban.

leur petit territoire, tournèrent leur attention vers la mer.

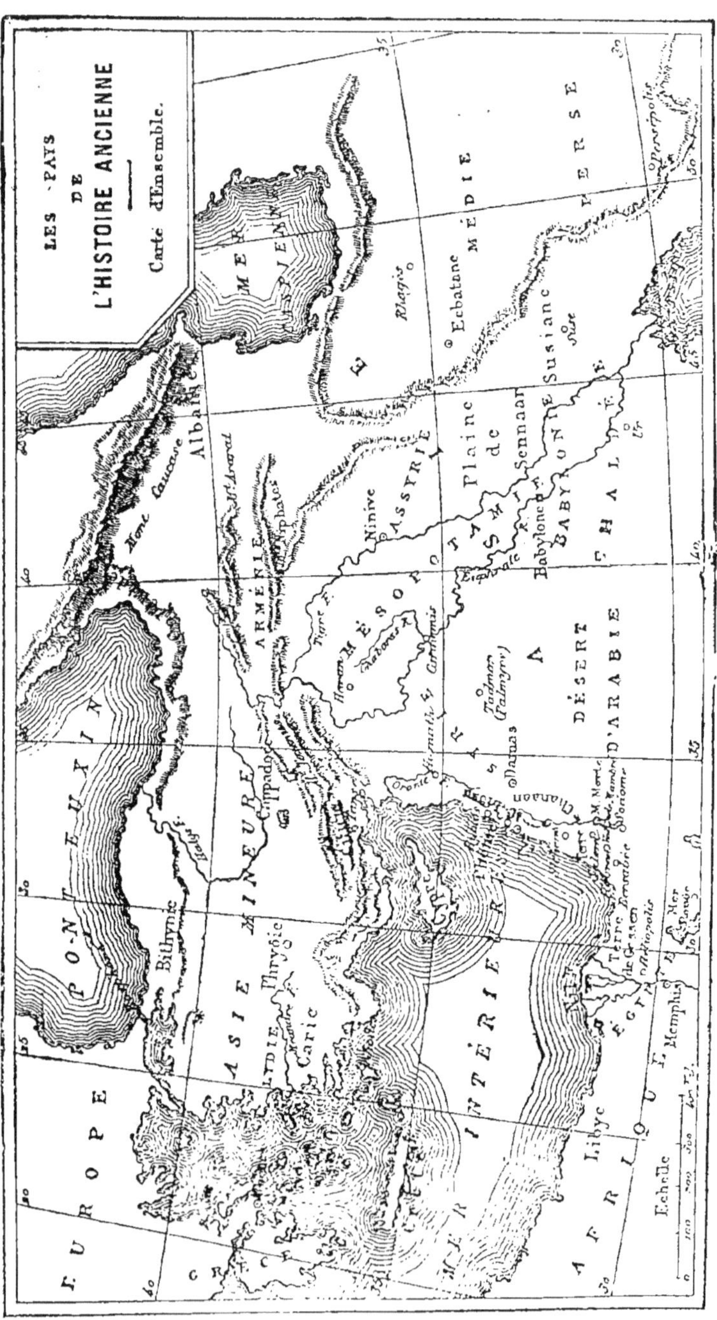
LES ·PAYS
DE
L'HISTOIRE ANCIENNE
Carte d'Ensemble.
EUROPE
PONT EUXIN
ASIE MINEURE
ARMÉNIE
MÉDIE
PERSE
MÉSOPOTAMIE
ASSYRIE
Plaine de Sennaar
BABYLONIE
CHALDÉE
Susiane
DÉSERT D'ARABIE
MER INTÉRIEURE
AFRIQUE
ÉGYPTE
Libye
GRÈCE
Bithynie
Phrygie
Carie
Cappadoce
Albanie
Mont Caucase
Ninive
Babylone
Ecbatane
Échelle

Les cèdres du Liban leur fournissaient en abondance le bois pour construire des vaisseaux. Aussi devinrent-ils des marins renommés.

Ils explorèrent les rivages de la Méditerranée et fondèrent partout des colonies.

Les îles de la mer Egée et de la mer Ionienne, la Sicile, le littoral de l'Afrique et de l'Espagne se peuplèrent de Phéniciens.

4. Carthage. — La plus célèbre des colonies phéniciennes fut Carthage.

Située au fond d'un golfe, en face de la Sicile, près de l'emplacement qu'occupe aujourd'hui la ville de Tunis, elle avait une situation admirable pour dominer la mer.

5. Commerce des Phéniciens. — Les Phéniciens de Tyr et de Carthage firent un commerce considérable. Leur flotte rapportait des côtes de l'Afrique et de l'Asie la poudre d'or, l'ivoire, les parfums, les épices, les pierres précieuses. En Espagne,

Fig. 25. — Une galère ancienne.

ils exploitaient les mines d'argent. Dans la mer Baltique, ils recueillaient l'ambre.

Tyr et Carthage étaient les entrepôts de toutes les richesses du monde.

6. Décadence de Tyr et de Carthage. —

Mais ces richesses, qui introduisirent le luxe et la mollesse, corrompirent les villes phéniciennes. Leur religion était impure ou sanguinaire. Les Phéniciens offraient à leur dieu Baal des sacrifices humains. Ils faisaient brûler vivants dans les bras de leur idole de jeunes enfants.

Tyr tomba sous les coups d'Alexandre le Grand et Carthage fut détruite par Rome.

7. Services rendus par les Phéniciens. —

Les Phéniciens ont rendu de grands services : ils ont appris aux peuples l'utilité de la navigation, du commerce et de l'industrie. Ils ont fait connaître les arts de l'Egypte et de l'Assyrie ; enfin ils ont vulgarisé l'usage des lettres de l'alphabet.

LECTURE. — La légende de la fondation de Carthage.

Les peuples aiment à entourer leur berceau de poétiques légendes.

Les Carthaginois racontaient que leur ville avait été fondée par une reine de Tyr, Didon.

Cette reine avait épousé un grand prêtre qui possédait d'immenses richesses. Le roi de Tyr, Pygmalion, convoita ces richesses et fit périr le grand prêtre. Mais Didon parvint à s'échapper avec ses trésors, et accompagnée de quelques Tyriens, elle aborda sur les côtes d'Afrique. Un roi de ce pays lui vendit autant de terre qu'une peau de bœuf pouvait en entourer. Didon fit couper le cuir en bandes très étroites, et elle put ainsi entourer un espace de terrain suffisant pour y bâtir une ville.

Tels furent, d'après ces récits plus poétiques que certains, les humbles commencements d'une cité qui devait soumettre à son pouvoir tous les rivages de la Méditerranée.

EXERCICES ORAUX ET ÉCRITS.

1. **Explication des mots.** — *Cèdre,* arbre originaire de l'Asie. — Un botaniste français, Jussieu, l'a introduit pour la première fois au Jardin des Plantes de Paris. — *Colonie :* lorsque les habitants d'un pays vont s'établir dans un autre pays, on dit qu'ils ont *émigré* et qu'ils ont fondé une colonie. — *Flotte,* réunion de plusieurs vaisseaux.

2. **Explication des noms géographiques.** — *Jourdain,* petite rivière de l'Asie qui arrose la Palestine. — *Liban,* montagne de la Palestine.— *Mer Égée et mer Ionienne :* sont des mers secondaires formées par la

Méditerranée. — *Sicile*, la plus grande des îles de la Méditerranée. — *Rome*, capitale de l'Italie. — *Tunis*, capitale de la Tunisie; pays de l'Afrique qui est aujourd'hui sous la domination de la France.

3. **Questionnaire.** — Quel pays habitaient les Phéniciens? — Quelle était leur ville principale? — Par quoi se distinguèrent-ils? — Pourquoi étaient-ils marins? — Où fondèrent-ils des colonies? — Citez la plus célèbre? — Comment les Phéniciens s'enrichirent-ils? — Quel commerce faisaient-ils? — Quelles étaient leurs mœurs et leur religion? Ont-ils laissé des monuments? — Qui a détruit Tyr et Carthage?

4. **Devoir à rédiger.** — Racontez la légende de la fondation de Carthage.

CINQUIÈME RÉCIT. — L'INDE. — LA RELIGION DE BOUDHA.

LEÇON.

1. Les Aryens, peuple de l'Asie centrale, émigrèrent dans la Perse et dans l'Inde où ils s'établirent.

2. Leur histoire primitive est peu connue; mais leurs légendes ont été conservées dans des poésies célèbres.

3. Leur religion, qui était celle des Brahmanes, fut modifiée par les prédications de Boudha qui a créé la religion boudhiste.

RÉCIT.

1. Les Aryens. — Sur le plateau central de l'Asie vivait une population nombreuse, appelée la population des Aryas ou Aryens.

Ces peuples émigrèrent à la suite de guerres intestines. Les uns s'établirent, à l'ouest, dans la région de l'*Iran* (aujourd'hui Perse) et prirent le nom d'*Iraniens*. Ils donnèrent naissance à deux peuples célèbres dans l'antiquité : les Mèdes et les Perses.

Les autres se dirigèrent vers les vallées de l'Indus et du Gange et se fixèrent dans la presqu'île de l'Inde. Ils conservèrent le nom d'Aryens.

2. Les livres des Aryens. — Il serait intéressant de connaître l'histoire primitive de ces peuples aryens, car ils sont nos ancêtres. Mais nous n'avons conservé aucun souvenir ni monument de leur histoire.

Toutefois, nous avons recueilli les légendes poétiques et religieuses de ces peuples. Elles sont contenues dans trois livres qui sont aussi beaux que les plus belles poésies des Grecs.

Ce sont : 1° les *Védas*, livre sacré, recueil de prières et de poésies religieuses ;

2° Le *Mahâbhârata*, poème magnifique qui raconte les exploits fabuleux des Aryens dans l'Inde ;

3° Le *Râmâyana*, autre poème qui célèbre la conquête de l'Inde et de l'île de Ceylan.

3. Religion des Aryens. — Les Aryens attribuaient à un législateur suprême, *Manou*, le père des hommes, l'origine de leurs croyances religieuses.

Brahma était le dieu suprême; de là le nom de *brahmanes* donné aux prêtres indiens.

Les prêtres enseignaient que les âmes des morts étaient récompensées de leur vertu dans un lieu de délices. Les plus pures se confondaient éternellement dans le sein du grand dieu Brahma.

Les âmes des méchants étaient précipitées dans un lieu de supplices.

Après un certain temps les âmes revenaient à l'existence et passaient, suivant leur mérite, dans le corps d'un homme, d'une bête ou d'une plante. Cette doctrine de la transmigration successive des âmes s'appelle la métempsycose.

4. Domination des prêtres. — Les prêtres, pour établir leur domination sur ces peuples, les avaient divisés en quatre classes ou castes. Nul ne pouvait s'élever au-dessus de sa caste; ce qui condamnait cette société à une inégalité odieuse.

Ces quatre classes étaient : 1° les *brahmanes*, ou prêtres sortis de la tête du dieu ; 2° les *guerriers*, sortis de ses bras ; 3° les *laboureurs* et *marchands*, sortis de ses jambes ; 4° les *artisans*, sortis de ses pieds. Enfin, il y avait encore une caste plus misérable, composée de tous les violateurs de la loi religieuse. Ces malheureux ne pouvaient pas habiter les villes ni se baigner dans les fleuves ; ils étaient impurs. On les appelait les *parias*.

5. Boudha. — Un homme fut indigné de cette inégalité et de ces humiliations auxquelles tant de misérables étaient condamnés.

Il résolut de les affranchir. Cet homme était le fils d'un roi puissant ; il s'appelait Sakiamouni. On le surnomma *Boudha*, c'est-à-dire le *Sage*.

A trente ans il abandonna le palais de ses pères et il se retira dans le désert. Il en sortit quelque temps après pour prêcher une nouvelle doctrine. Ses ardentes prédications lui attirèrent une foule de disciples.

6. La doctrine de Boudha. — Cette doctrine nouvelle donna naissance à une religion appelée *boudhisme*, qui est encore répandue dans la Chine, l'Indo-Chine et le Japon.

Elle enseignait que tous les hommes sont égaux ; qu'il vaut mieux pratiquer la vertu que de suivre les recommandations inutiles des brahmanes.

L'homme parfait est celui qui possède les six vertus suivantes : la *science*, qui fait connaître la vérité ; l'*énergie*, qui triomphe des passions ; la *pureté*, qui est la tranquillité de l'âme ; la *patience*, qui supporte tous les maux ; la *charité*, qui est l'amour du prochain ; l'*aumône*, qui est la pratique de la charité.

La statue de Boudha est placée dans tous les temples. Il est honoré, non comme un dieu, mais comme le plus sage des hommes.

LECTURE. — La légende de Râmâ

Le poème du Râmâyana, composé par le poète Valmiki, est le chef-d'œuvre de la littérature aryenne. On l'a comparé avec raison à l'*Iliade* d'Homère.

Râmâ est le héros légendaire de ce poème.

Fils d'un prince indien, il a été condamné à l'exil par son père. Vêtu en anachorète, il se retire dans les forêts les plus profondes. Sa femme, la douce Sita, a voulu, malgré ses prières, l'accompagner dans son exil. Tous deux vivent heureux, dans cette belle nature de l'Inde, à l'ombre des grands bois, dans les champs éternellement verts et remplis de fleurs. Mais un jour, pendant que Râmâ est à la chasse, Sita est enlevée

2.

par un mauvais génie. Tous les êtres animés partagent la douleur de Râmâ. Le roi des singes découvre enfin l'asile de Sita dans l'île de Ceylan. Les singes jettent un pont de rochers entre l'île et la terre. Râmâ, à la tête de ses alliés, se précipite dans l'île et livre de gigantesques combats au mauvais génie. Enfin il est vainqueur et délivre Sita. Ses vertus et son courage sont récompensés. Râmâ, à la fin de son exil, vient régner à la cour de son père. Le poète célèbre son triomphe.

EXERCICES ORAUX ET ÉCRITS.

1. Explication des mots. — *Émigrer*, quitter son pays pour s'établir sur une autre terre. — *Législateur*, celui qui donne des lois à un pays. — *Transmigration*, passage d'un lieu dans un autre. — *Disciple*, celui qui écoute et partage la doctrine d'un maître.

2. Explication des noms géographiques. — *Perse*, État de l'Asie. — *Indus* et *Gange*, les deux plus grands fleuves de l'Inde (Asie). — *Ceylan*, île de l'océan Indien, près de la côte sud de l'Inde.

3. Questionnaire. — Qu'est-ce que les Aryens? — Dans quels pays émigrèrent-ils? — Comment les appelle-t-on en Perse? — Quels sont les livres les plus remarquables des anciens Aryens? — Quelle était la religion aryenne? — Qui fut leur législateur? — Comment appelait-on leurs prêtres? — Qu'est-ce que la métempsycose? — Qu'est-ce que les castes? — Combien y en avait-il? — Qu'est-ce que les *parias*? — Qui voulut les affranchir? — Dites ce que vous savez de Boudha? — Que signifie ce nom? — Quelle religion a-t-il créée?

4. Devoir à rédiger. — Racontez la légende de Rama.

SIXIÈME RÉCIT. — **LES MÈDES ET LES PERSES.**

LEÇON.

1. Les Mèdes et les Perses appartenaient à la race aryenne.

2. Les Mèdes furent puissants sous le roi Cyaxare; ils vainquirent le royaume de Ninive.

3. Mais ils furent soumis par les Perses, commandés par Cyrus. Le royaume des Perses fut le plus puissant de l'Asie sous Darius. Il fut détruit plus tard par Alexandre le Grand.

RÉCIT.

1. Les Mèdes et les Perses. — Les peuples aryens qui s'étaient établis dans l'Iran sont désignés sous le nom d'*Iraniens*.

Ils étaient divisés en plusieurs tribus.

Les plus célèbres étaient celles des Mèdes et des Perses.

2. Domination des Mèdes. — Les Mèdes

habitaient la région montagneuse qui est située au sud de la mer Caspienne.

Leur capitale était la ville d'Ecbatane. Le roi le plus remarquable des Mèdes fut Cyaxare. Il vainquit les peuples barbares, appelés les Scythes, et fit succomber sous ses coups l'empire assyrien de Ninive.

3. Domination des Perses. — Mais bientôt les Mèdes furent vaincus par les Perses, commandés par le roi Cyrus.

4. Cyrus. — Cyrus, fils de Cambyse, fut un roi guerrier et conquérant.

Il livra une grande bataille au puissant roi des Lydiens, Crésus. Il le fit prisonnier et s'empara de son royaume.

Ensuite il attaqua la ville de Babylone. Comme elle était fortifiée par de hautes murailles, Cyrus détourna le cours de l'Euphrate et pénétra dans la ville par le lit desséché du fleuve.

Cyrus devint ainsi le souverain le plus puissant de l'Asie.

5. Les successeurs de Cyrus. — Les Perses comptèrent encore, après Cyrus, bien des rois célèbres. Parmi eux il faut citer *Cambyse*, qui voulut conquérir l'Égypte et dont l'armée périt tout entière dans les sables du désert ; et surtout *Darius*, qui recula les limites de son empire jusqu'à l'Inde et le gouverna avec habileté. Mais après ces deux rois les Perses s'affaiblirent. Vaincus par les Grecs, ils furent conquis par Alexandre le Grand.

Fig. 26. — Un jeune Perse tirant de l'arc.

6. Religion des Perses. — La religion primitive des Perses, comme celle des Aryens, était pure.

On la désignait sous le nom de *Mazdéisme* et on l'attribuait à un personnage appelé *Zoroastre*.

Elle proclamait un dieu unique, *Ormuzd*, principe de toute perfection. Mais à côté de ce dieu bon, il y avait le principe du mal, le génie destructeur, *Ahriman*. L'homme doit choisir entre ces deux conseillers. Celui qui prie, qui travaille et qui pratique la vertu sanctifie son âme. Après la mort, l'âme pure va rejoindre le dieu Ormuzd.

7. L'éducation chez les Perses. — Les Perses donnaient à leurs enfants une éducation virile, comme il convient à des guerriers. Ils les habituaient à monter à cheval, à tirer de l'arc, et surtout à fuir le mensonge. L'amour de la vérité était chez eux la première des vertus.

LECTURE. — **La jeunesse de Cyrus.**

Le grand historien Hérodote raconte sur l'enfance du roi Cyrus une curieuse légende.

Le roi des Mèdes, Astyages, avait marié sa fille Mandane à un puissant prince, nommé Cambyse. Les mages prédirent que Mandane mettrait au monde un fils qui régnerait sur toute l'Asie. Astyages, redoutant pour la domination des Mèdes, résolut de faire périr cet enfant. Il confia ce soin à un de ses serviteurs, nommé Harpagus. Mais celui-ci n'osa pas commettre ce crime, et il ordonna à un berger d'exposer le petit enfant sur une montagne pour qu'il fût dévoré par les bêtes sauvages. Le berger le garda dans sa cabane et lui donna le nom de Cyrus; il exposa à sa place un de ses enfants qui venait de mourir.

Le jeune Cyrus grandit au milieu des enfants des bergers, et se signala par sa force et son intelligence. Aussi, fut-il choisi pour leur chef. Mais, un jour, une querelle s'éleva entre ces enfants, et le roi fit appeler Cyrus. Astyages, en le voyant, fut frappé de sa physionomie. Il l'interrogea et apprit bientôt qu'il était son petit-fils. Irrité que ses ordres n'eussent pas été exécutés, il se vengea cruellement d'Harpagus. Il fit prendre son fils, l'égorgea et le coupa en morceaux. Quant à Cyrus, il fut élevé au palais et envoyé plus tard auprès des Perses. Il les fit révolter contre Astyages, qu'il détrôna, et devint ainsi roi des Perses et des Mèdes.

EXERCICES ORAUX ET ÉCRITS.

1. Explication des mots. — *Mage*, c'est le nom qu'on donnait aux prêtres persans qui prédisaient l'avenir. De là est venu le mot de *magie*.

2. Explication des noms géographiques. — *Iran*, ancien nom de la Perse. — *Mer Caspienne*, mer intérieure sur les limites de l'Asie et de l'Europe. — *Scythes*, peuples de l'Asie qui habitaient les bords de la mer Caspienne. — *Lydiens*, anciens peuples qui habitaient l'Asie-Mineure, aujourd'hui Turquie d'Asie.

3. Questionnaire. — A quelle race appartenaient les Mèdes et les Perses ? — Quelle était la capitale des Mèdes ? — Leur roi le plus célèbre ? — Par qui furent-ils soumis ? — Qui fonda la puissance des Perses ? — Quels sont leurs rois les plus remarquables ? — Quelle était la religion des Perses ? — Comment élevaient-ils leurs enfants ?

4. Devoir à rédiger. — Racontez l'histoire de Cyrus.

CHAPITRE II
LES GRECS

PREMIER RÉCIT. — LA GRÈCE ET LES GRECS.

LEÇON.

1. Les Grecs habitaient un pays peu étendu et peu fertile, mais merveilleux par la douceur de son climat et la pureté de son ciel.

2. Ce peuple à l'imagination poétique avait entouré sa religion et son histoire des plus gracieuses légendes. Homère a été le premier et est resté le plus grand des poètes.

3. Les Grecs, trop nombreux sur leur étroit territoire, fondèrent des colonies sur tous les rivages de la Méditerranée.

RÉCIT.

1. La Grèce. — La Grèce est une des trois péninsules de l'Europe méridionale.

Ce pays, qui est le plus petit de l'Europe, est celui qui a la plus glorieuse histoire.

La pureté de son ciel, la douceur de son climat, le charme de la mer, qui découpe sur le rivage des golfes gracieux donnent à la Grèce le plus merveilleux aspect.

2. Les Grecs. — Les habitants de cette heureuse contrée, les Grecs, étaient beaux comme elle. Ils avaient l'esprit vif, alerte, intelligent. Leur imagination, éprise des grâces de la nature, était sensible à tout ce qui est grand. Aussi les Grecs furent un peuple de poètes et d'artistes.

3. La religion des Grecs. — Les Grecs avaient fait des forces de la nature autant de divinités. Les principaux dieux étaient : Jupiter, le maître de l'univers et Junon, sa femme ; Apollon, le dieu du soleil et de la poésie ; Neptune, celui de l'Océan ; Minerve, la déesse de la sagesse ; Vénus, celle de la beauté ; Mars, le dieu de la guerre ; Vulcain, celui des arts ; Vesta, la déesse du foyer domestique ; Cérès, celle des moissons ; Diane, celle de la chasse ; Mercure, le dieu du commerce.

Les Grecs avaient encore beaucoup d'autres dieux. Les forêts, les eaux, les vents, tout était animé en la personne d'un dieu. Chacun d'eux avait sa légende poétique.

Le séjour de toutes ces divinités s'appelait l'Olympe.

Les Grecs élevèrent à leurs dieux des temples magnifiques ; ils y faisaient des sacrifices et consultaient les prêtres ou oracles. Le plus célèbre de ces temples était le temple de Delphes.

4. Les légendes des Grecs. — L'histoire primitive des Grecs est remplie de légendes gracieuses et poétiques. Une des plus curieuses est celle du siège de Troie, qui dura dix ans.

Fig. 27. — Homère.

Un grand poète, Homère, l'a racontée dans deux poèmes, qui sont le chef-d'œuvre de la poésie grecque, l'*Iliade* et l'*Odyssée*.

5. Les colonies grecques. — Les Grecs, devenus trop nombreux sur leur petit territoire, fondèrent des colonies. La mer, qui les entourait de tous côtés, en fit de hardis marins. Ils allèrent peupler les îles de l'Archipel et de la mer Ionienne, les rivages de l'Asie et de l'Italie.

C'est ainsi que peu à peu ils répandirent dans tous les pays baignés par la Méditerranée leur industrie, leur goût pour les arts, leur brillante civilisation.

LECTURE. — Homère.

Homère est le plus grand de tous les poètes. On ne sait rien de certain sur sa naissance, sa patrie, sa vie. Une foule de villes en Grèce et en Asie prétendaient à l'honneur de l'avoir vu naître. Suivant la tradition, il aurait erré toute sa vie, aveugle, pauvre, chantant ses vers pour gagner le pain de chaque jour; il serait mort dans une petite île des Cyclades.

Les deux poèmes qu'il a laissés exciteront dans tous les temps l'admiration des hommes. L'un, l'*Iliade*, raconte la colère d'Achille au siège d'Ilion (Troie); l'autre, l'*Odyssée*, présente le tableau de toutes les aventures que traversa, au retour du siège, un chef grec, Ulysse, avant de rentrer dans l'île d'Ithaque, sa patrie.

Les Grecs avaient pour ces magnifiques poésies la vénération que les Hébreux éprouvaient pour leur livre sacré, la Bible.

EXERCICES ORAUX ET ÉCRITS.

1. **Explication des mots.** — *Péninsule,* c'est-à-dire presque une île, terre entourée d'eaux, excepté d'un seul côté. Ce point qui la rattache au continent s'appelle isthme. — *Golfe,* partie du rivage où la mer pénètre plus profondément. — *Artiste,* celui qui cultive les arts; les peintres, les sculpteurs sont des artistes.

2. **Explication des noms géographiques.** — *Grèce,* aujourd'hui petit royaume de l'Europe. — *Delphes,* petite ville grecque. — *Troie,* ville de l'Asie, aujourd'hui en ruines.

3. **Questionnaire.** — Qu'est-ce que la Grèce? — Quel est l'aspect de ce pays? — Quel est le nom de ses habitants? — Quel était le caractère des Grecs? — Quels étaient les principaux dieux de la religion grecque? — Citez le nom d'un temple fameux? — Que sait-on sur l'histoire primitive des Grecs? — Citez le nom d'un grand poète? — Quelles sont ses poésies? — Où les Grecs fondèrent-ils des colonies?

4. **Devoir à rédiger.** — Racontez ce que vous savez sur Homère.

DEUXIÈME RÉCIT. — SPARTE ET LES SPARTIATES.

LEÇON.

1. Deux villes se distinguèrent dans la Grèce, Sparte et Athènes.

2. Les Spartiates furent surtout des soldats. Lycurgue fut leur législateur.

3. L'éducation à Sparte était sévère; les enfants étaient élevés pour devenir de solides défenseurs de la patrie.

4. Aussi les Spartiates furent-ils célèbres par leur courage et leur dévouement au devoir.

RÉCIT.

1. Sparte et Athènes. — Deux villes grecques se distinguèrent entre toutes, Sparte, dans le Péloponèse, et Athènes, dans l'Attique.

2. Les Spartiates. — Les habitants de Sparte ou Lacédémone, étaient de la famille dorienne; on les appelait Spartiates ou Lacédémoniens.

Les Spartiates vivaient au milieu de peuples qu'ils avaient soumis par la force : aussi s'étaient-ils donné une organisation toute militaire.

3. Lycurgue. — Lycurgue fut le législateur des Spartiates. Il avait voulu que tous fussent égaux. Les terres étaient partagées en autant de lots qu'il y avait de citoyens. Il était interdit de vendre ou d'acheter aucun de ces lots. Ainsi il n'y avait ni riches ni pauvres.

4. Le brouet noir. — Tous les Spartiates mangeaient à la même table. Le seul plat de ces repas publics était le brouet noir, mélange assez grossier de viande, de graisse et de sel.

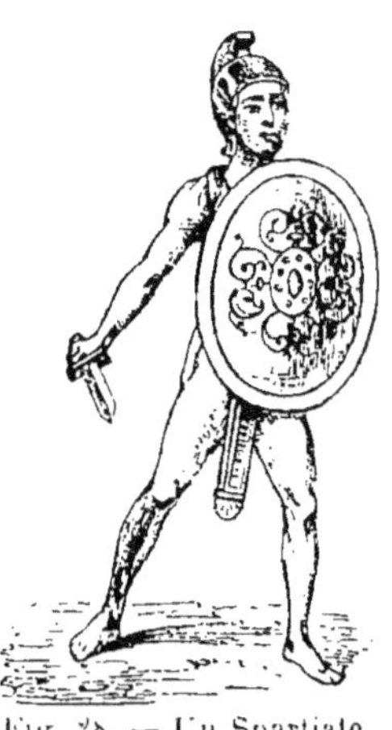

Fig. 25. — Un Spartiate armé d'un bouclier.

Un jour, un roi de Syracuse voulut en goûter. « Votre plat est bien mauvais, s'écria-t-il. — Vous le trouveriez bon, répondirent les Spartiates, si vous aviez fait comme nous les exercices de la course et de la lutte. »

5. Éducation des Spartiates. — Les Spartiates étaient un peuple de soldats. Ils consacraient leur vie entière aux exercices militaires. Les enfants nés difformes ou maladifs étaient mis à mort. Ceux qui paraissaient robustes étaient élevés durement.

Ils allaient nu-pieds, avec le même vêtement, hiver et été. On les frappait de verges, pour les habituer à la douleur. La ruse et le vol leur étaient permis ; mais ils ne devaient pas se laisser surprendre ; car leur maladresse était sévèrement punie.

On raconte qu'un enfant ayant volé un jeune renard, le cacha dans sa robe ; il se laissa ronger le ventre, sans pousser un cri, pour ne pas trahir le secret de son larcin.

6. Amour de la patrie. — Les Spartiates apprirent à aimer la patrie et à mépriser la douleur et la mort. Avant le combat, une mère disait à son fils, en lui donnant son bouclier : « Reviens dessus ou dessous, » ce qui signifie, reviens vainqueur ou mort.

Aussi les Spartiates étaient renommés pour leur courage et leur amour du devoir.

LECTURE. — **Léonidas aux Thermopyles.**

Pendant les guerres médiques, le roi des Perses, Xerxès, envahit la Grèce avec une armée considérable. Il se disposait à franchir les Thermopyles, défilé des montagnes qui devait lui ouvrir une route dans les plaines de la Grèce. Sparte ordonna au roi Léonidas de défendre ce défilé et d'arrêter avec trois cents soldats toute l'armée des Perses. Bien que la résistance parût inutile, Léonidas n'hésita pas : « Sparte, dit-il, nous a confié un poste, nous devons y rester. »

Avant le combat, Xerxès essaya de le corrompre : « Si tu veux te soumettre, lui fit-il dire, je te donnerai l'empire de la Grèce. » Léonidas répondit : « J'aime mieux mourir pour ma patrie que de l'asservir. »

Xerxès lui envoya un dernier message : « Rends tes armes. » — Léonidas répondit : « Viens les prendre. »

Le combat commença. Les trois cents Spartiates se défendirent comme des lions, mais ils furent écrasés par le nombre. Ils périrent tous sur le champ de bataille. On leur éleva un tombeau avec cette inscription : « Passant, va dire à Sparte que nous sommes morts ici pour obéir à ses lois. »

EXERCICES ORAUX ET ÉCRITS.

1. Explication des mots. — *Lot*, part attribuée à quelqu'un. — *Larcin*, vol. — *Bouclier*, arme défensive ; on tenait le bouclier devant son corps, avec la main gauche, pour se protéger. — *Défilé*, passage étroit entre deux montagnes. — *Guerres médiques*, guerres des Grecs contre les Mèdes ou Perses.

2. Explication des noms géographiques. — *Péloponèse*, c'est-à-dire île de Pélops, est la partie rattachée au continent par l'isthme de Corinthe ; on l'appelle aujourd'hui la Morée. — *Sparte*, était située sur la rivière Eurotas. — *Thermopyles*, défilé situé au nord de la Grèce.

3. Questionnaire. — Quelles sont les deux villes les plus remarquables de la Grèce ? — Pourquoi les Spartiates étaient-ils soldats ? — Quel fut leur législateur ? — Comment établit-il l'égalité des Spartiates ? —

Qu'est-ce que le brouet noir ? — Etait-ce un mets délicat ? — Quelle était l'éducation des Spartiates ?— Montrez par quelque anecdote le dévouement des Spartiates pour la patrie.

4. Devoir à rédiger. — Racontez le dévouement de Léonidas aux Thermopyles.

TROISIÈME RÉCIT. — ATHÈNES ET LES ATHÉNIENS.

LEÇON.

1. Athènes, la cité des lettres et des arts, fut la véritable capitale de la Grèce.

2. Les Athéniens reçurent leurs lois de Solon. Ce grand législateur voulut que tous les citoyens prissent part aux affaires publiques.

3. L'éducation des Athéniens était libérale : ils exerçaient leur corps en même temps qu'ils cultivaient leur esprit.

4. Aussi furent-ils les plus aimables et les plus illustres des Grecs.

RÉCIT.

1. Athènes. — La véritable capitale de la Grèce, la grande cité ionienne, fut Athènes.

Les Athéniens furent, comme les Spartiates, de vaillants soldats, dévoués à la patrie ; mais ils cultivèrent en même temps les lettres et les arts, et s'adonnèrent au commerce et à l'industrie. Ils furent les plus intelligents et les plus aimables des Grecs.

Fig. 29. — Solon.

2. Solon. — Un homme illustre, Solon, donna de sages lois à Athènes.

Il descendait des anciens rois athéniens. Après s'être appliqué au commerce, il voyagea dans la Grèce et en Asie pour étudier les lois et les mœurs des peuples. Il écouta les conseils des hommes qui étaient connus pour être les plus sages de la Grèce.

3. Les lois de Solon. — Avant Solon, les nobles seuls prenaient part à la direction des affaires : c'était le gouvernement de l'*aristocratie*. Solon voulut faire participer tous les citoyens à la direction de la République : il établit le gouvernement de la *démocratie*.

4. Éducation des Athéniens. — L'éducation des Athéniens était bien supérieure à celle des Spartiates. Ils ne se contentaient pas de fortifier le corps par des exercices physiques, ils cultivaient aussi leur intelligence par l'étude des lettres, de la poésie, de la musique. A Athènes, le travail était honoré ; tout citoyen devait choisir un métier ; car l'oisiveté était considérée comme un délit. L'étranger était accueilli avec bonté. Solon encouragea les relations avec les autres peuples et favorisa le commerce.

5. Supériorité d'Athènes. — Aussi Athènes fut bien plus célèbre que Sparte, la cité guerrière.

Comme elle, elle donna à la patrie de vaillants défenseurs. Miltiade, le vainqueur de Marathon, Thémistocle, le vainqueur de Salamine, Cimon, le libérateur des Grecs de l'Asie, Aristide le Juste, étaient des Athéniens.

Mais tandis que Sparte ne forma que des soldats, Athènes produisit des orateurs, des poètes, des artistes.

Périclès, qui a donné son nom au plus grand siècle littéraire, était né à Athènes.

LECTURE. — La folie de Solon.

Solon ne fut pas seulement un des sept sages de la Grèce, un grand législateur ; il fut aussi un remarquable poète. Son culte pour la poésie lui permit de rendre à Athènes un grand service.

Les Athéniens avaient essayé plusieurs fois de s'emparer de l'île de Salamine : mais comme ils avaient toujours été vaincus, ils décrétèrent que tout citoyen qui parlerait de recommencer la guerre pour prendre cette île serait puni de mort. Solon résolut de braver cette loi. Il simula la folie et pendant quelque temps on le vit errer comme un insensé sur la place publique. Un jour que le peuple était réuni, il apparut, l'air égare, et d'une voix forte, il récita des vers sur Salamine. Les Athéniens rirent d'abord de lui, puis l'écoutèrent avec respect, et bientôt, entraînés par son éloquence et touchés par la beauté de ses vers, ils coururent aux armes, résolus à prendre Salamine. Solon se mit à leur tête. Cette fois, l'île fut conquise.

EXERCICES ORAUX ET ÉCRITS.

1. Explication des mots. — *Aristocratie*, gouvernement des nobles.— *Démocratie*, gouvernement du peuple. — *République*, c'est-à-dire la chose publique, de tous les citoyens. — *Exercices physiques*, exercices qui développent la force du corps, comme la gymnastique, la lutte, la course. — *Délit*, faute commise et punie par les lois.

2. Explication des noms géographiques. — *Ioniens*, c'était le nom d'une race grecque. — *Marathon*, petite localité grecque où les Perses furent vaincus par les Grecs. — *Salamine*, petite île près de laquelle les Athéniens remportèrent sur les Perses une victoire navale.

3. Questionnaire. — Quelle différence remarquez-vous entre les Athéniens et les Spartiates ? — Qui donna des lois aux Athéniens ? — Quel gouvernement Solon établit-il ? — Quelle était l'éducation des Athéniens ? — En quoi consiste la supériorité d'Athènes ? — Citez le nom de quelques Athéniens illustres ?

4. Devoir à rédiger. — Racontez ce que vous savez sur Solon.

QUATRIÈME RÉCIT. — PÉRICLÈS

(né en 494, mort en 429 avant Jésus Christ).

LEÇON.

1. Périclès fut le plus illustre citoyen d'Athènes.

2. Il fut grand par son caractère, son éloquence et la sagesse de son gouvernement.

3. Sous sa direction, la république athénienne éleva de magnifiques monuments et produisit les hommes les plus remarquables dans les lettres et dans les arts.

4. Aussi le siècle où vécurent de si grands génies a gardé dans l'histoire le nom de *siècle de Périclès.*

RÉCIT.

1. Jeunesse de Périclès. — Périclès fut le plus illustre citoyen d'Athènes. Sa famille était célèbre par les services qu'elle avait rendus à la République. Son père Xantippe avait été un des héros de la guerre Médique.

2. Son éducation. — L'éducation de Périclès fut confiée à un savant maître, le philosophe Anaxagore. Il puisa dans ses leçons l'amour du beau et du bien et une grande élévation d'esprit. Son caractère devint à la fois ferme et réservé. Il fut toujours modeste dans son maintien et dans sa démarche; on le voyait rarement sourire.

Cependant telle était la beauté de ses traits que, lorsqu'il parut pour la première fois en public, les Athéniens le comparèrent à un Dieu.

Fig. 30. — Périclès.

3. Éloquence de Périclès. — Jeune encore, Périclès se révéla dans les assemblées publiques par son éloquence. Sa parole était toujours persuasive. Un de ses rivaux disait de lui : « Quand je lutte contre Périclès et que je l'ai jeté par terre, il soutient qu'il n'est pas renversé, et il finit par le persuader aux spectateurs. »

Avant de parler en public, il se défiait de lui-même. Quand il montait à la tribune, il priait les dieux de ne laisser échapper de sa bouche aucune parole inutile.

Si Périclès fut si éloquent, c'est qu'il n'exprimait jamais que de grandes et généreuses pensées. Un jour qu'il voulait consoler les Athéniens de la perte de jeunes soldats, il prononça cette belle parole : « Les guerriers morts pour la patrie sont immortels comme les dieux ! »

4. Autorité de Périclès. — Les Athéniens admirèrent un si noble caractère et furent charmés par son éloquence. Aussi subirent-ils sans contrainte sa direction et ses conseils. Périclès gouverna pendant trente ans sa patrie ; tant était grande la puissance qu'il exerçait sur le peuple par l'honnêteté de sa vie, la noblesse de ses sentiments et la beauté de son éloquence !

5. Gouvernement de Périclès. — Périclès se servit de son autorité dans l'intérêt du peuple. Son rival, Cimon, était le chef des nobles et des riches ; lui voulut être le chef de tous les citoyens. Il fit donner des pensions aux citoyens pauvres, leur distribua les terres conquises sur les ennemis et leur prodigua les fêtes et les plaisirs.

6. Embellissements d'Athènes. — Périclès voulut qu'Athènes fût digne d'être la capitale de la Grèce par la beauté de ses monuments. Jamais le travail des hommes n'a atteint la perfection de ces magnifiques édifices dont les ruines font encore notre admiration. Aussi l'art grec est-il resté dans l'architecture et dans la sculpture un modèle accompli.

Fig. 51. — L'acropole.

7. Le Parthénon, les Propylées, l'Odéon,
— Trois de ces grandioses monuments sont célèbres

entre tous : ce sont le Parthénon, les Propylées, l'Odéon.

Le Parthénon est le temple de Minerve, bâti sur la colline qui domine Athènes. Il se divisait en deux salles : l'une renfermait le trésor public, l'autre contenait la statue de Minerve. La déesse, haute de 12 mètres, était en ivoire le plus pur; ses yeux étaient en perles précieuses; et ses vêtements en or. Elle tenait d'une main une lance et de l'autre une statue de la Victoire; à ses pieds était un bouclier sur lequel était gravé le combat des Athéniens et des Amazones. Le casque de la déesse était surmonté d'un sphinx, emblème de l'intelligence; sur la visière huit chevaux lancés au galop indiquaient la rapidité de la pensée.

L'Odéon, destiné aux concours de musique, fut élevé sur le modèle de la tente de Xerxès.

Les Propylées étaient

Fig. 32. — La Minerve de Phidias.

un superbe vestibule qui conduisait au temple du Parthénon et à la citadelle d'Athènes, appelée l'Acropole.

8. Phidias. — Le directeur de tous ces admirables travaux fut l'ami de Périclès, le grand sculpteur Phidias. Il avait sous ses ordres des artistes habiles, Ictinos et Callicratidès qui construisirent le Parthénon, et Mnésiclès qui bâtit les Propylées.

Phidias fut lui-même l'auteur de la belle statue de Minerve. Les Athéniens se montrèrent ingrats pour cet homme de génie. Ils l'accusèrent d'avoir gardé pour lui une partie de l'or destiné à la statue : mais Phidias fit peser les draperies de la statue qui étaient en or et il démontra facilement son honnêteté. Il fut cependant exilé, malgré les prières de Périclès.

9. Belle réponse de Périclès. — Périclès lui-même ne fut pas épargné par les accusations des Athéniens. Un jour, ceux-ci se plaignirent, dans l'assemblée publique, des sommes considérables dépensées pour les monuments : « Athéniens, dit Périclès, trouvez-vous que je fais trop de dépenses ? — Oui, répondit-on de toutes parts. — Eh bien, reprit Périclès, c'est moi seul qui les supporterai ; mais aussi mon nom seul, comme il est juste, sera gravé sur tous ces monuments. » Les Athéniens comprirent et ils cessèrent de se plaindre.

10. Le siècle de Périclès. — Ce n'est pas seulement par la splendeur des arts, mais aussi par l'éclat des lettres que l'époque où vécut Périclès fut si remarquable. Jamais on ne vit autant d'écrivains et de poètes et jamais on ne compta autant de chefs-d'œuvre. *Eschyle, Sophocle* et *Euripide* écrivaient leurs tragédies ; *Aristophane* amusait et instruisait les Athéniens par ses comédies ; *Hippocrate* méritait d'être appelé le père de la médecine ; *Hérodote, Thucydide* et *Xénophon* racontaient l'histoire de la Grèce ; *Socrate, Platon* et *Aristote* laissaient dans la philosophie des œuvres immortelles.

Le siècle où vécurent tant de grands génies a gardé dans l'histoire le nom de siècle de Périclès.

11. Jalousie de Sparte. — Athènes exerçait à cette époque un empire incontesté sur la Grèce. La plupart des villes grecques étaient ses alliées ; ses colonies couvraient toutes les îles de la mer et tout le littoral de l'Asie.

Sparte, rivale d'Athènes, fut jalouse de tant de

gloire. Une guerre terrible éclata entre les deux cités. Elle est connue sous le nom de *Guerre du Péloponèse*, parce que tous les peuples du Péloponèse y prirent part.

12. Mort de Périclès. — Périclès qui avait poussé ses concitoyens à cette guerre la vit à peine commencer. Dès l'origine Athènes fut frappée par un fléau terrible, la peste. Des milliers de victimes périrent ; les cadavres gisaient sans sépulture dans les rues de la ville et répandaient la contagion. Périclès vit périr tous les membres de sa famille, et lui-même fut atteint au moment où le mal commençait à disparaître.

La veille de sa mort ses amis éplorés étaient réunis autour de son lit et rappelaient ses grandes qualités : « Mes amis, leur dit Périclès, ce que j'ai fait d'autres l'ont fait aussi ; mais vous oubliez ce qu'il y a de plus grand dans ma vie, c'est que je n'ai jamais fait prendre le deuil à un citoyen. »

Les Athéniens honorèrent sa mémoire ; ils l'ensevelirent au milieu des héros qui étaient morts glorieusement pour la patrie.

LECTURES.

PREMIÈRE LECTURE. — **Trait de modération de Périclès.**

On raconte que Périclès étant insulté par un homme bas et insolent qui ne cessa, durant toute une journée, de lui dire des injures, il les supporta patiemment sans lui répondre un seul mot. Le soir il se retira tranquillement chez lui, toujours suivi par cet homme, qui l'accablait d'outrages. Quand il fut à la porte de sa maison, comme il faisait déjà nuit, il commanda à un de ses esclaves de prendre un flambeau, et de reconduire cet homme chez lui. PLUTARQUE,
Historien et moraliste grec, né en 50, mort en 138 après J.-C.

DEUXIÈME LECTURE. — **Gouvernement de Périclès.**

« Puissant par la dignité de son caractère, par sa sagesse et son incorruptible probité, il conduisait le peuple d'une main libre sans jamais se laisser conduire par lui. N'ayant pas acquis le pouvoir par d'indignes moyens, il ne sacrifiait rien pour être agréable au peuple, et au besoin il bravait son déplaisir. Voyait-il les Athéniens remplis d'une dangereuse confiance, il abattait leur fougue ; étaient-ils effrayés, inquiets, désespérés, il les relevait. Ce gouvernement était de nom une démocratie, de fait un empire, mais celui du premier citoyen de la République. »

THUCYDIDE,
Célèbre historien grec, né en 471, mort en 395 avant J.-C.

EXERCICES ORAUX ET ÉCRITS.

1. Explication des mots. — *Parthénon*, vient d'un mot grec qui signifie jeune vierge. — *Odéon*, lieu consacré au chant, d'un mot grec qui signifie chant. — *Xerxès*, roi des Perses, qui fut vaincu par les Grecs. — *Propylées*, en avant des portes, galerie. — *Acropole*, d'un mot grec qui signifie partie élevée de la ville.

2. Explication des noms géographiques. — *Péloponèse*, île de Pélops, aujourd'hui Morée. — *Sparte*, sur l'Eurotas, était la ville principale du Péloponèse.

3. Questionnaire. — Quel fut le plus illustre citoyen d'Athènes ? — De qui était-il fils ? — Quelle fut son éducation ? — Par quoi Périclès fut-il remarquable ? — Quel était le caractère de son éloquence ? — Comment gouverna-t-il Athènes ? — Quels édifices y fit-il construire ? — Quel fut le grand sculpteur de cette époque ? — Décrivez le Parthénon ? — Les Athéniens ne furent-ils pas jaloux de Phidias ? — Que reprochèrent-ils à Périclès ? — Citez sa réponse ? — Qu'appelle-t-on *Siècle de Périclès* ? — Citez les noms des hommes illustres de ce siècle ? — Quelle est la guerre qui éclata en Grèce, pendant la vie de Périclès ? — Comment est mort Périclès ? — Citez une de ses dernières paroles ?

4. Devoir à rédiger. — Résumer les principaux faits de la vie de Périclès.

CINQUIÈME RÉCIT. — **DÉMOSTHÈNE**

né en 385, mort en 322 avant Jésus-Christ.

LEÇON.

1. Démosthène, le plus grand orateur d'Athènes, forma son génie par un travail opiniâtre.

2. Il mit son éloquence au service de sa patrie. Il combattit le roi de Macédoine, Philippe, ennemi des Athéniens.

3. Démosthène périt victime de son dévouement à la république athénienne.

RÉCIT.

1. Jeunesse de Démosthène. — Démosthène a été le plus grand orateur de la Grèce. Il conquit sa gloire par un travail opiniâtre ; son génie fut l'œuvre de la patience. A l'âge de sept ans il perdit son père, un riche armurier, qui lui laissa une succession considérable. Mais ses tuteurs administrèrent mal sa fortune et la laissèrent dépérir. Aussi fut-il privé, dès son enfance, des bienfaits de l'instruction. Son tempérament faible et maladif semblait lui interdire le travail.

2. Premiers discours de Démosthène. — A seize ans Démosthène entendit un orateur célèbre d'Athènes et il résolut de devenir lui-même orateur. Pour apprendre la belle langue grecque, il copia huit fois les œuvres de l'historien Thucydide. A dix-sept ans, il attaqua ses tuteurs en justice et composa lui-même les plaidoyers.

Fier de ce début, Démosthène voulut parler en public ; mais sa voix était si faible et sa prononciation si pénible que le peuple se moqua de lui et ne l'accueillit que par des huées.

3. Patience de Démosthène. — Ce premier échec ne découragea pas Démosthène. Il résolut de corriger ses défauts par un travail énergique. Il s'enferma plusieurs mois de suite dans un souterrain où il s'exerçait à déclamer. Pour ne pas avoir la tentation de sortir, il s'était rasé la moitié de la tête.

Comme il avait un bégaiement de langue il s'exerça, pour corriger sa prononciation, à parler avec des cailloux dans la bouche, au bruit des vagues de la mer. D'autres fois il montait d'une course rapide sur des lieux hauts et escarpés, pendant qu'il récitait, sans prendre haleine, de longs morceaux de poésie.

Fig. 33. — Démosthène.

4. Succès de Démosthène. — Le succès récompensa Démosthène de tant d'efforts. Quand il reparut dans l'assemblée du peuple, à l'âge de vingt-sept ans, il ravit les applaudissements par la puissance de sa parole.

5. Démosthène et le roi Philippe. — Démosthène ne tarda pas à mettre son éloquence au service de sa patrie. Athènes était menacée par l'ambition du puissant roi de Macédoine, Philippe. Maître de tout le nord de la Grèce, chef d'une armée redoutable, Philippe avait résolu de soumettre à sa domination la Grèce tout entière. L'honneur de Démosthène fut de consacrer tout son génie à la défense de l'indépendance athénienne.

6. Démosthène demande la guerre. — Athènes n'avait plus, à cette époque, ses vertus guerrières d'autrefois : elle était tout entière à ses plaisirs. Démosthène chercha à réveiller dans le cœur des Athéniens ces sentiments généreux qui leur avaient valu tant de victoires. Il dénonça avec vigueur les projets ambitieux de Philippe et les dangers que courait la république. « Mais c'est la guerre que tu demandes, s'écria un Athénien partisan de la paix. — Oui, par Jupiter, répondit Démosthène, et je demande de plus des deuils, des enterrements publics, des éloges funèbres, tout ce qui vous fera vivre libres et repoussera de nos têtes le joug macédonien. »

7. Les Philippiques. — Démosthène ne se trompait pas sur l'ambition de Philippe. On apprit à Athènes que le roi de Macédoine marchait avec son armée sur les Thermopyles, ces portes de la Grèce, que Léonidas avait autrefois défendues contre les Perses. Aussitôt Démosthène monte à la tribune et par ses magnifiques discours contre Philippe (de là le nom de *Philippiques*) il entraîne ses concitoyens à la guerre : « Quand donc, ô Athéniens, s'écria-t-il, quand ferez-vous votre devoir? Qu'attendez-vous? Un événement ou une nécessité, par Jupiter? Mais quelle nécessité plus pressante, pour des hommes libres, que le moment où le déshonneur approche?»

8. Éloquence de Démosthène. — L'impression produite par l'éloquence de Démosthène fut considérable. On raconte que Philippe, après avoir lu un de ces discours, dit : « J'aurais donné ma voix à Démosthène pour me faire déclarer la guerre, et je l'aurais nommé général.»

9. Défaite des Athéniens. — Les Athéniens se décidèrent enfin à combattre Philippe. Mais la fortune trahit leur courage. Ils furent vaincus par les Macédoniens à la bataille de Chéronée. Démosthène ne se laissa pas abattre par ce revers ; il conseilla aux Athéniens de lever une nouvelle armée, et il fit une magnifique oraison funèbre des soldats morts sur le champ de bataille : «Non, s'écria-t-il, non, Athéniens, vous n'avez pas failli en courant à la mort pour le salut et la liberté de la Grèce! Non, j'en jure par vos ancêtres tombés à Marathon, à Salamine, à Platées!»

10. Mort de Philippe. — Philippe, maître de la Grèce, ne jouit pas longtemps de sa victoire. Il fut assassiné par un noble macédonien, nommé Pausanias.

A cette nouvelle, Démosthène parut en public, couronné de fleurs et magnifiquement vêtu, quoiqu'il n'y eût que sept jours qu'il eût perdu sa fille. Mais il oubliait son deuil pour ne songer qu'au bien de la patrie.

11. Mort de Démosthène. — La vie de Démosthène ne fut qu'un long combat pour la défense de la liberté athénienne. Après avoir attaqué Philippe, il combattit avec la même énergie l'ambition de son fils, Alexandre.

Plus tard, après la mort d'Alexandre, le général macédonien Antipater soumit toute la Grèce à son pouvoir. Il exigea qu'on lui livrât Démosthène.

Quand celui-ci apprit les ordres d'Antipater, il se retira dans un temple, et s'empoisonna. Ainsi le grand orateur périt victime de son dévouement à la patrie.

Athènes n'oublia pas les services de Démosthène. Elle lui éleva une statue et grava sur le socle ces mots : « Démosthène, si ton pouvoir eût égalé ton éloquence,

jamais les Grecs n'eussent obéi à l'épée macédo-
nienne! »

LECTURE. — Démosthène et Eschine.

Démosthène avait des rivaux à la tribune; le plus redoutable était
l'orateur Eschine. Quand les Athéniens proposèrent de donner à Démosthène une couronne d'or pour le récompenser de sa belle conduite,
Eschine attaqua vivement ce projet. Les deux orateurs firent entendre
de remarquables discours. Le discours de Démosthène *sur la couronne*
est son chef-d'œuvre. Eschine, vaincu, fut condamné à l'exil. Il faisait
lire lui-même à ses disciples le discours de son rival, comme le modèle
de l'éloquence. Et, comme un de ses disciples en admirait la beauté,
Eschine s'écria : « Que serait-ce, si tu avais entendu, comme moi, le
puissant orateur. » En effet la parole de Démosthène était pareille à la
foudre.

EXERCICES ORAUX ET ÉCRITS.

1. **Explication des mots.** — *Orateur*, habile dans l'art de la parole.—
Plaidoyer, discours de l'avocat qui plaide une cause.

2. **Explication des noms géographiques.** — *Macédoine*, pays situé au
nord de la Grèce, aujourd'hui Turquie. — *Chéronée*, petit village de la
Béotie, Grèce.

3. **Questionnaire.** — Qu'est-ce que Démosthène ? — Quelle fut sa jeunesse ? — Comment eut-il l'idée de devenir orateur ? — Réussit-il dans
ses premiers discours ? — Que fit-il pour corriger ses défauts ? — Quel
roi Démosthène a-t-il attaqué dans ses discours ?— Comment appelle-t-on
ces discours ? — Citez-en quelques passages ? — Que dit Philippe en les
lisant ? — Les Athéniens furent-ils vainqueurs dans la guerre ? — Où
furent-ils vaincus ? — Après la mort de Philippe que fit Démosthène ?
— Comment mourut-il ? — Les Athéniens oublièrent-ils ses services ?
— Quelle inscription gravèrent-ils sur sa statue?

4. **Devoir à rédiger.** — Racontez ce que Démosthène a fait pour défendre la république athénienne.

SIXIÈME RÉCIT. — ALEXANDRE

né en 356, mort en 323 avant Jésus-Christ.

LEÇON.

**1. Alexandre, fils de Philippe, roi de Macédoine,
eut pour précepteur le philosophe Aristote.**

**2. Animé d'une grande ambition, il résolut de con-
quérir toute l'Asie.**

**3. Vainqueur du roi des Perses, Darius, aux com-
bats du Granique, d'Issus et d'Arbelles, il soumit
tout son royaume et pénétra jusque dans les Indes.**

**4. Alexandre mourut à la fleur de l'âge. Il ne fut
pas seulement un grand conquérant; il fonda de
nombreuses villes et introduisit en Asie la civilisation de la Grèce.**

1. Éducation d'Alexandre. — Philippe, roi de Macédoine, n'avait rien négligé pour donner à son fils, Alexandre, une éducation digne de lui. Le jour même de la naissance de son fils il écrivit à Aristote, le plus illustre philosophe de ce temps, la lettre suivante : « Philippe à Aristote, salut. Je vous apprends qu'il m'est né un fils ; et je remercie les dieux, moins de ce qu'ils me l'ont donné, que de ce qu'ils l'ont fait naître de votre vivant. J'espère

Fig. 34. — Alexandre.

qu'élevé et instruit par vous, il sera digne de moi et de l'empire qui lui est destiné. »

2. Alexandre et Aristote. — Alexandre apprit d'Aristote la morale, la politique, les sciences, la médecine. Il témoigna toujours à son précepteur une grande affection. « Mon père, disait-il, m'a donné la vie, mais Aristote m'a appris à bien vivre. »

3. Alexandre et Homère. — Homère était de tous les poètes grecs celui qu'Alexandre admirait le plus :

Fig. 35. — Aristote.

l'*Iliade* était sa lecture

favorite. On lui apporta un jour une cassette précieuse, prise dans le palais du roi Darius. Il demanda à ses courtisans ce qu'ils croyaient digne d'y être enfermé. Chacun proposait ce qu'il estimait le plus beau. « Et moi, dit Alexandre, j'y renfermerai l'*Iliade*. »

4. Précoce ambition d'Alexandre. — Jeune encore, Alexandre révéla son ambition et le désir de faire de grandes choses.

Ses amis lui demandèrent un jour s'il n'irait pas disputer aux jeux olympiques le prix de la course : « Je m'y présenterais, dit-il, si je devais avoir des rois pour rivaux. »

Quand il apprenait que son père, Philippe, avait remporté quelque nouvelle victoire, loin de montrer de la joie, il disait à ses compagnons : « Mes amis, mon père prendra tout; il ne me laissera rien de grand et de glorieux à faire un jour avec vous. »

5. Alexandre en Grèce. — Alexandre n'avait que vingt ans quand il succéda à son père. Après avoir soumis les peuples barbares qui s'étaient révoltés à la mort du roi Philippe, il fit une expédition en Grèce. La ville de Thèbes fut entièrement détruite; Alexandre n'épargna que la maison du poète Pindare. Athènes, à cause des services qu'elle avait rendus à la Grèce, reçut son pardon. A Corinthe, Alexandre fut nommé général en chef de toutes les forces grecques contre les Perses.

6. Alexandre et Diogène. — A Corinthe, Alexandre voulut voir le célèbre philosophe Diogène. Celui-ci était couché au soleil; et, lorsqu'il vit venir à lui une foule si nombreuse, il se souleva un peu et fixa ses regards sur Alexandre. Ce prince, après l'avoir salué, lui demanda s'il avait besoin de quelque chose : « Oui, répondit Diogène, ôte-toi un peu de mon soleil. » Alexandre fut frappé de cette réponse et il dit à ses officiers qui se moquaient de Diogène : « Si je n'étais Alexandre, je voudrais être Diogène. »

7. Alexandre et l'oracle de Delphes. —

Avant de partir pour l'Asie, Alexandre voulut consulter l'oracle de Delphes. La prophétesse refusa d'entrer dans le temple, alléguant que la loi le défendait. Mais Alexandre la traîna de force au temple. La prophétesse, comme vaincue par cette violence, s'écria : « O mon fils, tu es invincible ! »

8. Expédition d'Alexandre en Asie. — Au moment du départ, il distribua toutes ses richesses à ses officiers : « Prince, lui demanda Perdiccas, que vous êtes-vous donc réservé ?—L'espérance, » lui répondit Alexandre.

9. Alexandre et Darius. — L'empire des Perses qu'Alexandre allait conquérir était gouverné par le roi Darius. Cet empire était vaste, peuplé de nombreux habitants, couvert de villes magnifiques. Mais sa grande étendue en rendait la défense difficile ; les peuples détestaient la tyrannie de Darius ; les gouverneurs ou satrapes étaient à peu près indépendants dans les provinces ; enfin les armées innombrables du roi étaient composées d'esclaves qui ne savaient pas combattre. Alexandre, au contraire, n'avait qu'une petite armée, mais aguerrie, disciplinée, brave, et commandée par d'excellents généraux. Aussi la conquête de l'Asie fut-elle facile et rapide.

10. Alexandre au tombeau d'Achille. — Après avoir traversé sans difficulté l'Hellespont, Alexandre débarqua en Asie. A Troie, il fit célébrer des jeux en l'honneur du héros Achille. « J'envie, dit-il, le bonheur de ce guerrier, qui a eu pour ami Patrocle et pour chantre Homère. »

11. Bataille du Granique. — Arrivé sur les bords de la rivière appelée le Granique, il fut arrêté par une armée de cent mille Perses. Alexandre n'hésita pas, il se jeta dans le fleuve, à la tête de ses soldats, et culbuta l'armée ennemie. Son courage faillit lui coûter la vie. Un soldat allait lui fendre la tête d'un coup de hache, lorsque Clitus le Noir, frère de la nourrice d'Alexandre, lui abattit le bras. Le soir de la bataille, Alexandre envoya au temple de Minerve, à Athènes, trois cents boucliers persans, avec cette inscription : « Pris par Alexandre, fils de Philippe, et par les Grecs (les Lacédémoniens exceptés), sur les barbares de l'Asie. »

12. Alexandre et le nœud gordien. — A Gordium, on montra à Alexandre le char du roi Midas. Ce char avait un timon attaché par un nœud fait avec tant d'adresse, qu'on ne pouvait en apercevoir les bouts. La tradition promettait l'empire du monde à celui qui délierait ce nœud. Alexandre prit son épée, et d'un coup trancha le nœud gordien.

13. Alexandre et son médecin Philippe. — A Tarse, Alexandre, après avoir pris un bain dans les eaux froides du Cydnus, était tombé dangereusement malade. Ses médecins n'osaient lui administrer les remèdes nécessaires, de peur que s'ils ne réussissaient pas, les Macédoniens ne les rendissent responsables de sa mort. Son premier médecin seul, Philippe, eut le courage de préparer un remède. En ce moment même Alexandre recevait une lettre de son lieutenant Parménion, qui l'avertissait que Philippe, séduit par les présents du roi Darius, avait résolu de le faire périr. Quand Philippe arriva dans la tente du roi, avec le breuvage qu'il avait préparé, Alexandre lui donna d'une main la lettre de Parménion, et, prenant de l'autre la coupe, il avala la médecine tout d'un trait, sans laisser paraître le moindre soupçon.

14. Bataille d'Issus. — Alexandre, continuant sa marche victorieuse, défit près d'Issus l'armée du roi Darius et s'empara de toute sa famille. Il se montra bon et généreux pour ses prisonniers.

15. Prise de Tyr. — Toutes les villes lui ouvrirent leurs portes, après cette victoire. Une seule, la célèbre ville de Tyr, lui opposa, pendant sept mois, une vive résistance. Alexandre, furieux, détruisit la ville et extermina sa population.

16. Fondation d'Alexandrie. — Le vainqueur pénétra en Egypte, où il fit bâtir la grande ville à laquelle il donna son nom, Alexandrie. Sa belle situation, à proximité du Nil et de la mer Rouge, au point de jonction de l'Europe, de l'Asie et de l'Afrique, devait assurer à cette ville le plus brillant avenir.

17. Conquête de l'Asie. — Alexandre, après son expédition en Egypte, retourna en Asie, et fit la conquête de tout ce pays. Darius, vaincu de nouveau à *Arbelles*, prit la fuite, et fut massacré par un de ses gouverneurs nommé Bessus.

Alexandre, en apprenant cette mort, en témoigna une vive douleur. Dans la suite, s'étant saisi de Bessus, il le punit du dernier supplice. Il fit courber des arbres très droits, l'un vers l'autre ; on attacha à chacun des arbres un membre de son corps, et on laissa reprendre leur situation naturelle à ces arbres, qui, en se redressant avec violence, emportèrent chacun le membre qui y était attaché.

18. Alexandre dans l'Inde. — Maître de la Perse, Alexandre voulut pénétrer jusque dans l'Inde. Un des rois de ce pays, Porus, fut vaincu et fait prisonnier. Alexandre lui demanda comment il voulait être traité. « En roi, lui répondit Porus. — Ne veux-tu rien de plus ? » lui dit Alexandre. — Tout est compris dans ce mot, » répondit Porus.

19. Mort d'Alexandre. — Après tant de conquêtes, Alexandre reprit la route de Babylone. C'est là qu'il devait mourir, à l'âge de trente-trois ans. Peut-être ses jours furent-ils abrégés par les débauches, auxquelles il s'était livré avec la violence de son caractère.

20. Grandeur d'Alexandre. — Alexandre n'a pas seulement été un grand conquérant ; il fut, comme tous les Grecs, un génie civilisateur. Les peuples soumis par lui reçurent des lois nouvelles et furent mieux gouvernés. De nombreuses villes furent fondées et devinrent des foyers de civilisation.

Alexandrie fut la rivale d'Athènes. Partout des routes ouvrirent des communications faciles entre les peuples.

Alexandre préparait les projets les plus grandioses lorsque la mort le frappa. Mais il avait eu le temps de faire une œuvre assez remarquable pour que la postérité l'ait appelé *Alexandre le Grand*.

LECTURE. — **Alexandre et le cheval Bucéphale.**

Alexandre montra de bonne heure une grande supériorité dans les exercices du corps.

Un Thessalien, nommé Philonicus, amena un jour à Philippe un cheval nommé Bucéphale, qu'il voulait vendre treize talents. On descendit dans la plaine pour essayer le cheval ; mais on le trouva difficile, farouche, et impossible à manier : il ne souffrait pas que personne le montât : il ne pouvait pas supporter la voix d'aucun des écuyers de Philippe, et se cabrait contre tous ceux qui voulaient l'approcher. Philippe mécontent, et croyant qu'un cheval si sauvage ne pourrait jamais être dompté, ordonna qu'on l'emmenât. Alexandre, qui était présent, ne put s'empêcher de dire : « Quel cheval ils perdent là par leur inexpérience et leur timidité ! » Philippe, qui l'entendit, ne dit rien d'abord ; mais Alexandre ayant répété plusieurs fois la même chose, et témoigné sa peine de ce qu'on renvoyait le cheval, Philippe lui dit enfin : « Tu blâmes des gens plus âgés que toi, comme si tu étais plus habile qu'eux et que tu fusses plus capable de conduire ce cheval. — Sans doute, reprit Alexandre, je le conduirais mieux qu'eux. — Mais si tu n'en viens pas à bout, quelle sera la peine de ta présomption ? — Je paierai le prix du cheval, » répartit Alexandre.

Cette réponse fit rire tout le monde ; et Philippe convint avec son fils que celui qui perdrait paierait les treize talents. Alexandre s'approche du cheval, prend les rênes, et lui tourne la tête en face du soleil, parce qu'il avait apparemment observé qu'il était effarouché par son ombre, qui tombait devant lui et suivait tous ses mouvements. Tant qu'il le vit souffler de colère, il le flatta doucement de la voix et de la main ; ensuite laissant couler son manteau à terre, d'un saut léger il s'élance sur le cheval avec la plus grande facilité. D'abord il lui tint la bride serrée, sans le frapper ni le harceler ; mais quand il vit que sa férocité était diminuée, et qu'il ne demandait plus qu'à courir, il baissa la main, lui parla d'une voix plus rude, et, lui appuyant les talons, il le poussa à toute bride. Philippe et toute sa cour, saisis d'une frayeur mortelle, gardaient un profond silence ; mais quand on le vit tourner bride, et ramener le cheval avec autant de joie que d'assurance, tous les spectateurs le couvrirent de leurs applaudissements. Philippe en versa des larmes de joie, et lorsque Alexandre fut descendu de cheval il le serra étroitement dans ses bras. « Mon fils, lui dit-il, cherche ailleurs un royaume qui soit digne de toi ; la Macédoine ne peut te suffire. »

PLUTARQUE. — Vie d'Alexandre.

EXERCICES ORAUX ET ÉCRITS.

1. **Explication des mots.** — *Iliade*, poème qui raconte la prise de Troie ou Ilium par les Grecs. — *Aristote*, philosophe grec, naquit en

Macédoine en 384 av. J.-C. — *Pindare*, poète grec, naquit près de Thèbes, en Béotie, vers 520 av. J.-C. — *Diogène*, philosophe grec, naquit en 414 av. J.-C. — *Achille*, un des héros grecs qui combattirent devant Troie.

2. Explication des noms géographiques. — *Thèbes*, *Athènes*, *Corinthe*, villes de la Grèce. — *Delphes*, temple célèbre où les Grecs venaient consulter l'oracle. — *Hellespont*, détroit qui sépare l'Europe de l'Asie. — *Troie*, ville de l'Asie célèbre par le siège des Grecs. — *Gordium*, *Tarse*, villes de l'Asie-Mineure.

3. Questionnaire. — Quel fut le précepteur d'Alexandre ? — Rappelez la lettre de Philippe à Aristote ? — Quels étaient les sentiments d'Alexandre pour son précepteur ? — Quel poète admirait-il particulièrement ? — Montrez par quelques traits la précoce ambition d'Alexandre ? — Racontez l'expédition d'Alexandre en Grèce ? — Que fit-il à Thèbes, à Athènes, à Corinthe ? — Quel philosophe vit-il dans cette dernière ville ? — Quel oracle consulta-t-il ? — Que répondit l'oracle ? — Racontez l'expédition d'Alexandre en Asie ? — Que dit-il avant de partir ? — Que fit-il à Troie ? — Que se passa-t-il au combat du Granique ? — Qu'est-ce que le nœud gordien ? — Quelle confiance Alexandre avait-il en son médecin Philippe ? — Quelle ville célèbre prit-il ? — Quelle ville a-t-il fondée en Égypte ? — Quelles sont ses victoires sur le roi Darius ? — Jusqu'à quel pays Alexandre a-t-il pénétré ? — Comment est-il mort ? — Dans quelle ville ? — Pourquoi l'appelle-t-on Alexandre le Grand ?

4. Devoir à rédiger. — Racontez les principaux faits de la jeunesse d'Alexandre.

CHAPITRE III

LES ROMAINS

PREMIER RÉCIT. — **ROME ET LES ROMAINS.**

LEÇON.

1. L'Italie a été, avec la Grèce, un des pays les plus célèbres de l'histoire.

2. Rome, sa capitale, après avoir eu une modeste origine, fut le centre d'un vaste empire.

3. Les Romains durent leurs rapides conquêtes à leur forte organisation militaire, à leurs vertus et surtout à leur amour pour la patrie.

RÉCIT.

1. L'Italie. — L'Italie a été, après l'Orient et la Grèce, le foyer de la civilisation européenne. Sa situation heureuse au centre de la Méditerranée, la fertilité de son sol, la douceur de son climat et surtout le génie de ses habitants expliquent le rôle considérable qu'elle a joué dans l'histoire.

2. Rome. — De bonne heure une ville s'éleva au-dessus de toutes les villes italiennes. Ce fut Rome, destinée à devenir la capitale du monde.

Rome eut des origines modestes ; bâtie vers l'an 753 avant J.-C., sur les bords du Tibre, par deux frères, Romulus et Rémus, elle servit d'abord d'asile à tous les aventuriers italiens. Après avoir été gouvernée par des rois, elle fonda la République.

3. Les Romains. — C'est sous le gouvernement de la République que les Romains accomplirent les plus grandes choses. Ils vainquirent peu à

Fig. 36. — Un soldat romain.

peu tous les peuples voisins et firent la conquête de l'Italie tout entière.

Les Romains durent leurs rapides victoires à leur amour pour la patrie. Ils ne reculaient devant aucun sacrifice pour l'honneur de la République : tous les citoyens étaient soldats depuis dix-sept ans jusqu'à quarante-cinq ans. Soumis à une

Fig. 37. — Les armes romaines.

sévère discipline, supportant avec patience les plus

grandes fatigues, méprisant la mort, ils étaient invincibles. Si parfois la fortune trahissait leurs efforts, ils ne se décourageaient pas. Après la défaite, ils se remettaient patiemment à l'œuvre, et bientôt ils se relevaient par de nouvelles victoires.

LECTURE. — **Portrait du peuple romain.**

« De tous les peuples du monde le plus fier et le plus hardi, mais tout ensemble le plus zélé dans ses conseils, le plus constant dans ses maximes, le plus avisé, le plus laborieux, et enfin le plus patient, a été le peuple romain. De tout cela s'est formée la meilleure milice et la politique la plus prévoyante, la plus ferme et la plus suivie qui fut jamais. Le fond d'un Romain, pour ainsi parler, était l'amour de la liberté et de la patrie. Une de ces choses lui faisait aimer l'autre, car, parce qu'il aimait sa liberté, il aimait sa patrie comme une mère qui le nourrissait dans des sentiments également généreux et libres. Sous ce nom de liberté les Romains se figuraient, avec les Grecs, un Etat où personne ne fût sujet que de la loi, et où la loi fût plus puissante que les hommes. » BOSSUET. »

EXERCICES ORAUX ET ÉCRITS.

1. Explication des mots. — *République*, État gouverné par le peuple. Le gouvernement d'un homme s'appelle la *Monarchie*. La France est une république, l'Italie est une monarchie.

2. Explication des noms géographiques. — *Italie*, un des grands États de l'Europe. — *Rome*, sur le Tibre, est aujourd'hui la capitale du royaume italien.

3. Questionnaire. — Quel est le pays qui, après la Grèce, a joué un grand rôle dans l'histoire? — Pourquoi? — Quelle était la principale ville de l'Italie? — Quelle est sa position? — Qui l'a bâtie? A quelle époque? — Quels furent ses commencements? — Quel était le gouvernement de Rome? — Pourquoi les Romains ont-ils fait de si grandes choses? — Quelle était leur vertu particulière?

4. Devoir à rédiger. — Dites ce que vous savez des vertus du peuple romain.

DEUXIÈME RÉCIT. — **CARTHAGE ET ANNIBAL.**

LEÇON.

1. Rome fut arrêtée par une puissante rivale, Carthage.

2. Le plus grand général carthaginois, Annibal, fit une expédition en Italie, et, après plusieurs victoires, faillit anéantir la puissance romaine.

3. Mais les Romains se sauvèrent par leur patriotisme. Annibal, abandonné par Carthage, fut vaincu et alla mourir en exil.

RÉCIT.

1. Carthage. — Les Romains, après avoir soumis toute l'Italie à leur domination, furent un moment arrêtés dans leur conquête par un ennemi puissant, les Carthaginois.

Carthage, bâtie sur la côte septentrionale de l'Afrique, était une ancienne colonie de Tyr. Elle était devenue florissante par son commerce et par ses richesses. La Méditerranée était couverte de ses navires.

Rome et Carthage se disputèrent l'empire du monde, dans trois grandes guerres appelées guerres puniques.

Un homme se distingua surtout dans cette rivalité, et faillit détruire la fortune de Rome. Ce fut Annibal.

Fig. 38. — Annibal.

2. Annibal. — Annibal naquit à Carthage en l'an 247, à l'époque de la première guerre punique. Son père, Amilcar Barca, un des plus illustres généraux de Carthage, avait conquis la plus grande partie de l'Espagne. Il hérita de lui son courage, ses talents militaires et surtout sa haine pour les Romains. A l'âge de neuf ans il prêta le serment de les combattre toute sa vie : il tint parole.

3. Expédition d'Annibal. — Il n'avait que vingt-six ans quand les armées de Carthage le nommèrent général. Annibal conçut aussitôt le plan hardi d'attaquer Rome en Italie. Après avoir réuni une armée de cent mille hommes en Espagne, il franchit les Pyrénées, traversa tout le sud de la Gaule et passa le Rhône.

4. Passage des Alpes. — Mais alors se dressa devant lui une barrière qui paraissait infranchissable, les Alpes avec leurs neiges éternelles. Annibal s'engagea avec son armée au milieu de ces montagnes, escalada les pics élevés, pénétra dans les gorges profondes. Hommes et chevaux roulaient quelquefois au fond des abîmes, entraînés par des avalanches de neiges. Après neuf jours d'efforts l'armée arriva au sommet de la montagne d'où elle put contempler les riches plaines de l'Italie. La descente fut aussi périlleuse. Les soldats glissaient sur les glaciers; on dut percer une route à travers les rochers pour faire passer les éléphants. Tous ces travaux s'accomplissaient au milieu de populations hostiles qu'il fallait combattre jour et nuit. La moitié des soldats périrent : ceux qui avaient survécu à de telles fatigues paraissaient invincibles.

5. Victoires d'Annibal. — L'armée carthaginoise, renforcée par de nombreux soldats gaulois, ennemis des Romains, fut partout victorieuse. Vainement les Romains voulurent l'arrêter au passage de deux rivières, le Tésin et la Trébie ; ils furent repoussés. Annibal franchit les Apennins ; marcha pendant quatre jours dans les marais de l'Arno. C'est là que, monté sur son dernier éléphant, il perdit un œil. Les Romains, le croyant affaibli après une telle marche, l'attaquèrent près du lac Trasimène, et de nouveau furent vaincus.

6. Défaite de Cannes. — Cependant Rome voulut tenter un dernier effort pour sauver l'Italie. Une grande bataille se livra dans les plaines de Cannes. L'armée romaine y subit un sanglant désastre. Un des consuls, Paul Émile, quatre-vingts sénateurs, cinquante mille soldats périrent dans cette immense défaite.

7. Patriotisme des Romains. — Tout paraissait perdu : mais les Romains ne voulurent pas désespérer du salut de la République. Tous les hommes valides prirent les armes. Les généraux ne manquèrent pas à de tels soldats. L'un, Fabius, fut surnommé à cause de sa prudence, le *bouclier*, l'autre, Marcellus, à cause de son courage heureux, l'*épée* de Rome.

Au contraire Annibal était délaissé de Carthage au moment où il avait le plus besoin de secours.

8. Défaites d'Annibal. — Aussi l'issue de cette terrible rivalité n'était pas douteuse. L'austère vertu de tout un peuple devait l'emporter sur le génie d'un seul homme. Rome vainquit Carthage.

Annibal ne pouvait se résigner à la défaite. Après avoir défendu pendant douze ans, avec ses seules ressources, tout le sud de l'Italie, il dut revenir en Afrique. Les Romains avaient débarqué une armée près de Carthage et menaçaient cette ville. Le héros carthaginois voulut sauver sa patrie ; mais il fut défait par le consul Scipion à la bataille de Zama.

9. Exil et mort d'Annibal. — Carthage vaincue dut subir la loi du vainqueur. Les Romains exigèrent qu'Annibal fût exilé de sa patrie. Il se retira en Asie où il chercha encore des ennemis à Rome. Antiochus, roi de Syrie, écouta ses conseils ; mais il fut vaincu. Les Romains demandèrent qu'on leur livrât un ennemi aussi redoutable. Le roi de Bithynie, Prusias, y consentit.

Annibal, apprenant cette trahison, se donna la mort ; il prit un poison qu'il portait toujours dans sa bague. « Puisque les Romains, dit-il, ont encore peur d'un vieillard, délivrons-les de leur terreur. »

Annibal laissait la réputation d'un des plus grands hommes de guerre que l'histoire ait connus et d'un généreux patriote qui n'eut d'autre pensée que l'honneur et l'indépendance de son pays.

LECTURE. — Un grand géomètre, Archimède.

A l'époque des guerres puniques vivait en Sicile un des plus grands géomètres qui aient existé, Archimède. Il était né à Syracuse, en 287 avant Jésus-Christ. Il montra un goût précoce pour l'étude des mathématiques et fit les découvertes les plus remarquables. C'est lui qui a montré toute la puissance du levier. « Donnez-moi un point d'appui, disait-il, et je soulèverai le monde. » Il apportait à ses travaux une ardeur incroyable. Un jour le roi de Syracuse, Hiéron, lui proposa un problème.

Archimède en chercha la solution. Il fut si heureux de la trouver qu'il parcourut les rues de la ville en criant : « J'ai trouvé! J'ai trouvé! »

Syracuse était l'alliée des Carthaginois. Le consul romain Marcellus vint en faire le siège. Archimède mit au service de sa patrie toutes les ressources de la science. Il inventa de puissantes machines de guerre. Tantôt il enlevait les vaisseaux à l'aide de puissants leviers armés de crampons, et les brisait contre les rochers ; tantôt il les brûlait au moyen de miroirs ardents. Cependant les Romains prirent Syracuse. Marcellus aurait voulu épargner Archimède. Mais le savant était tellement absorbé par l'étude de ses problèmes qu'il ne s'était pas aperçu de la prise de la ville. Il refusa d'obéir à un soldat romain qui lui ordonnait de le suivre. Le soldat le tua. Marcellus lui fit élever un magnifique tombeau.

On a pu dire avec raison que cet illustre géomètre avait prévu et préparé dans ses études la plupart des grandes découvertes modernes.

EXERCICES ORAUX ET ÉCRITS.

1. Explication des mots. — *Guerres puniques*, ou guerres carthaginoises; *puni*, en latin, signifie Carthaginois. — *Avalanche*, blocs énormes de neiges ou de pierres qui roulent du haut des montagnes. — *Éléphant*, les Carthaginois s'en servaient dans les guerres. — *Consul*, premier magistrat de la république romaine; il y avait à Rome deux consuls élus tous les ans. — *Géomètre*, celui qui mesure la terre. — *Levier*, instrument pour soulever un poids quelconque.

2. Explication des noms géographiques. — *Carthage*, on voit ses ruines près de la ville de Tunis. — *Pyrénées*, montagnes qui séparent la France de l'Espagne. — *Gaule*, ancien nom donné à la France. — *Alpes*, montagnes qui séparent la France de l'Italie. — *Rhône*, un des grands fleuves français. — *Tésin* et *Trébie*, rivières de l'Italie du nord. — *Apennins*, chaîne de montagnes qui traverse toute l'Italie. — *Cannes*, village du sud de l'Italie. — *Zama*, village près de Carthage. — *Sicile*, île de la Méditerranée, au sud de l'Italie.

3. Questionnaire. — Quel fut le plus puissant ennemi des Romains? — Qu'est-ce que Carthage? — Comment appelle-t-on les guerres des Romains et des Carthaginois? — Qui en fut le héros? — Quelles étaient les qualités d'Annibal? — Quelle expédition fit-il? — Quelles montagnes, quels fleuves franchit-il? — Quelles victoires remporta-t-il sur les Romains? — Dites la plus considérable? — Que firent les Romains après la défaite de Cannes? — Que fit Carthage? — Pourquoi Annibal fut-il vaincu par les Romains? — Où? — Comment et où est mort Annibal? — Que pensez-vous de lui?

4. Devoir à rédiger. — Racontez l'expédition d'Annibal en Italie.

TROISIÈME RÉCIT. — **SCIPION L'AFRICAIN.**

LEÇON.

1. Rome dut ses brillantes victoires au patriotisme de ses soldats, mais aussi à l'habileté de ses généraux.

2. Un des plus célèbres fut Scipion à qui sa victoire de Zama sur Annibal valut le surnom d'*Africain*.

3. Scipion, malgré ses glorieux services, fut attaqué par ses ennemis et mourut loin de Rome dans un exil volontaire.

RÉCIT.

1. Les généraux romains. — Si Rome fut si souvent victorieuse de ses ennemis, elle le dut au courage et à la discipline de ses légions, au patriotisme qui les animait et aussi à la valeur de ses généraux. Parmi les plus célèbres il faut citer Camille, le vainqueur des Gaulois, Scipion, le vainqueur d'Annibal, Marius, le vainqueur des Cimbres et des Teutons.

2. Scipion. — Publius Cornelius Scipion naquit en 235 avant J.-C. A l'âge de dix-sept ans il sauvait la vie à son père grièvement blessé à la bataille du Tésin. Il assista au désastre de Cannes et, malgré ce malheur public, il ne désespéra pas du salut de la patrie. « Jurons, dit-il aux soldats que son courage avait ranimés, jurons de ne jamais trahir la République ! »

Fig. 39. — Scipion.

3. Campagne de Scipion en Espagne. — Cette fermeté patriotique soutint toujours ce grand citoyen. Quand on apprit à Rome que les légions avaient été vaincues en Espagne, Scipion se présenta devant l'assemblée du peuple. « J'ai ce qu'il faut pour vaincre, dit-il ; donnez-moi le commandement de l'armée et je vengerai mon père et mon oncle. » Comme il n'avait que vingt-quatre ans, on hésita à lui confier la direction des armées.

« Rassurez-vous, dit-il, ma jeunesse est un défaut dont je me corrigerai tous les jours. »

Le peuple romain eut confiance en ce jeune homme et Scipion la justifia par ses services. Il vainquit les Carthaginois, s'empara de Carthagène en Espagne et replaça ce pays sous la domination romaine.

4. Victoire de Zama. — Bientôt il rendit à Rome un service plus grand encore. Les Romains luttaient depuis longtemps contre Annibal en Sicile. Scipion le premier conseilla de porter hardiment la guerre en Afrique. C'est là qu'il livra à son redoutable adversaire la bataille de Zama. Annibal fut vaincu et Carthage dut se soumettre à la domination romaine. Scipion mérita par sa belle victoire le titre de Scipion l'*Africain*.

5. Exil et mort de Scipion. — Cependant sa gloire fit naître l'envie. Ses ennemis lui reprochèrent sa fierté ; quelques-uns l'accusèrent de corruption. Cité devant le peuple pour se justifier de cette accusation, il s'écria fièrement : « Romains, c'est à pareil jour que j'ai vaincu Annibal à Zama ; allons au Capitole en rendre grâces aux dieux ! » La foule tout entière le suivit.

Mais comme les attaques de ses adversaires continuaient, il résolut de quitter Rome. Il s'exila dans sa maison de campagne de Liternum et se consola de sa disgrâce dans les travaux champêtres et dans la culture des lettres. Avant de mourir il fit graver ces mots sur son tombeau : « Rome, ingrate patrie, tu n'auras pas mes cendres ! »

LECTURE. — Scipion jugé par Annibal.

Scipion avait la réputation du plus grand homme de guerre de son époque. Il le savait et aimait qu'on rendît hommage à son génie. La modestie n'était pas une de ses qualités. Un jour, après la bataille de Zama, il discourait avec Annibal sur la guerre et les hommes qui s'y étaient le plus distingués. « Quel est, d'après vous, disait Scipion, le plus grand général ? — C'est Alexandre, répondit Annibal. — Et le second ? — C'est Pyrrhus, roi d'Épire. — Et le troisième ? — C'est moi, dit Annibal. » — Scipion, piqué par cette fière réponse, ajouta : « Et si

vous m'aviez vaincu, à quel rang vous placeriez-vous? — Au premier! »
répartit le Carthaginois.

Malgré leur rivalité, ces deux grands hommes avaient su se rendre
justice.

EXERCICES ORAUX ET ÉCRITS.

1. **Explication des mots.** — *Discipline*, esprit d'obéissance et de
respect pour les chefs. — *Capitole*, temple et forteresse de Rome;
C'est là que les généraux vainqueurs allaient offrir des sacrifices aux
dieux. — *Cimbres* et *Teutons*, peuples venus de la Germanie (Allemagne);
ils envahirent l'Italie et menaçaient Rome, quand Marius les vainquit.

2. **Explication des noms géographiques.** — *Tésin*, affluent du Pô,
rivière de l'Italie. — *Cannes*, village de l'Italie. — *Zama*, près de Carthage. — *Carthagène*, était la capitale et la place forte des Carthaginois
en Espagne.

3. **Questionnaire.** — Quelles étaient les causes des succès des Romains? — Citez le nom de trois généraux célèbres? — Par quels faits
d'armes se distingua Scipion? — Dans quel pays fut-il envoyé comme
général en chef? — Quel âge avait-il? — Quelle ville prit-il? — Où
vainquit-il Annibal? — Quel surnom lui a-t-on donné? — N'a-t-il pas
été attaqué par ses ennemis? — Quelle réponse leur fit-il? — Comment
est-il mort?

4. **Devoir à rédiger.** — Rappeler les principaux faits de la vie de
Scipion.

QUATRIÈME RÉCIT. — **CÉSAR**

né en 101, mort en 44 avant Jésus-Christ.

LEÇON.

1. César, le plus illustre des généraux romains,
révéla de bonne heure une profonde ambition et se
fit décerner les plus hautes magistratures de la
République.

2. Il conquit la Gaule, après huit ans de guerre,
malgré le courage de Vercingétorix.

3. Puis il marcha contre le Sénat, vainquit Pompée,
son rival, à Pharsale, et se fit nommer dictateur.

4. César préparait les plus vastes projets pour la
grandeur de Rome, lorsqu'il périt victime d'une
conspiration.

RÉCIT.

1. **La conquête romaine.** — Après la ruine
de Carthage, Rome n'avait plus d'ennemi redoutable
à vaincre. Aussi ses conquêtes furent rapides. L'Espagne, la Grèce, l'Asie-Mineure reconnurent sa domination.

Cependant un peuple défendit avec une rare énergie son indépendance. Ce furent les Gaulois, nos ancêtres. Il fallut, pour les soumettre, dix ans d'efforts et l'épée du plus grand général romain, Jules César.

2. Jules César. — Ce Romain illustre, qui fut à la fois général, homme d'Etat et écrivain, naquit à Rome, en 101 av. J.-C. Il était d'une noble famille qui prétendait descendre des dieux. Dans sa jeunesse il paraissait ne songer qu'aux plaisirs, répandant l'or à pleines mains et éblouissant le peuple par des fêtes superbes. Mais il dissimulait, sous les apparences d'une vie élégante et dissipée, une profonde ambition. Un homme qui exerçait alors à Rome une autorité souveraine, le dictateur Sylla, l'avait bien deviné. « Redoutez, disait-il, ce jeune élégant à la robe flottante. » Il voulait le faire périr. Quelques amis intercédèrent pour César, en faveur de sa jeunesse. « Prenez garde, répondit Sylla, il y a dans cet enfant plusieurs Marius! »

Fig. 40. — César.

3. Ambition de César. — Sylla ne se trompait pas : César avait l'ambition de devenir le premier citoyen de Rome. On le vit pleurer devant une statue d'Alexandre : « A mon âge, s'écriait-il, il avait déjà conquis le monde, et je n'ai encore rien fait! » Un jour, il passait dans un petit village des Alpes habité par une population misérable. « J'aimerais mieux, dit-il à ses amis, être le premier dans ce village que le second dans Rome. »

Comme tous les ambitieux, César avait foi en lui-même. Traversant la mer sur une frêle barque, il fut assailli par une violente tempête. Le pilote était effrayé. « Ne crains rien, lui dit-il, tu portes César et sa fortune. »

Il avait une force de volonté indomptable et il exerçait sur tous ceux qui l'approchaient une grande autorité. Il fut pris une fois par des pirates qui lui demandèrent vingt talents pour sa rançon. « Je vous en donnerai cinquante, mais je vous ferai pendre. » A peine libre, il leur fit la guerre et les détruisit.

4. Puissance de César. — La naissance illustre de César, la fermeté de son caractère, sa générosité pour ses amis, son éloquence dans les assemblées le désignèrent rapidement à la faveur du peuple. Aussi fut-il élu aux plus hautes magistratures de la République. *Edile,* il fut chargé de l'entretien des édifices publics ; *grand pontife,* il eut la direction de la religion romaine ; *préteur,* il obtint le gouvernement de l'Espagne. A son retour de cette province, il s'associa avec les deux citoyens les plus puissants de Rome : Crassus, célèbre par ses richesses, et Pompée par ses victoires. Rome fut gouvernée par ces trois hommes. Ce fut le *triumvirat.*

5. César en Gaule. — Mais César voulait être le premier et le seul maître. Il comprit que, pour imposer son autorité aux Romains, il fallait faire quelque chose de grand : il résolut de conquérir la Gaule.

Les Romains possédaient déjà une partie de la Gaule, la partie appelée la Narbonnaise, dont Narbonne était la ville principale. César voulut soumettre tout le reste du pays, c'est-à-dire ce vaste territoire compris entre les Pyrénées, l'Océan, les Alpes et le Rhin. Les Gaulois étaient fiers et courageux, résolus à défendre leur indépendance. Malheureusement ils étaient désunis, jaloux les uns des autres ; ils n'avaient pas de discipline et ne savaient pas obéir à leurs chefs. Cependant César ne put vaincre la résistance de ce brave peuple qu'après huit ans de guerre et onze campagnes (58-51 av. J.-C.).

6. César et Vercingétorix. — Un héroïque chef gaulois, Vercingétorix, essaya de sauver l'indépendance de la Gaule. Il était né en Auvergne, à Gergovie (dans le voisinage de Clermont); il possédait de grands biens et exerçait une autorité héréditaire sur de nombreux paysans. Il proclama dans Gergovie la liberté de la Gaule, et pendant une année il lutta avec avantage contre César. Mais il fut vaincu par le courage et la discipline des légions romaines. Il s'enferma dans la ville d'Alésia.

7. Siège d'Alésia. — C'est à Alésia que furent décidées les destinées de la Gaule.

Fig. 41. — Vercingétorix.

Les Gaulois y subirent un siège mémorable. Ils essayèrent vainement de repousser les Romains qui avaient creusé autour de la ville des retranchements. Lorsque tout espoir fut perdu, Vercingétorix monta sur son cheval de bataille, sortit de la ville et arriva en face de César. Il ne prononça pas une parole, mais il jeta aux pieds de son vainqueur son épée, son javelot et son casque. César resta froid et cruel devant une si grande infortune si noblement supportée. Il fit garrotter le vaincu, l'envoya à Rome et le fit décapiter six ans plus tard. La France reconnaissante a élevé une statue au défenseur de la Gaule.

8. César franchit le Rubicon. — César, après la conquête de la Gaule, se disposa à revenir à Rome pour jouir de son triomphe. Mais le sénat, craignant que ce général victorieux ne fût un danger pour la République, lui ordonna de licencier son armée. César hésita quelque temps : obéirait-il aux ordres du sénat ou marcherait-il contre le gouvernement de son pays ? Il arriva ainsi jusque sur les bords de la petite rivière appelée le Rubicon, qu'aucun général ne pouvait franchir avec son armée sans l'autorisation du sénat. « Le sort en est jeté ! » s'écria-t-il, et il passa la rivière. César était en insurrection contre la République.

9. César et la guerre civile. — Le sénat avait pour lui le droit ; César avait la force. Vainement Pompée réunit tous les partisans du sénat et recruta une armée nombreuse. Cette armée, composée de jeunes nobles, était indisciplinée, peu aguerrie. Elle ne devait pas résister aux vieilles légions de César, habituées dans les campagnes des Gaules à supporter les fatigues et à mépriser tous les dangers. Pompée fut vaincu à Pharsale et se réfugia en Égypte. Le roi de ce pays, Ptolémée, le fit mettre à mort et envoya sa tête à César.

César soumit l'Égypte, puis l'Asie avec une rapidité étonnante. Lui-même a peint en trois mots la rapidité de ses victoires : « Je suis venu, écrivait-il, j'ai vu, j'ai vaincu. »

10. Dictature de César. — Après avoir vaincu, en Afrique et en Espagne, les débris de l'armée de Pompée, César disposa à Rome du souverain pouvoir : il fut dictateur. Mais, s'il avait renversé les lois de la République, au moins usa-t-il avec sagesse et modération de l'autorité qu'il avait usurpée. Il se montra généreux pour tous ses ennemis et leur donna des charges et des dignités. Il chercha à gagner l'affection des citoyens pauvres par des distributions de blé et par l'établissement de colonies. Il distribua des terres à ses soldats ; et, en encourageant l'agriculture, il refit la prospérité de l'Italie.

César méditait les plus vastes projets pour la gloire et le bonheur de Rome. Mais la mort ne lui permit pas de les accomplir.

11. Mort de César. — Les républicains vaincus à Pharsale n'avaient pas pardonné à César. Ils formèrent une conspiration contre lui. Les conjurés, Brutus, Cassius et Casca, le frappèrent de leur épée au moment où il venait d'entrer au sénat.

Ainsi périt César, le plus illustre des Romains. Il ne fut pas seulement un grand général et un homme d'Etat habile, il eut toutes les qualités de l'orateur et de l'écrivain. Ses *Commentaires* sur la campagne des Gaules sont, par la clarté et la précision du style, un chef-d'œuvre de narration historique.

LECTURE. — **Mort de César.**

Des présages sinistres annonçaient à César sa fin prochaine. On racontait que des feux étranges avaient été vus dans le ciel. Dans un sacrifice, on ne trouva pas le cœur de la victime. Calpurnia, femme de César, le vit dans un songe égorgé dans ses bras. César refusait de croire à toutes ces menaces : il renvoya sa garde se confiant à l'affection des Romains. Il plaisantait même de toutes ces tristes prophéties. Un devin l'avertit qu'un grand danger le menaçait aux ides de mars. César, en allant au sénat, rencontra le devin et lui dit en se moquant de sa prédiction : « Eh bien! Voici les ides de mars venues. — Oui, lui répondit tout bas le devin, elles sont venues; mais elles ne sont pas passées. »

Lorsque César entra au sénat, tous les sénateurs se levèrent pour lui faire honneur. Des conjurés, les uns se placèrent autour du siège de César; les autres allèrent au-devant de lui, pour joindre leurs prières à celles de Métellus Cimber, qui demandait le rappel de son frère; et ils le suivirent, en redoublant leurs instances, jusqu'à ce qu'il fût arrivé à sa place. Alors Métellus lui prit la robe de ses deux mains, et lui découvrit le haut de l'épaule; c'était le signal dont les conjurés étaient convenus. Casca le frappa le premier de son épée; mais ce coup ne fut pas mortel, le fer n'ayant pas pénétré bien avant. César, se tournant vers lui, saisit son épée, qu'il tint toujours dans sa main. Ils s'écrièrent tous deux en même temps, César en latin : « Scélérat de Casca, que fais-tu ? » Et Casca, s'adressant à son frère, lui cria, en grec : « Mon frère, au secours.»

Cependant les conjurés, tirant chacun son épée, l'environnent de toutes parts ; de quelque côté qu'il se tourne, il ne trouve que des épées qui le frappent aux yeux et au visage ; tel qu'une bête féroce assaillie par des chasseurs, il se débattait entre toutes ces mains armées contre lui ; car chacun voulait avoir part à ce meurtre. Brutus lui-même lui porta un coup dans l'aine. Quand il vit Brutus venir sur lui l'épée nue à la main, il se couvrit la tête de sa robe, et s'abandonna au fer des conjurés. Il fut poussé jusqu'au piédestal de la statue de Pompée, qui fut couverte de son sang. Il semblait que Pompée présidât à la vengeance qu'on tirait de son ennemi, qui, abattu et palpitant, venait expirer à ses pieds. César fut percé, dit-on, de vingt-trois coups ; et plusieurs des conjurés se blessèrent eux-mêmes, en frappant tous à la fois sur un seul homme.   D'après Plutarque, *Vie de César.*

EXERCICES ORAUX ET ÉCRITS.

1. Explication des mots. — *Dictateur*, magistrat romain, nommé dans les circonstances critiques : il avait une autorité absolue. — *Talent*, monnaie romaine. — *Édile*, *préteur*, magistrats romains. — *Triumvirat*, vient de *tres viri* (trois hommes). — *Franchir le Rubicon*, est devenu une expression proverbiale pour dire faire une action hardie.— *Colonies*. Les Romains donnaient aux vétérans de l'armée des terres conquises sur l'ennemi et y établissaient des colonies.

2. Explication des noms géographiques. — *Espagne*, *Grèce*, *Asie-Mineure*, pays baignés par la Méditerranée. Cette mer était le centre des pays connus des anciens et de la domination romaine.— *Narbonnaise*, on appelait ainsi la province romaine de la Gaule, sur le littoral de la Méditerranée. — *Narbonne*, sous-préfecture du département de l'Aude. — *Alésia*, aujourd'hui Alise-Sainte-Reine, village du département de la Côte-d'Or. — *Pharsale*, dans la Thessalie, au nord de la Grèce.

3. Questionnaire. — Quelles sont, après les guerres puniques, les principales conquêtes des Romains ? — Quel peuple résista pendant dix ans aux Romains ? — Qui le vainquit ? — Où est né César ? — Comment vivait-il dans sa jeunesse ? — Que disait de lui Sylla ? — Racontez un fait qui montre son ambition ? — Que dit-il à des pirates ? — Était-il populaire à Rome ? — Quelles magistratures lui furent décernées ? — Quel fut son plus redoutable adversaire, en Gaule ? — Que fit Vercingétorix ? — Dans quelle ville soutint-il un siège contre César ? — Que fit César, après la campagne des Gaules ? — Que signifie cette expression, *passer le Rubicon ?* — Où vainquit-il Pompée ? — Que dit-il de ses conquêtes rapides en Asie ? — Avec quel titre prit-il le pouvoir à Rome ? — Quels projets méditait-il dans sa dictature ? — Racontez la mort de César ?

4. Devoir à rédiger. — Racontez la lutte de César et de Vercingétorix.

CINQUIÈME RÉCIT. — **CICÉRON**
né en 107, mort en 43 avant Jésus-Christ.

LEÇON.

1. Cicéron, le plus grand orateur de Rome, naquit à Arpinum.

2. Jeune encore, il se révéla par son éloquence ; il écrivit les plus beaux de ses discours contre Verrès, le gouverneur de la Sicile, et contre Catilina.

3. Dans les guerres civiles, il suivit le parti de Pompée contre César, et, plus tard, celui d'Octave contre Antoine.

4. Trahi par Octave, il fut tué par ordre d'Antoine.

5. Cicéron a laissé de nombreux ouvrages, chefs-d'œuvre de la littérature latine.

RÉCIT.

1. Cicéron. — A l'époque où César donnait à Rome la gloire des armes, un autre citoyen, Cicéron, l'illustrait par son admirable éloquence et par ses écrits, chefs-d'œuvre de la littérature latine.

Marcus-Tullius Cicéron naquit à Arpinum, en 107 avant Jésus-Christ. Sa famille était d'une condition modeste : aussi, disait-on de lui, qu'il était un homme nouveau.

2. Jeunesse de Cicéron. — Après avoir suivi les leçons des maîtres les plus renommés, Cicéron montra des dispositions remarquables pour l'art de la parole. Son premier procès fut un triomphe, en même temps qu'un acte de courage. Il plaida contre un ami de Sylla, le tout-puissant dictateur, en faveur d'un proscrit, et il gagna sa cause. Mais ses amis, qui redoutaient les vengeances de Sylla, lui conseillèrent de s'éloigner pour quelque temps de Rome. Cicéron partit pour Athènes, dont

Fig. 42. — Cicéron.

les écoles étaient alors célèbres. Il s'y perfectionna dans la connaissance de la littérature grecque et dans l'étude de la philosophie. Il étonna les Grecs par la facilité avec laquelle il s'exprimait dans leur langue.

Un jour, à Athènes, il fit un discours éloquent; tous les auditeurs étaient ravis d'admiration. Un seul, le philosophe Apollonius, gardait le silence. Et comme Cicéron paraissait ému de ce silence : « Cicéron, lui dit-il, je vous loue et je vous admire; mais je plains le sort de la Grèce, en voyant que les seuls avantages qui lui restaient, le savoir et l'éloquence, vous allez les transporter à Rome. »

3. Cicéron et Verrès. — A son retour à Rome, il fut nommé questeur en Sicile. Les questeurs étaient chargés d'administrer les finances des provinces. Dans cette charge, il se montra doux, juste, honnête, et mérita les sympathies des Siciliens. Aussi fut-il choisi par eux pour avocat dans le procès qu'ils firent à leur ancien gouverneur, nommé Verrès, pillard effronté qui avait ruiné cette malheureuse province. Cicéron écrivit contre Verrès des discours éloquents, célèbres sous le nom de *Verrines*.

Verrès n'osa pas se défendre contre un si redoutable accusateur. Il préféra s'exiler.

4. Cicéron et Catilina. — Cicéron devint bientôt célèbre à Rome par son éloquence et ses services publics. Aussi fut-il élevé à la plus haute magistrature de la République : il fut nommé consul.

Pendant son consulat, Cicéron sauva Rome d'un grand danger. La République était troublée par les intrigues d'un mauvais citoyen, nommé Catilina. Cet homme était perdu de dettes et souillé par tous les crimes. Il avait égorgé son beau-frère, sa femme, son fils. Il avait cependant l'ambition de gouverner Rome, et il s'appuyait sur un parti assez nombreux composé de jeunes gens aussi pervers que lui.

Cicéron dénonça avec beaucoup de courage, en plein sénat, la conspiration de Catilina. « Jusques à quand, s'écria-t-il, ô Catilina, abuseras-tu de notre patience? » Il prononça contre lui des discours inspirés par une indignation éloquente. Ces discours sont désignés sous le nom de *Catilinaires*.

Catilina effrayé quitta Rome, se mit à la tête d'une armée; mais il fut vaincu et tué. Ses complices furent arrêtés et mis à mort, sans jugement, dans leur prison.

Le sénat décerna à Cicéron le titre de : *Père de la patrie*.

5. Cicéron et César. — Bientôt Rome fut troublée par de nouveaux désordres. La rivalité des deux citoyens, Clodius et Milon, puis les guerres civiles de César et de Pompée déchirèrent la République. Longtemps le grand orateur hésita entre le parti de César et celui de Pompée. Il cherchait où était son devoir, chose souvent difficile dans les époques troublées. Pompée lui parut avoir le droit de son côté; et il s'attacha à son parti, bien qu'il fût le plus faible, avec l'honnêteté d'un bon citoyen. Quand César fut vainqueur, Cicéron se retira dans sa maison de campagne, loin des affaires publiques. Il consacra les loisirs d'une retraite si honorable à écrire des ouvrages sur la République et sur les devoirs du citoyen.

6. Cicéron et Antoine. — Après la mort de César, Cicéron rentra dans la vie politique. Il espérait sauver la République et la constitution menacées par l'ambition de quelques citoyens. Un des lieutenants de César, Antoine, avait repris le rôle du dictateur et aspirait au souverain pouvoir. Cicéron l'attaqua avec une extrême violence, et il prononça des discours si véhéments, qu'on les a appelés les *Philippiques*.

Mais le grand orateur fut moins bien inspiré quand il opposa à l'ambition d'Antoine les prétentions d'un jeune neveu de César, Octave. Celui-ci était un politique habile qui se servit pendant quelque temps de l'influence de Cicéron pour arriver à son but. Quand il n'eut plus besoin de lui, il le trahit.

7. Mort de Cicéron.

7. Mort de Cicéron. — En effet, Octave et Antoine se rapprochèrent et firent alliance, comme César et Pompée s'étaient alliés pendant quelque temps. Ils formèrent, avec un troisième personnage, nommé Lépide, le second triumvirat. Les triumvirs résolurent de se sacrifier mutuellement leurs ennemis. Octave abandonna Cicéron à la vengeance d'Antoine.

Cicéron s'était retiré dans sa maison de campagne ; attristé par les malheurs de la patrie et par la perte de sa fille bien-aimée Tullie, il attendait la mort avec résignation.

« Quand les meurtriers arrivèrent, il porta la main gauche à son menton, geste qui lui était ordinaire, puis il les regarda d'un œil fixe. Ses cheveux hérissés et poudreux, son visage pâle et défait par suite de ses chagrins, firent peine à la plupart des soldats mêmes, qui se couvrirent le visage pendant qu'Hérennius l'égorgeait. Celui-ci, d'après l'ordre d'Antoine, lui coupa la tête, et les mains avec lesquelles il avait écrit les *Philippiques*. »

LECTURE. — **Cicéron loué par Octave.**

La mort de Cicéron était une tache pour Octave. Il semble que ce politique si froid, si peu accessible aux sentiments d'humanité, ait cependant éprouvé des regrets de la mort du grand orateur. On raconte qu'étant entré un jour dans l'appartement d'un de ses neveux, ce jeune homme, qui tenait dans ses mains un ouvrage de Cicéron, surpris de voir son oncle, cacha le livre sous sa robe. César qui s'en aperçut, prit le livre, en lut debout une grande partie, et le rendit à ce jeune homme en lui disant : « C'était un savant homme, mon fils ; oui, un savant homme et qui aimait bien sa patrie. » Éloge bien mérité, mais qui ne peut faire oublier le crime d'Octave !

D'après Plutarque, *Vie de Cicéron*.

EXERCICES ORAUX ET ÉCRITS.

1. **Explication des mots.** — *Homme nouveau*, on donnait ce nom à Rome à tous ceux qui n'avaient pas dans leur famille quelque ancêtre illustre. — *Proscrit*, on appelait ainsi ceux dont les noms étaient inscrits sur les tablettes d'un citoyen tout puissant : ils étaient condamnés à mort ou à l'exil. — *Conspiration*, projet criminel préparé contre un gouvernement ou un homme. — *Constitution*, lois qui régissent un pays.

2. **Explication des noms géographiques.** — *Arpinum*, petite ville

près de Rome. — *Sicile*, île au sud de l'Italie. Les Romains la possédaient depuis les guerres puniques.

3. **Questionnaire.** — Qu'est-ce que Cicéron ? — Où est-il né ? — Que
fit-il dans sa jeunesse ? — Où se perfectionna-t-il dans l'étude ? — Que
fit-il à Athènes ? — A son retour, contre quel gouverneur plaida-t-il ?
— Comment appelle-t-on ces discours ? — Contre qui Cicéron lutta-t-il
dans son consulat ? — Qu'est-ce que Catilina ? — Cicéron a-t-il prononcé
des discours contre lui ? — Quels discours ? — Dans la lutte de César et
de Pompée, à qui Cicéron s'attacha-t-il ? — Pourquoi ? — Que fit-il après
la victoire de César ? — Et, après la mort de César ? — Quels citoyens
se disputèrent le pouvoir ? — Pourquoi Cicéron défendit-il Octave ? —
En fut-il récompensé ? — Racontez sa mort ?

4. **Devoir à rédiger.** — Racontez les principaux faits de la vie de
Cicéron.

SIXIÈME RÉCIT. — **AUGUSTE ET L'EMPIRE ROMAIN.**

LEÇON.

1. Octave, le fondateur de l'empire romain, était
le petit-neveu de César.

2. Il s'allia avec Antoine pour venger le meurtre
de César, puis se tourna contre lui et le vainquit à
Actium.

3. Seul maître de la République, Octave organisa
le gouvernement de l'empire et prit le nom d'Auguste.

4. Le gouvernement d'Auguste rendit à l'Italie
l'ordre et la paix. Cette époque, remarquable par
les chefs-d'œuvre des écrivains et des poètes, est
connue sous le nom de *siècle d'Auguste.*

RÉCIT.

1. Fin de la République romaine. — La
République doit être le gouvernement de la loi, égale
pour tous les citoyens. Quand un homme, dans un
État républicain, dispose en maître de tous les pouvoirs, la République n'existe que de nom : en réalité
elle n'est que le gouvernement d'un seul, c'est-à-dire
la monarchie.

Telle était la situation à Rome depuis près d'un
siècle. Sylla, Pompée et César avaient tour à tour
exercé une autorité presque souveraine. Un homme
allait mettre fin à cette République, dont la constitution avait été si souvent altérée : ce fut Octave, le
fondateur de l'empire romain.

4.

2. Octave. — Octave naquit à Rome en 64 avant Jésus-Christ, l'année même où Cicéron était consul. Il était petit-neveu de César, par son aïeule Julia, sœur du dictateur. Orphelin de bonne heure, il fut adopté par son oncle. Il n'avait que dix-neuf ans lorsque César périt assassiné. Malgré son jeune âge et sa santé délicate, il revendiqua hardiment son héritage, et il prit le nom de César Octave.

Ce jeune homme fit preuve d'une grande habileté : par ses largesses au peuple, par les fêtes publiques qu'il donna, il se concilia la faveur populaire ; par ses flatteries au grand orateur Cicéron, qu'il appelait son père, il gagna le sénat ; enfin, par son nom, qui rappelait celui du conquérant de la Gaule, il attira à lui tous les vieux soldats de César.

3. Le second triumvirat. — Mais un lieutenant de César, Antoine, avait résolu, lui aussi, de reprendre le rôle du dictateur. Octave se rapprocha de lui, et il s'adjoignit un troisième personnage, Lépide. Ainsi se forma un nouveau triumvirat.

Les triumvirs proscrivirent tous ceux qui leur étaient hostiles. C'est ainsi qu'Octave eut la lâcheté de sacrifier Cicéron à la haine d'Antoine. En même temps ils combattirent contre les meurtriers de César qui, en tuant le tyran, avaient cru sauver la République. Ils les vainquirent à la bataille de Philippes. Cassius et Brutus ne voulurent pas survivre à leur défaite. On raconte que Brutus, en mourant, s'écria avec désespoir : « Ô vertu, tu n'es qu'un nom ! »

4. Rivalité d'Octave et d'Antoine. — Les triumvirs se partagèrent le gouvernement de la République. Octave eut l'occident (Italie, Gaule, Espagne), Antoine l'orient (Asie, Egypte, Grèce), Lépide eut l'Afrique.

Octave gouverna avec habileté les provinces qui lui étaient soumises, et ainsi il affermit sa puissance à Rome. Antoine, au contraire, s'était retiré à Alexandrie auprès de la reine d'Egypte, Cléopâtre, et il s'y oubliait dans les délices d'une vie qu'il appelait lui-même la *vie inimitable*. Sa conduite indigna les Romains. Octave, qui avait l'ambition de devenir le seul maître de la République, profita des fautes de son rival ; et, quand il jugea le moment propice, il lui déclara la guerre.

5. Bataille d'Actium. — Une bataille navale se livra à Actium ; elle fut décisive pour le sort du monde et de la République. Au moment où les deux flottes étaient engagées l'une contre l'autre, Antoine vit le vaisseau qui portait Cléopâtre faire voile vers l'Egypte. Il abandonna le combat pour suivre cette reine, et Octave fut vainqueur.

Octave poursuivit ses ennemis en Egypte. Antoine, en apprenant son arrivée, se donna la mort ; Cléopâtre, après avoir essayé de gagner le vainqueur, résolut aussi de mourir. Elle se fit piquer le bras par un aspic qu'on lui avait apporté dans une corbeille de figues.

6. Octave-Auguste. — La bataille d'Actium avait mis fin à la République romaine. Cependant, Octave se garda bien de substituer brusquement à la République une autre forme de gouvernement. Il en laissa subsister toutes les formes extérieures, et il conserva toutes les magistratures. Rome eut encore ses tribuns, ses consuls, ses censeurs, ses pontifes. Mais Octave réunissait en sa personne tous les pouvoirs et

Fig. 43. — Auguste.

toute l'autorité que conféraient ces magistratures.

Le sénat s'inclina devant la toute-puissance d'Octave. Il lui décerna le titre réservé seulement aux dieux : il l'appela *Auguste*.

7. Le gouvernement d'Auguste. — Auguste chercha à remettre l'ordre et la paix dans cette société romaine troublée depuis un siècle par des guerres civiles. Rome fut embellie. « J'ai trouvé, disait-il, une ville de boue, je veux la laisser bâtie en marbre. » L'Italie vit ses campagnes, jadis abandonnées, cultivées avec soin. Un grand poète, Virgile, célébra les plaisirs et les bienfaits de l'agriculture. Les provinces autrefois pillées par les mauvais gouverneurs, comme Verrès, furent protégées et jouirent d'une profonde tranquillité.

8. Mort d'Auguste. — Rome fut redevable à Auguste des bienfaits de la paix, mais elle ne retrouva pas ses mâles vertus des premiers temps de la République. Auguste eût été plus grand si, au lieu d'organiser son pouvoir, il avait cherché à rétablir la liberté.

9. Le siècle d'Auguste. — Auguste, comme Périclès, donna son nom à son siècle. Son ami Mécène se montra généreux pour tous les écrivains et les artistes. Les deux plus grands poètes du temps, Horace et Virgile étaient liés à l'empereur d'une étroite amitié. Aussi ont-ils célébré son nom dans leurs admirables poésies. Un illustre historien, Tite Live, retraça toute l'histoire de Rome ; avant lui, César et Salluste avaient produit dans l'histoire des œuvres remarquables. Plus tard, Tacite devait atteindre à la perfection. Cicéron, l'illustre orateur, venait de faire entendre les plus nobles accents de l'éloquence.

Les arts ne furent pas négligés. Auguste fit élever de nombreux monuments, théâtres, aqueducs, temples, arcs de triomphe. On en voit encore à Rome les restes grandioses. Mais ces œuvres, si belles qu'elles fussent, étaient loin d'égaler celles des Grecs. Auguste, moins heureux que Périclès, n'avait pas trouvé un Phidias !

10. L'Empire romain. — L'Empire romain qu'Auguste avait fondé dura plus de quatre siècles. Il traversa, pendant ce long espace de temps, les vicissitudes les plus diverses. Comme tout dépendait de la volonté d'un homme, il fut heureux ou misérable suivant que l'empereur était bon ou mauvais. Il eut des empereurs cruels, comme Néron et Tibère ; fous, comme Caligula ; vertueux, comme Antonin et Marc-Aurèle ; guerriers et conquérants, comme Trajan ; politiques habiles, comme Dioclétien et Théodose.

Deux grands faits dominent toute l'histoire de l'Empire : Le premier, c'est le principe d'égalité qui commence à pénétrer partout. Les habitants les plus reculés de l'empire sont citoyens romains. Le second, c'est l'avènement du christianisme dans le monde. Le Christ, qui vivait à l'époque d'Auguste, avait laissé à ses apôtres ses admirables préceptes. Ceux-ci répandirent partout la morale de l'évangile. Longtemps persécuté, le christianisme finit par triompher sous le règne de l'empereur Constantin.

11. Fin de l'histoire ancienne. — Le christianisme ne put régénérer cette vieille société romaine. De nouveaux peuples allaient envahir l'empire. Rome succombera sous leurs coups. Des ruines de l'empire romain de nombreux royaumes vont se fonder. C'est une nouvelle période de l'histoire qui s'ouvre à nous. Les temps anciens sont finis ; le moyen âge commence.

LECTURES.

PREMIÈRE LECTURE. — **Virgile**.

Les deux poètes les plus remarquables du siècle d'Auguste furent Virgile et Horace.

Virgile naquit près de Mantoue. Après avoir étudié les maîtres de la littérature grecque, il composa quelques poésies latines. Mécène le remarqua et le prit en affection. Aussi lui fit-il rendre son patrimoine dont les soldats d'Octave s'étaient emparés, après les guerres civiles. Virgile reconnaissant composa dix pièces de vers, appelées *églogues*, dans lesquelles il célébrait la générosité d'Octave et de Mécène. Plus tard, lorsque Octave devenu Auguste fut maître de l'empire et qu'il voulut rendre à l'Italie sa prospérité, le poète l'aida dans sa noble tâche.

Il célébra, dans le poème des *Géorgiques*, le plaisir de la campagne et fit renaître ainsi le goût de l'agriculture. Mais son œuvre capitale est le grand poème national qu'il composa en l'honneur de Rome. Il rappelait les humbles origines de cette ville qui devait être la capitale du monde. Il donna à son poème le nom d'*Enéide*, parce que les Romains avaient la prétention de descendre d'Enée, le dernier défenseur de Troie.

Virgile mourut à l'âge de 52 ans, après un voyage à Athènes. C'est le plus parfait et le plus admiré des poètes latins.

Fig. 44. — Virgile.

DEUXIÈME LECTURE.

Horace.

Horace naquit à Venouse. Son père, ancien esclave affranchi, n'avait rien négligé pour lui donner les leçons des maîtres les plus célèbres. Après avoir étudié à Rome, Horace alla se perfectionner à Athènes. Il était dans cette ville, lorsque éclatèrent les guerres civiles. Soldat dans l'armée de Brutus, il combattit contre Octave. Mais après la victoire de celui-ci, il revint à Rome. Il s'adonna à la poésie et ne tarda pas à se faire connaître. Virgile le présenta à Mécène qui le prit en amitié et le recommanda à Auguste. Désormais le poète, l'empereur et le ministre vécurent dans la plus grande intimité. La maison de campagne d'Horace à Tibur était voisine de celle de Mécène. Aussi avaient-ils entre eux le commerce le plus agréable et le plus familier. Quand Mécène mourut, il écrivit à Auguste : «Souvenez-vous d'Horace, comme de moi-même. » Horace lui-même témoigna en mourant sa reconnaissance à l'empereur en lui laissant tous ses biens.

Le poète fit mieux encore : il a élevé dans ses poésies un monument impérissable à la gloire

Fig. 45. — Horace.

d'Auguste et de Mécène. Ses vers tout pétillants d'esprit, animés d'une verve satirique, révèlent le caractère d'Horace, aimable, facile, toujours heureux. Il enseigne lui-même l'art d'être heureux, c'est de modérer ses désirs et de se contenter de ce qu'on a. Morale facile qui devait convenir aux Romains, fatigués par tant de luttes civiles.

Virgile avait été le poète tendre, délicat, passionné; Horace fut le poète aimable, spirituel, d'humeur joyeuse. L'un et l'autre ont laissé des ouvrages immortels.

EXERCICES ORAUX ET ÉCRITS.

1. **Explication des mots.** — *Monarchie*, vient de deux mots grecs qui signifient gouvernement d'un seul. — *Tyran*, homme qui exerce un pouvoir absolu. — *Aspic*, petit serpent venimeux comme la vipère. — *Héréditaire*, qui passe de père en fils.

2. **Explication des noms géographiques.** — *Philippes*, ville de la Macédoine, au nord de la Grèce. — *Alexandrie*, la principale ville de l'Egypte, fondée par Alexandre. — *Actium*, ville du littoral de la Grèce.

3. **Questionnaire.** — Qui mit fin à la république romaine? — Qu'est-ce qu'Octave? — De qui était-il le neveu? — Que fit-il dans sa jeunesse? — Comment se concilia-t-il la faveur populaire? — Qu'est-ce que le second triumvirat? — Où les républicains furent-ils vaincus? — Que dit Brutus en mourant? — Que firent les triumvirs après leur victoire? — Quelle fut la conduite d'Octave et celle d'Antoine? — Où celui-ci vivait-il? — Avec quelle reine? — Où fut-il vaincu? — Quel fut le sort d'Antoine et celui de Cléopâtre? — Que fit Octave après Actium? — Comment organisa-t-il son pouvoir? — Quel nom lui donna-t-on? — Pourquoi Octave s'appela-t-il Auguste? — Quels furent les bienfaits de son gouvernement? — Qu'appelle-t-on siècle d'Auguste? — Quels sont les écrivains célèbres? — Donnez quelques détails sur Virgile et Horace? — Après Auguste que devint l'empire? — Citez les noms de quelques empereurs? — Quel est le fait le plus important de cette période de l'histoire? — Sous quel empereur le christianisme a-t-il triomphé.

4. **Devoir à rédiger.** — Racontez ce que vous savez sur le gouvernement d'Auguste.

CHAPITRE IV

LE MOYEN AGE

PREMIER RÉCIT. — **CLOVIS ET LES FRANCS.**

LEÇON.

1. Après la ruine de l'empire romain, la Gaule fut envahie par les Francs qui lui donnèrent le nom de France.

2. Clovis fut le plus célèbre des premiers rois francs. Il vainquit les légions romaines à Soissons; puis, sur les conseils de saint Remi, il épousa une princesse chrétienne, Clotilde.

3. Après sa victoire sur les Alamans, à Tolbiac

Clovis se fit chrétien. Après sa conversion, il soumit la plus grande partie de la Gaule.

4. Clovis, qui avait conservé les mœurs barbares, fit périr tous les chefs francs pour s'emparer de leurs États. Il mourut en 511.

RÉCIT.

1. Les Francs. — Vers le quatrième siècle après Jésus-Christ les peuples qui habitaient la Germanie (Allemagne) envahirent le territoire de l'empire romain.

Un de ces peuples, les Francs, fit la conquête de la Gaule : de là est venu le nom de France.

2. Clovis. — Le plus célèbre des chefs francs fut Clovis. Il appartenait à la noble race des Mérovingiens qui fonda la première dynastie des rois de France.

Elu roi à l'âge de quinze ans, Clovis commandait à peine à cinq mille soldats. Il résolut avec cette petite armée de soumettre la Gaule à sa domination.

Il attaqua d'abord les Romains et les vainquit à la bataille de Soissons.

3. Clovis et le vase de Soissons. — Après la victoire Clovis partagea le butin avec ses soldats. Il réclama pour sa part un vase d'or qui avait été enlevé dans une église de Reims. Il voulait rendre cet objet sacré à l'évêque de Reims, saint Remi, dont il recherchait l'appui. Mais un soldat frappa le vase de sa hache en disant : « Tu n'auras que ce que le sort t'assignera ! » Clovis dissimula sa colère ; mais l'année suivante, passant la revue de ses troupes, il s'arrêta devant le soldat : « Tes armes, lui dit-il, sont en mauvais état, » et il les jeta à terre. Comme le soldat se baissait pour les ramasser, Clovis lui fendit la tête en s'écriant : « Souviens-toi du vase de Soissons ! »

4. Mariage de Clovis. — Saint Remi voulut témoigner sa reconnaissance à Clovis. Il résolut de le marier avec une princesse catholique. Alors vivait à

Genève, sous une étroite surveillance, la jeune Clotilde, nièce de Gondebaud, roi des Bourguignons. Le Gaulois Aurélien, déguisé en mendiant, fut chargé d'aller lui remettre l'anneau de Clovis. Tandis que Clotilde s'empressait de laver les pieds du voyageur, il lui dit : « Dame, j'ai une grande nouvelle à t'annoncer ! — Parle, répond-elle. — Le roi des Francs m'envoie vers toi. Si c'est la volonté de Dieu, il désire vivement t'épouser, et, pour que tu me croies, voici son anneau. »

Clotilde accepta l'anneau, et, quelque temps après, elle épousa Clovis à Soissons.

5. Bataille de Tolbiac. — Clotilde essaya de convertir Clovis, qui était païen, à la religion chrétienne. Mais ce barbare restait sourd à toutes les prières. Cependant de nouvelles tribus germaniques, les Alamans, envahirent la Gaule. Clovis les attaqua à Tolbiac, près de Cologne. Ses soldats fuyaient et la bataille allait être perdue. Alors Clovis

Fig. 46. — Baptême de Clovis.

se souvint du Dieu de Clotilde et il s'écria : « Dieu de Clotilde, si tu me donnes la victoire, je me convertirai à toi. » Les soldats revinrent au combat, et les Alamans furent défaits.

6. Baptême de Clovis. — A son retour, Clotilde lui rappela sa promesse, et Clovis la tint. Il se fit instruire par saint Remi. Le jour de Noël, l'évêque le reçut à la porte de l'église de Reims. En versant sur son front l'eau du baptême, il dit : « Baisse la tête, Sicambre adouci, brûle ce que tu as adoré, et adore ce que tu as brûlé. » Trois mille guerriers imitèrent leur roi. Ce fut un grand événement.

7. Conquête de la Gaule. — Dès lors toutes les populations chrétiennes de la Gaule se tournèrent vers Clovis comme vers un sauveur. Les rois païens furent facilement vaincus. Le roi des Burgondes, battu à Dijon, dut signer un traité onéreux. Le roi des Wisigoths perdit la plus grande partie de son royaume et fut tué à la bataille de Poitiers. La Gaule, presque entière, était aux Francs.

8. Mort de Clovis. — Malgré sa conversion au christianisme, Clovis était resté barbare. Il fit périr tous ses parents pour s'emparer de leurs richesses. Il mourut à Paris en 511.

LECTURE. — Meurtre des rois francs.

Clovis envoya secrètement dire à Clodéric, fils du roi de Cologne Sigebert le Boiteux : « Voici que ton père se fait vieux, et il boite de son pied malade. S'il mourait, son royaume t'appartiendrait avec mon amitié. » Clodéric envoya des assassins contre son père et le fit tuer, espérant obtenir son royaume. Un messager vint dire de sa part à Clovis : « Mon père est mort ; fais partir quelqu'un des tiens, et je lui remettrai la moitié de mes trésors. » Et Clovis répondit : « Je rends grâces à ta bonne volonté, et je te prie de montrer tes trésors à mes envoyés, après quoi tu les posséderas tous. » « C'est dans ce coffre, leur dit Clodéric, que mon père amassait ses pièces d'or. » Ils lui dirent : « Plonge ta main jusqu'au fond pour trouver tout. » Il le fit et se baissa ; alors un des envoyés, levant la hache lui brisa le crâne. — Clovis, ayant appris la mort de Sigebert et de son fils, vint dans la ville de Cologne et convoqua le peuple : « Je me promenais, dit-il, dans la forêt voisine, lorsque j'ai appris que votre roi avait été indignement mis à mort par son fils, et que celui-ci avait payé la peine de son crime. Je ne suis nullement complice de ces choses ; car je ne puis répandre le sang de mes parents, cela est défendu. Mais, puisque tout cela est arrivé, je vous donnerai un conseil, voyez s'il peut vous plaire. Venez à moi, et mettez-vous sous ma protection. » Le peuple applaudit avec grand bruit de voix et de boucliers, l'éleva sur le pavois et le prit pour roi.

D'après Grégoire de Tours.

EXERCICES ORAUX ET ÉCRITS.

1. Explication des mots. — *Dynastie*, succession de rois appartenant à la même famille. — *Sicambre*, c'était le nom d'une tribu franque. — *Butin*, ce qu'on prend sur l'ennemi. — *Païen*, qui adore les faux dieux. — *Traité*, convention faite pour établir la paix après une guerre.

2. Explication des noms géographiques. — *Soissons*, sous-préfecture de l'Aisne. — *Reims*, sous-préfecture de la Marne. — *Tolbiac*, ville des États prussiens, province du Rhin, aujourd'hui appelée Zulpich. — *Cologne*, ville de Prusse, dans la province du Rhin. — *Dijon*, préfecture de la Côte-d'Or. — *Poitiers*, préfecture de la Vienne.

3. Questionnaire. — Qui s'empara de la Gaule, au quatrième siècle? — D'où vient le nom de France ? — Quel fut le plus célèbre chef des Francs? — A quelle famille appartenait-il ? — Qui vainquit-il à Soissons? — Racontez l'histoire du vase de Soissons? — Racontez le mariage de Clovis? — Que se passa-t-il après la bataille de Tolbiac? — Quelles furent les conséquences du baptême de Clovis? — Quelles sont ses deux dernières victoires? — Quelle fut sa conduite envers les chefs des Francs.

4. Devoir à rédiger. — Racontez l'histoire de la conversion de Clovis.

DEUXIÈME RÉCIT. — **CHARLEMAGNE.**

LEÇON.

1. Le règne des successeurs de Clovis fut troublé par des crimes et des guerres civiles. Un seul prince, le roi Dagobert, est resté populaire. Ses fils tombèrent dans une rapide décadence; on les appela les rois fainéants.

2. Une famille nouvelle régna alors en France; Charlemagne en fut le chef le plus illustre.

3. Charlemagne fut grand par ses guerres, par son administration et par la protection qu'il accorda aux savants.

4. Vainqueur des Lombards et des Saxons, Charlemagne fut couronné par le pape empereur d'Occident, en l'an 800.

RÉCIT.

1. Les successeurs de Clovis. — Les fils de Clovis continuèrent les conquêtes de leur père. Quand toute la Gaule fut soumise, ils tournèrent contre eux-mêmes leur activité guerrière et ils troublèrent la France de leurs crimes et de leur rivalité sanglante. En ces temps de barbarie, une femme laissa surtout un grand renom de cruauté : ce fut la reine Frédégonde.

Cependant un roi de la famille mérovingienne, le roi Dagobert, remit quelque ordre dans le royaume des Francs et, par sa puissance et par ses richesses, mérita de rester populaire.

Après lui tous les princes francs tombèrent dans une extrême faiblesse. On les appela les rois fainéants. Ils abandonnèrent toute l'autorité à leurs ministres qui portaient le nom de maires du palais.

2. Les ancêtres de Charlemagne. — C'est dans la famille de ces maires du palais que devait naître le plus grand roi du moyen âge, Charlemagne.

Son aïeul Charles Martel avait sauvé la Gaule de l'invasion des Arabes par sa grande victoire de Poitiers en 732. Son père Pépin, surnommé le Bref ou le Court à cause de sa petite taille, s'était fait reconnaître roi de France.

Mais Charlemagne devait être plus grand que ses ancêtres et il donna son nom à la seconde famille des rois de France, la famille carlovingienne.

3. Charlemagne. — Charles que l'histoire a appelé Charlemagne, c'est-à-dire Charles le Grand, commença à régner en 768.

Son règne est célèbre par les conquêtes, par les institutions, par la renaissance des lettres et des arts.

Charlemagne fut avant tout un prince guerrier et conquérant. Il fit cinquante-deux expéditions pour satisfaire la passion belliqueuse des Francs. En Italie, il fit la guerre aux Lombards; en Espagne, aux Arabes; dans l'Allemagne du Nord, aux Saxons; dans l'Allemagne du Sud, aux Bavarois.

4. Charlemagne et les Lombards. — Charlemagne fut appelé en Italie par le pape dont il était le protecteur pour combattre Didier, roi des Lombards. A son approche, les Lombards se réfugièrent dans la ville de Pavie. La légende raconte que le roi Didier tout tremblant monta sur une tour pour voir arriver l'armée des Francs. Quand il aperçut les bagages de l'armée ennemie il demanda à un de ses seigneurs : « Est-ce que Charlemagne est dans cette armée ? — Non, répondit le seigneur. » Bientôt le gros de l'armée arriva. « Est-ce que Charlemagne est au milieu de ces troupes ? dit le roi. — Non, pas encore. » La garde de Charles avec les chefs de l'armée parut alors. « Cette fois, dit Didier épouvanté, Charlemagne est là ! — Non, répondit le seigneur, pas encore. Mais quand tu verras la moisson frémir d'horreur dans les champs, alors tu sauras que Charlemagne est arrivé. » Bientôt en effet apparut un homme de haute taille, tout couvert de fer, avec un casque de fer et une longue lance de fer. Autour de lui les guerriers avaient un air redoutable. A cette vue, Didier comprit qu'il était vaincu ; il vint lui-même se livrer au roi des Francs et il fut enfermé dans un cloître.

5. Charlemagne et les Arabes. — Charlemagne ne fut pas aussi heureux en Espagne contre les Arabes.

Au retour de son expédition, son arrière-garde, commandée par le brave Roland, fut surprise dans la vallée de Roncevaux, au milieu des Pyrénées. Roland et ses compagnons furent tués.

Cette défaite d'un guerrier qui avait toujours été invincible frappa vivement l'imagination populaire.

D'après la légende, Roland fit des prodiges de valeur. Quand tous ses compagnons eurent succombé, il tomba lui-même d'épuisement. Il prit alors son épée, sa vaillante Durandal, l'embrassa en pleurant. Puis, ne voulant pas qu'elle fût prise par les infidèles, il essaya de la briser contre le rocher. Mais l'épée resta intacte et le rocher fut coupé en deux. Roland sonna alors du cor pour appeler Charlemagne à son secours ; mais celui-ci était trop loin. Roland désespéré sonna si fort que les veines du cou se rompirent. Il se coucha alors au pied d'un arbre et mourut. Sa belle âme, ajoute la légende, s'envola vers le ciel en forme d'une colombe.

6. Charlemagne et les Saxons. — La guerre que Charlemagne fit aux Saxons fut la plus longue et la plus difficile de son règne. Ces peuples, païens et barbares, massacraient les missionnaires et troublaient souvent par leurs invasions le territoire des Francs. Charlemagne résolut de les soumettre et de les convertir au christianisme. Pendant trente ans il lutta contre l'opiniâtre résistance de ce peuple. Chaque fois qu'il arrivait avec son armée, les Saxons paraissaient soumis ; puis, à peine était-il parti, les insurrections recommençaient. Les églises étaient détruites, les soldats et les prêtres étaient massacrés.

Charlemagne employa enfin les moyens d'une rigueur extrême.

Il fit décapiter tous les chefs saxons qui ne voulaient pas se faire chrétiens ; il enleva de nombreuses familles qu'il établit dans la France et dans l'Espagne. La résistance cessa lorsque le chef de l'indépendance saxonne, *Witikind*, eut fait sa soumission. Charlemagne fit alors bâtir dans ce pays des écoles, des églises, des monastères. La Saxe fut peu à peu civilisée. On peut dire que c'est Charlemagne qui a créé l'Allemagne.

7. Étendue de l'empire de Charlemagne. — L'empire franc comprit alors toute la Gaule, le nord de l'Espagne jusqu'à l'Èbre, la plus grande partie de l'Italie et l'Allemagne jusqu'à l'Elbe. Charlemagne est donc un des plus grands conquérants de notre histoire.

8. Charlemagne empereur d'Occident. — En l'année 800, Charlemagne reçut le titre d'empereur, que personne n'avait porté en Occident, depuis l'invasion des barbares. Il avait été appelé à Rome par le pape Léon III, que les Romains venaient d'accabler de mauvais traitements. Pendant la nuit de Noël, il priait dans l'église de Saint-Pierre, lorsque le pape

lui posa une couronne d'or sur la tête en disant :
« Vie et victoire à Charles Auguste, couronné par
Dieu, grand et pacifique empereur des Romains ! »

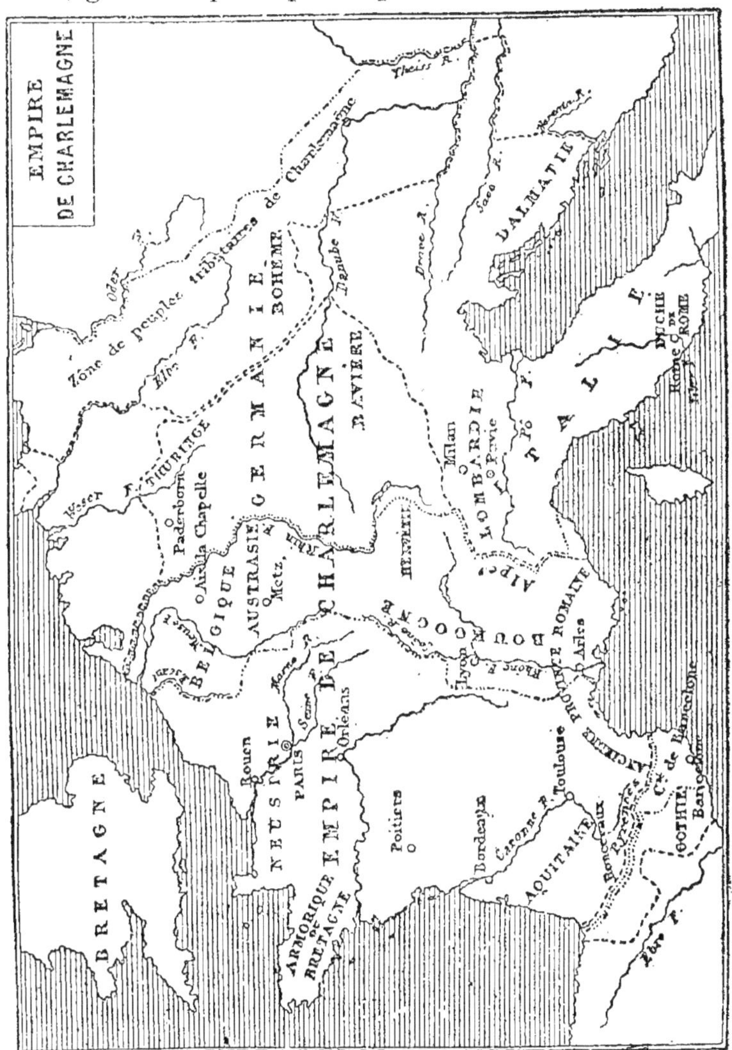

9. Charlemagne administrateur. — Charlemagne gouverna bien ce vaste empire. Il réunissait tous les ans au printemps et à l'automne des
assemblées où étaient convoqués les évêques et les

grands. C'est dans ces assemblées appelées *Champ de Mars* ou *Champ de Mai* qu'on préparait les projets de lois ou *capitulaires*. Les provinces étaient gouvernées par des *ducs, marquis, comtes* et *vicomtes*. Ces gouverneurs étaient surveillés par des *envoyés impériaux* qui s'assuraient que la justice était bien rendue et que les impôts étaient levés régulièrement. Ainsi l'ordre et la tranquillité régnèrent dans l'empire.

Fig. 47. — Charlemagne, empereur.

10. Charlemagne et les écoles. — Charlemagne voulut instruire ses peuples encore ignorants et barbares ; il appela auprès de lui des savants étrangers ; et, parmi eux, Alcuin, qui était né en Angleterre, et Eginhard, auteur d'une histoire de Charlemagne. Les évêques et les prêtres fondèrent de nombreuses écoles dans les monastères. On y apprenait le calcul, la grammaire, le chant. Charlemagne lui-même établit une école dans son palais d'Aix-la-Chapelle ; il assistait aux leçons et encourageait les bons élèves par des récompenses.

11. Mort de Charlemagne. — Charlemagne mourut en 816, dans son palais d'Aix-la-Chapelle, qui était la capitale de son empire. La renommée de sa puissance parvint jusqu'aux pays les plus éloignés

et elle frappa longtemps d'admiration tous les
peuples de l'Occident.

LECTURE. — Charlemagne visite les écoles.

Un jour Charlemagne visita les enfants de l'école, et il trouva que
les pauvres avaient mieux travaillé que les fils des grands. Il mit à sa
droite ceux qui avaient bien fait et leur dit : « Je vous loue beaucoup,
mes enfants, de votre zèle à remplir mes intentions, et à rechercher
votre propre bien de tous vos moyens. Efforcez-vous d'atteindre à la
perfection, et je vous tiendrai toujours pour gens considérables. »

Tournant ensuite un front irrité vers les élèves demeurés à sa gauche,
il lança sur eux ces paroles menaçantes : « Quant à vous, nobles, fils des
principaux de la nation, vous reposant sur votre naissance et votre
fortune, vous avez négligé mes ordres, et préféré vous abandonner à la
mollesse, au jeu, à la paresse et à de futiles occupations ; je ne fais nul
cas de votre naissance ! Sachez que, si vous ne vous hâtez de réparer
par une constante application votre négligence passée, vous n'obtien-
drez jamais rien de Charles. »

EXERCICES ORAUX ET ÉCRITS.

1. Explication des mots. — *Légende*, récit d'imagination dans lequel
la vérité a été altérée. — *Cloître*, lieu fermé, même sens que couvent.
— *Missionnaires*, ceux qui vont prêcher la religion.— *Champs de Mars*,
ainsi appelé parce que la réunion avait lieu au mois de mars. — *Capi-
tulaire*, vient d'un mot latin qui signifie chapitre.

2. Explication des noms géographiques. — *Pavie*, ville du nord de
l'Italie, sur le Tessin, affluent du Pô. — *Roncevaux*, col des Pyrénées.
— *Ebre*, fleuve du nord de l'Espagne. — *Hongrie*, pays de l'Europe
soumis à l'Autriche.

3. Questionnaire. — Que firent les fils de Clovis? — Qu'est-ce que
Frédégonde? — Quel roi mérovingien fut populaire? — Qu'est-ce que
les rois fainéants et les maires du palais ? — Quels furent les ancêtres de
Charlemagne? — Pourquoi Charlemagne est-il si célèbre? — A qui fit-il
la guerre en Saxe, en Espagne, en Italie ? — Racontez la guerre contre
Didier, roi des Lombards? — Racontez la mort de Roland? — Comment
Charlemagne fut-il couronné empereur? — Que fit-il pour bien gouverner son empire? — Charlemagne s'est-il occupé des écoles? — Racontez ce qu'il disait aux élèves.

4. Devoir à rédiger. — Rappelez les principaux faits du règne de
Charlemagne.

TROISIÈME RÉCIT. — LES ARABES. — MAHOMET.

LEÇON.

1. Les Arabes, peuples de l'Asie, fondèrent un
empire aussi vaste que celui des Francs.

2. Mahomet, né à la Mecque, fut le prophète des
Arabes : il leur prêcha une religion nouvelle appelée

le mahométisme ou islamisme, c'est-à-dire la foi qui sauve.

3. La religion de Mahomet est contenue dans le Coran, le livre sacré des Arabes.

4. Cette religion se répandit dans la plus grande partie de l'Asie et dans le nord de l'Afrique.

5. Mahomet est donc célèbre comme fondateur d'un peuple, d'un empire et d'une religion.

RÉCIT.

1. Les Arabes. — Au moment où les Francs fondaient avec Charlemagne le grand empire chrétien d'Occident, un peuple jusqu'alors inconnu, les Arabes, soumettait à sa domination la plus grande partie de l'Asie, de l'Afrique ; menaçait l'Europe et opposait à la religion du Christ une religion nouvelle, celle de Mahomet.

2. Mahomet. — Mahomet, le prophète des Arabes, naquit à la Mecque, en 570. Il était de la famille de Haschem, une des plus illustres de la noble tribu des Koréichites. Orphelin de bonne heure, il fut élevé par son aïeul et plus tard par son oncle Abou-Taleb. Il mena longtemps la vie aventureuse des Arabes, se distingua par sa bravoure et sa générosité, acquit une grande influence dans sa tribu par son caractère et par la fortune que lui donna son mariage avec une riche veuve nommée Kadidjah. Toutefois, jusqu'à l'âge de quarante ans, Mahomet n'avait accompli aucune de ces actions extraordinaires qui font prévoir la grandeur d'un homme.

3. Mahomet prophète. — A cette époque, Mahomet se retira dans la solitude pour se livrer à ses méditations. Une nuit qu'il était dans la caverne du mont Hira, racontent les historiens arabes, l'ange Gabriel lui apparut et, lui présentant un livre, dit : « Lis. — Mais, je ne sais pas lire, reprit Mahomet. » Alors l'ange le prit par les cheveux et le jeta trois fois à terre. Puis il dit encore : «Lis ce livre, au nom

de ton Seigneur qui a tout créé. » Cette fois Mahomet
lut dans le livre et il entendit une voix qui disait :
« Tu es l'apôtre de Dieu ! »

4. Premières prédications de Mahomet.
— Dès lors Mahomet se donna la mission de prêcher
la religion nouvelle qu'il appela l'*Islam*, c'est-à-dire
la foi qui sauve. Les vrais croyants prirent le nom de
musulmans. Ils furent d'abord peu nombreux. Ce
n'est qu'après trois ans que Mahomet convertit sa
femme, son cousin Ali, son esclave et quelques habitants de la Mecque.

En 614, il réunit ses sectateurs et leur dit : « Qui
de vous veut être mon frère, mon lieutenant, mon
vizir ? » Ali se leva impétueusement et s'écria : « C'est
moi qui serai cet homme ; et, si quelqu'un te résiste,
je lui casserai les dents, je lui arracherai les yeux,
je lui fendrai le ventre, je lui briserai les jambes. »
Ainsi se révélaient le fanatique dévouement inspiré
par le prophète et la passion guerrière de ses fidèles.

5. La fuite de Mahomet ou hégire. —
Cette nouvelle religion, qui prétendait anéantir toutes
les autres, excita bientôt les alarmes et les colères
des Koréichites. Mahomet, menacé de mort, dut
s'enfuir de la Mecque.

Cette fuite ou hégire est restée célèbre dans l'histoire de l'islamisme ; aussi est-elle devenue l'ère des
musulmans (16 juillet 622).

L'exilé trouva à Iatreb qu'il appela *Médine*, c'est-
à-dire la ville du prophète, un asile et des sectateurs.
Avec eux il organisa une petite armée, vainquit les
Koréichites et rentra en maître à la Mecque. Il prit
possession du temple vénéré de la Caaba et renversa
les trois cents idoles, en disant : « La vérité est
venue, que le mensonge disparaisse. »

6. Mort de Mahomet (632). — Pendant les
deux dernières années de sa vie, Mahomet soumit à
sa religion toutes les tribus arabes. En 632, plus de
cent mille musulmans vinrent en pèlerinage à la

Mecque. Cette même année le prophète sentit approcher la mort. « Si j'ai frappé un de mes frères, dit-il, qu'on me frappe ; si je dois quelque chose à un fidèle, voici ma bourse. » Un homme réclama quelques pièces de monnaie ; Mahomet le paya en le remerciant d'avoir rappelé cette dette dans ce monde plutôt que dans l'autre.

Fig. 48. — Le temple de Caaba à la Mecque.

7. Le Coran. — La religion de Mahomet est renfermée dans le Coran, le livre religieux des musulmans comme la Bible est le livre des chrétiens. Le Coran contient les dogmes, les préceptes, les conseils que Mahomet avait dictés dans ses différentes prédications. On avait pieusement conservé sur des feuilles de papyrus les enseignements du prophète ; après lui, un de ses successeurs, le calife Abou-Bekre, les mit en ordre et en fit le livre du Coran.

Les dogmes sont simples : Dieu seul est Dieu, Mahomet est son prophète ; l'âme humaine est immortelle ; la vie future réserve aux bons des récompenses et aux méchants des punitions.

Les principaux préceptes sont la prière, le jeûne et l'aumône. « La prière, disaient les musulmans, nous conduit à moitié chemin vers Dieu ; le jeûne nous mène à la porte de son palais; les aumônes nous y font entrer. »

8. Conquêtes des Arabes. — Les Arabes, poussés par leur instinct guerrier et par leur ardeur religieuse, firent de rapides conquêtes. En moins d'un siècle ils soumirent à leur puissance et à leur foi tous les pays de l'Asie occidentale (Syrie, Asie-Mineure, Perse), tout le nord de l'Afrique et l'Espagne. L'Europe chrétienne ne fut sauvée que par l'épée de Charles-Martel, à la bataille de Poitiers.

Fig. 49. — Bataille de Poitiers.

L'empire des Arabes devint florissant. Le contemporain de Charlemagne, Haroun-al-Raschild, était aussi puissant que le grand empereur d'Occident.

Plus tard cet empire se démembra en une foule de petites dominations indépendantes gouvernées par un calife. Mais la religion resta toujours le lien de tous ces peuples, et on compte encore aujourd'hui plus de cent millions de Musulmans.

9. Appréciation sur Mahomet. — Mahomet est un des personnages les plus célèbres de l'histoire. Il a été à la fois le fondateur d'un peuple, d'un empire et d'une religion.

LECTURE. — L'enfer et le paradis de Mahomet.

Mahomet enseigna aux Arabes que l'âme est immortelle et que les corps ressuscitent à une vie future. Deux anges noirs interrogent les morts : L'archange Gabriel pèse leurs actions dans une balance immense qui pourrait contenir le ciel et la terre. Puis les morts doivent passer sur un pont aussi étroit qu'un cheveu. Ceux qui sont coupables essaient vainement de le franchir : ils tombent dans les abîmes de l'enfer. Là ils souffrent le tourment de la faim et de la soif et ils sont brûlés dans un feu qui ne s'éteint jamais. Au contraire ceux qui sont innocents franchissent le pont avec la rapidité de l'éclair et ils arrivent dans des jardins délicieux. Les bosquets sont toujours verts; de fraîches fontaines jaillissent de tous côtés et répandent leurs eaux plus pures que le cristal: des tables sont couvertes de mets exquis. Ces plaisirs tout sensuels étaient dépassés par la pure joie de voir Dieu. « Le plus favorisé, disait Mahomet, sera celui qui verra la face de Dieu soir et matin, félicité qui surpassera tous les plaisirs des sens, comme l'océan l'emporte sur une perle de rosée. »

EXERCICES ORAUX ET ÉCRITS.

1. **Explication des mots.** — *Prophète*, celui qui annonce une religion nouvelle. — *Dogmes*, vérités principales d'une religion.

2. **Explication des noms géographiques.** — *La Mecque*, ville principale de l'Arabie, la ville sainte des Mahométans. — *Médine*, ville de l'Arabie.

3. **Questionnaire.** — Quel est le peuple qui, à l'époque de Charlemagne, avait fondé un grand empire? — Qu'est-ce que les Arabes? — Quel pays habitaient-ils? — Qui leur donna une religion? — Où naquit Mahomet? — Quand et comment fit-il ses premières prédications? — Comment s'appelle sa religion? — Qu'est-ce que l'hégire? — Pourquoi est-elle célèbre? — Que dit Mahomet au retour de Médine? — Où mourut-il? — Que dit-il avant de mourir? — Quel est le livre des mahométans? — Quels sont les dogmes du Coran? — Quels sont ses préceptes? — Les Arabes firent-ils beaucoup de conquêtes? — Pourquoi? — La religion mahométane est-elle encore très répandue dans le monde?

4. **Devoir à rédiger.** — Racontez la vie de Mahomet.

QUATRIÈME RÉCIT. — LES CROISADES. — SAINT LOUIS.

LEÇON.

1. Les peuples chrétiens de l'Europe entrèrent en lutte contre les peuples musulmans de l'Asie. Ces guerres prirent le nom de Croisades.

2. Le héros de la Croisade fut le roi de France, saint Louis, qui illustra son règne par toutes les vertus chrétiennes.

3. Dans une première expédition, saint Louis dé-

barqua en Egypte, mais il fut fait prisonnier des Musulmans et les étonna par sa résignation et son courage.

4. Revenu en France, il gouverna son royaume avec sagesse et entreprit une dernière croisade contre Tunis où il mourut.

RÉCIT.

1. Les Croisades. — L'Europe chrétienne, longtemps menacée par les invasions des Arabes, porta à son tour la guerre en Asie, au milieu des peuples musulmans.

Les chrétiens pieux de ces âges lointains voyaient avec douleur que la ville sainte, Jérusalem, était au pouvoir des infidèles. Ils résolurent de la délivrer; ils placèrent sur leur poitrine la croix, symbole de leur religion. Aussi les nombreuses expéditions qu'ils firent en Orient s'appelèrent les croisades.

Tous les peuples chrétiens de l'Europe prirent part aux croisades. Les Français s'y distinguèrent particulièrement. Un d'eux, Godefroy de Bouillon,

Fig. 50. — Godefroy de Bouillon.

fut le chef de la première croisade, et il fonda le royaume chrétien de Jérusalem.

Mais le héros des croisades, l'homme le plus pieux et le plus vertueux de cette époque, fut le bon roi de France, saint Louis.

2. Saint Louis. — Depuis longtemps l'empier de Charlemagne s'était démembré et la famille du grand empereur était éteinte. En France, une race nouvelle de rois avait remplacé la race carlovingienne. C'était la famille des Capétiens, ainsi appelée de son fondateur, le roi Hugues Capet.

Saint Louis fut, au moyen âge, le roi le plus célèbre de la famille capétienne.

3. Saint Louis et Blanche de Castille. — Saint Louis avait été élevé par sa mère, la reine Blanche de Castille, dans les sentiments d'une piété profonde. « J'aimerais mieux, disait sa mère, voir mon fils mourir plutôt que de le voir commettre un péché. »

4. Vertus de saint Louis. — Saint Louis n'oublia jamais les principes de l'éducation maternelle, et il fut le modèle de toutes les vertus chrétiennes. Il avait une foi ardente et sa charité était admirable. Il allait visiter les hospices, il lavait les pieds des malades, il faisait manger les vieillards infirmes. Il observait toutes les pratiques religieuses et assistait aux offices plusieurs fois par jour. Il portait toujours un cilice sur son corps délicat.

Et cependant ce saint homme, qui avait les vertus d'un moine, eut aussi toutes les qualités d'un roi. Il était brave à la guerre; un jour, dans une bataille contre les Anglais, au pont de Taillebourg (Charente), il se précipita le premier au milieu des ennemis.

Jamais roi n'a eu plus de respect que lui pour le droit et la justice. Il fit beaucoup de conquêtes; il ne voulut jamais conserver que celles qui lui paraissaient légitimes. Il a plus fait pour la grandeur de notre pays que beaucoup de rois plus batailleurs et plus habiles; et, ainsi il a prouvé que dans le gouvernement, comme dans la vie ordinaire, la vertu et la sagesse sont les meilleurs conseillers.

5. Saint Louis prend la croix. — Au retour d'une expédition contre les Anglais, saint Louis tomba gravement malade à Paris.

Mais il revint à la santé, et, dans sa reconnaissance, il fit vœu de prendre la croix.

6. Saint Louis en Egypte. — Saint Louis s'embarqua au port d'Aigues-Mortes et se rendit en Egypte pour combattre le sultan du Caire qui s'était emparé de Jérusalem. Après avoir pris la ville de Damiette, il livra aux Musulmans la bataille de la Mansourah, qui fut perdue par l'imprudence de son frère, Robert d'Artois.

Le roi fut fait prisonnier, et, pendant sa captivité, il inspira le respect et l'admiration à ses vainqueurs, par son courage et sa grandeur d'âme.

Quand il fut délivré, il visita pendant quatre ans la Palestine et ne revint en France qu'à la nouvelle de la mort de sa mère.

Fig. 51. — Saint Louis.

7. Saint Louis à Tunis. — Saint Louis déplorait toujours l'insuccès de sa croisade; aussi prit-il la résolution de recommencer la guerre contre les infidèles. Il partit pour l'Afrique et débarqua près de Tunis.

Établi sur une plage nue et brûlée par le soleil, harcelé par les infidèles, privé de vivres et de secours, il vit périr ses soldats et sa famille, et lui-même fut atteint de la peste.

Saint Louis se prépara courageusement à la mort. Étendu sur un lit de cendres, il expira paisiblement en murmurant, les yeux levés vers le ciel : « Père, je commets mon esprit en ta garde. »

5.

8. Justice de saint Louis. — Saint Louis
avait toujours été bon et juste pour son peuple. On
raconte qu'il allait quelquefois s'asseoir sous un

Fig. 52. — Saint Louis à Vincennes.

chêne, à Vincennes, et rendait la justice à tous ses
sujets. Il traitait de la même manière les grands et
les petits, les nobles et les paysans. Aussi saint Louis
est-il resté le plus cher et le plus vénéré de tous nos
anciens rois.

LECTURES. — Villehardouin et Joinville.

A l'histoire des croisades se rattache le nom de nos deux premiers
historiens français, Villehardouin et Joinville.

GEOFFROI DE VILLEHARDOUIN maréchal de Champagne, prit part à la
quatrième croisade ; il a écrit une *Histoire de la conquête de Constantinople*, qui est un des plus anciens et des plus précieux monuments de la
langue française. Le mérite de l'auteur est qu'il raconte les faits dont il
a été acteur et témoin. Aussi ses récits sont vifs, animés, pleins de
charme. Les plus célèbres sont l'arrivée des croisés à Venise et le
siège de Constantinople.

Villehardouin est, par la date, le premier de nos historiens français.
Il mourut en 1213.

JOINVILLE naquit en 1224, au château de Joinville (près Châlons-sur-
Marne). Conseiller et ami de Louis IX, il l'accompagna dans sa première
croisade, bien que son cœur fût tout attendri de laisser son beau manoir
et ses enfants. Fait prisonnier avec le roi, il partagea les souffrances de
sa captivité et s'unit avec lui d'une telle amitié que désormais il ne
devait plus quitter la cour de ce prince. Toutefois il n'eut pas le courage
de le suivre à la seconde croisade.

De retour en France, Joinville écrivit des *Mémoires*, dans lesquels il raconta les expéditions et l'administration intérieure de Louis IX. Ce qu'on aime surtout en Joinville, c'est son amitié pour le roi, sa sensibilité, son imagination si vive. C'est un causeur aimable qui raconte avec confiance tout ce qu'il voit et tout ce qu'il éprouve.

Le nom de Joinville est resté inséparable de celui de saint Louis.

EXERCICES ORAUX ET ÉCRITS.

1. **Explication des mots.** — *Cilice*, tissu en crin que les religieux mettaient sur leurs corps. — *Croisade, croisé*, viennent du mot *croix*.

2. **Explication des noms géographiques.** — *Jérusalem*, ville principale de la Palestine, célèbre par la vie et la mort du Christ. — *Taillebourg*, village de la Charente-Inférieure. — *Le Caire, Damiette, Mansourah*, villes d'Egypte.

3. **Questionnaire.** — Les chrétiens firent-ils la guerre aux musulmans? — Comment appelle-t-on ces guerres? — Quel fut le héros de la croisade? — Qu'est-ce que saint Louis? — A quelle famille appartenait-il? — Quelle était sa mère? — Quelle éducation lui donna-t-elle? — Donnez une idée des vertus de saint Louis? — Etait-il brave à la guerre? — Dans quelle occasion prit-il la croix? — Où fit-il sa première croisade? — Pourquoi? — Où fut-il vaincu? — Saint Louis fit-il une seconde croisade? — Où? — Où est-il mort? Pourquoi saint Louis est-il resté le plus vénéré de nos rois?

4. **Devoir à rédiger.** — Racontez ce que vous savez de la vie de saint Louis.

CINQUIÈME RÉCIT. — DUGUESCLIN ET JEANNE D'ARC.

LEÇON.

1. Une des guerres les plus mémorables du moyen âge fut la guerre de Cent ans entre les Anglais et les Français.

2. Les deux héros de cette guerre furent Bertrand Duguesclin et Jeanne d'Arc.

3. Duguesclin, gentilhomme breton, se signala par sa bravoure en Normandie, en Bretagne, en Espagne et reconquit tout notre territoire sur les Anglais.

4. Jeanne d'Arc naquit au village de Domrémy, en Lorraine, elle délivra Orléans, fit sacrer le roi Charles VII à Reims, mais elle échoua devant Paris, et fut faite prisonnière à Compiègne.

5. Cette héroïque jeune fille fut victime de son patriotisme. Elle fut condamnée par les Anglais à être brûlée vive sur la place publique de Rouen.

RÉCIT.

1. La Guerre de Cent ans. — Les croisades ne furent pas les seules grandes guerres que firent les Français au moyen âge. Ils soutinrent contre leurs voisins, les Anglais, une lutte mémorable qui dura plus de cent ans.

Cette guerre mit souvent la France en péril; mais au moment où notre patrie paraissait perdue, elle se relevait par le courage et le dévouement de quelques-uns de ses enfants.

Parmi les héros de cette époque qui ont mérité la reconnaissance de tous les bons Français, il faut citer au premier rang un brave gentilhomme breton, Bertrand Duguesclin, et une vaillante femme du peuple, Jeanne d'Arc.

2. Malheurs de la France.—Lorsque Duguesclin mit son épée au service du roi, la France venait de subir les plus grands désastres. Le roi Philippe VI de Valois avait été vaincu à Crécy; son successeur, Jean le Bon, avait été fait prisonnier à Poitiers. Les Anglais possédaient la moitié de nos provinces.

Heureusement un roi sage, Charles V, prit le gouvernement et il fut aidé par un habile homme de guerre, Duguesclin.

3. Duguesclin. — Bertrand Duguesclin, gentilhomme breton, naquit près de Rennes. Dans son enfance, il était mauvais garçon, batailleur et malicieux. Il assemblait les enfants, les partageait en deux troupes qu'il faisait battre. Il rentrait souvent les habits déchirés et la figure en sang. Aussi son père et sa mère l'avaient-ils pris en aversion, quoiqu'il fût leur fils aîné.

Mais l'enfant grandit et se signala dans d'autres combats. Dans les tournois il jetait à terre les plus élégants joûteurs. Il conserva toujours l'esprit avisé et malicieux de son enfance. La force ouverte ou la ruse, tout lui était bon, pourvu qu'il réussit. Quoique terrible sur les champs de bataille, il aimait surtout les surprises nocturnes, les bonnes ruses de guerre où se déployait toute son habileté.

4. Bataille de Cocherel. — Il donna une preuve de cette habileté à la bataille de Cocherel qu'il gagna l'année même où Charles V montait sur le trône. Un capitaine anglais s'était établi avec son

Fig. 53. — Un tournoi au moyen âge.

armée sur la colline de Cocherel. Duguesclin se retrancha en face de lui dans la prairie, et, apprenant que l'ennemi attendait des renforts le lendemain, il résolut de le forcer à combattre. Il fit semblant de fuir et attira ainsi les Anglais. Ceux-ci descendirent en courant de la colline et tombèrent tout essoufflés sur les Français qui s'étaient remis en ordre. Le capitaine anglais fut pris et la bataille fut gagnée.

5. Duguesclin prisonnier. — Cependant Duguesclin ne fut pas toujours aussi heureux. En Bretagne il fut fait prisonnier par les Anglais. Racheté par le roi, il conduisit une expédition en Espagne. Prisonnier une seconde fois, il fut mené à Bordeaux par le prince Noir. On appelait ainsi le fils du roi d'Angleterre, parce qu'il portait toujours une armure noire.

Un jour, le prince lui dit : « Comment vous trouvez-vous, Bertrand? — A merveille, Dieu merci, répliqua-t-il. Comment ne serais-je pas bien? Depuis que je suis ici, je me trouve le premier chevalier du monde. On dit partout que vous me craignez, que vous n'osez me mettre à rançon. » L'Anglais fut piqué : « Messire Bertrand, dit-il, croyez-vous donc que c'est pour votre bravoure que nous vous gardons ? Par saint Georges, fixez vous-même votre rançon. « Duguesclin dit fièrement : « Pas moins de cent mille livres. — Et où les prendriez-vous, Bertrand ? — Mon seigneur, le roi de Castille en paiera la moitié ; et le roi de France le reste ; et si ce n'était assez il n'y a femme en France sachant filer qui ne file pour ma rançon. »

6. Duguesclin connétable. — Le roi nomma Duguesclin connétable de France, c'est-à-dire chef de ses armées. Bertrand s'excusa, disant qu'il était un pauvre homme et de basse naissance, qu'il n'oserait commander aux frères, neveux et cousins du roi. « Messire Bertrand, dit le roi, ne vous excusez pas ainsi ; car je n'ai frère, cousin, neveu, ni baron en mon royaume, qui n'obéisse à vous. Et si quelqu'un refusait, il me courroucerait tellement qu'il s'en apercevrait. »

Bertrand accepta, et fit aux Anglais une guerre toute nouvelle. Il les laissa entrer dans le pays, mais enleva tous les vivres, tomba sur les ennemis affamés et les détruisit en

Fig. 54. — Duguesclin.

détails sans leur livrer de grandes batailles. Bientôt

les Anglais ne possédèrent plus que quelques villes sur notre territoire.

7. Mort de Duguesclin.—Duguesclin mourut en assiégeant un château dans les Cévennes. Le gouverneur de la forteresse avait promis de se rendre à jour fixe ; il tint parole, il apporta les clefs sur le lit de mort du vaillant guerrier.

Charles V, pour honorer la mémoire du connétable le fit ensevelir à Saint-Denis, dans le tombeau des rois. Le peuple s'empressa autour de son cercueil. La postérité n'a pas été ingrate : le nom de Duguesclin est resté populaire.

8. Nouveaux malheurs de la France. — Après la mort de Duguesclin la France retomba dans de nouveaux malheurs. Le roi Charles VI était fou. Deux factions rivales, les Armagnacs et les Bourguignons désolaient le pays de leurs guerres civiles. Les Anglais, profitant de ces troubles, envahirent le territoire et gagnèrent la bataille d'Azincourt. Enfin, la reine de France, Isabeau de Bavière, livra aux Anglais le royaume. Cette mère dénaturée avait déshérité son propre fils, le jeune Charles VII, et elle avait reconnu comme roi de France, un étranger, un Anglais, Henri VI !

9. Jeanne d'Arc.—La France semblait perdue, lorsqu'une jeune fille, émue de « la grande pitié qu'il y avait au royaume de France, » se présenta pour tout sauver.

Jeanne d'Arc était la troisième fille d'un laboureur, Jacques d'Arc, et de sa femme, Isabelle Romée. Elle naquit au village de Domrémy, en Lorraine, sur la frontière de la Champagne. C'était une fille pieuse et simple. Elle allait souvent à l'église ; elle priait au milieu des champs où elle conduisait les brebis.

A treize ans, elle entendit des voix mystérieuses qui lui ordonnaient de sauver le royaume. La pauvre fille était effrayée. « Je ne sais, disait-elle, ni monter à cheval, ni conduire des hommes d'armée. »

Elle parla de son projet à son père; mais celui-ci la menaça de la noyer de ses propres mains si elle partait avec des soldats.

Cependant Jeanne avait foi en elle-même, et elle partit.

10. Exploits de Jeanne d'Arc. — Arrivée à

Fig. 55. — La maison de Jeanne d'Arc à Domrémy.

Chinon où était le jeune roi Charles VII, Jeanne étonna tout le monde par des actions qui semblaient surnaturelles. Aussi inspira-t-elle à l'armée le plus grand enthousiasme. Elle chassa les Anglais d'Orléans, prit Troyes et conduisit triomphalement Charles VII à Reims pour le faire sacrer roi de France. Pendant la cérémonie du sacre, Jeanne se tint près de l'autel, son étendard à la main. « Il avait été à la peine, disait-elle, c'était bien raison qu'il fût à l'honneur. »

11. Mort de Jeanne d'Arc (1431). — Cette héroïque jeune fille devait payer de sa vie la délivrance de la France. Prisonnière des Anglais, elle fut conduite à Rouen. Ses ennemis qui voulaient la faire mourir l'accusèrent d'être sorcière.

Pendant son procès, elle confondit ses juges par la brève et naïve simplicité de ses réponses.

« Jeanne, croyez-vous être en état de grâce? — Si je n'y suis pas, Dieu veuille m'y mettre! Si j'y suis, Dieu veuille m'y tenir! »

Malgré son innocence, Jeanne fut condamnée à être brûlée vive.

On la lia sur un chariot, et on la conduisit sur la place du Vieux-Marché de Rouen, où le bûcher était élevé. Elle demanda la croix, et la baisa pendant que son confesseur l'encourageait. Les Anglais s'impatientèrent, deux d'entre eux la tirèrent des mains des prêtres et la traînèrent au bourreau, lui disant : « Fais ton office. »

Parvenue au haut du bûcher, liée au poteau, elle regarda la foule et ne put s'empêcher de dire : « Ah! Rouen, Rouen, j'ai grand'peur que tu n'aies à souffrir de ma mort! » Elle avait sauvé le peuple, le peuple l'abandonnait, et à ce moment terrible elle n'avait que de la compassion pour lui!

Le bourreau mit le feu, elle fit descendre le frère qui l'exhortait, et disparut dans les flammes, laissant retomber sa tête et poussant un grand cri : Jésus!

Dix mille hommes pleuraient, et un Anglais disait tout haut en revenant : « Nous sommes perdus, nous avons brûlé une sainte! »

12. Victoire de la France.

Fig. 56. — Jeanne d'Arc.

— Les Anglais avaient commis un crime inutile. La

mort de Jeanne d'Arc ne les sauva pas de la défaite. Ils furent expulsés de notre territoire.

La France honorera toujours le souvenir de Jeanne d'Arc, image touchante du vrai patriotisme !

LECTURE. — La jeunesse de Duguesclin.

Bertrand Duguesclin naquit vers 1320. Cet enfant qui devait devenir si célèbre fut, pendant sa jeunesse, le désespoir de ses parents. Sa mère se désolait d'avoir donné le jour à un enfant si laid et si méchant. Il était noir, camus, épais, carré, sans grâce. Il était si violent et si entêté qu'on l'avait condamné à manger seul dans un coin. Un jour que sa mère découpait un chapon rôti, il s'élança plein de rage vers les tables, frappa ses frères et s'installa à leur place. Bien qu'il y eût des écoles en Bretagne, on ne put jamais le décider à apprendre à lire ni à écrire. Il passait ses journées à provoquer et à combattre les petits paysans du voisinage. Après la bataille, il menait vainqueurs et vaincus au cabaret, buvait plus que pas un et payait pour tous. Le soir il rentrait au logis, couvert de sang, ses vêtements en lambeaux. Ses parents irrités contre lui souhaitaient parfois « qu'il se noyât en eau courante. »

Cependant une religieuse qui se mêlait de prédire l'avenir annonça les hautes destinées de Duguesclin. «Cet enfant, que vous maudissez et malmenez, dit-elle, sera le plus brave et le plus honoré du royaume. Il n'aura pas son pareil sous le ciel. »

Duguesclin réalisa plus tard cette prophétie.

EXERCICES ORAUX ET ÉCRITS.

1. **Explication des mots.** — *Tournoi*, lutte entre plusieurs hommes d'armes. — *Rançon*, somme payée pour la liberté ou la vie d'un homme. — *Connétable*, chef des armées.

2. **Explication des noms géographiques.** — *Crécy*, village de la Somme. — *Poitiers*, département de la Vienne. — *Rennes*, ancienne capitale de la Bretagne. — *Cocherel*, village de l'Eure. — *Bordeaux*, préfecture de la Gironde. — *Saint-Denis*, ville près de Paris. — *Azincourt*, village du Pas-de-Calais. — *Chinon*, sous-préfecture de l'Indre-et-Loire. — *Troyes*, préfecture de l'Aube. — *Rouen*, chef-lieu de la Seine-Inférieure.

3. **Questionnaire.** — Qu'est-ce que la guerre de Cent ans? — Quels en furent les deux héros? — Qu'est-ce que Duguesclin? — Où est-il né? — Dites ce que vous savez sur son enfance? — Où vainquit-il les Anglais? — Fut-il fait prisonnier? — Que dit-il au prince Noir? — Quel titre lui donna le roi? — Comment fit-il la guerre aux Anglais? — Où est-il mort? — Où a-t-il été enseveli? — La France fut-elle vaincue après la mort de Duguesclin? — Quels étaient les malheurs du pays? — Qui y mit fin? — Où est née Jeanne d'Arc? — Quelle ville délivra-t-elle? — Où fit-elle sacrer le roi de France? — Où est-elle morte? — Racontez ses derniers moments.

4. **Devoir à rédiger.** — Racontez la vie de Duguesclin. — Racontez la vie de Jeanne d'Arc.

SIXIÈME RÉCIT. — **UN GRAND POÈTE : DANTE**

LEÇON.

1. Longtemps les peuples du moyen âge furent plongés dans l'ignorance. Charlemagne le premier comprit l'importance de l'instruction, qui bientôt se développa dans les monastères, les écoles et les universités.

2. La France eut alors des poètes et des écrivains tels que Villehardouin, Joinville et Froissard.

3. Mais le plus grand poète de cette époque fut l'italien Dante. Né à Florence, il subit pendant sa vie les dures épreuves de l'exil, vécut quelque temps à Paris et alla mourir à Ravenne.

4. Le chef-d'œuvre du Dante est le poème de la *Divine Comédie*, le premier poème qui ait été écrit en langue italienne.

RÉCIT.

1. Les écoles au moyen âge. — Longtemps les populations du moyen âge vécurent dans la plus complète ignorance. Les guerres continuelles, les mœurs rudes et grossières de cette époque avaient arrêté tous les travaux de l'esprit. Charlemagne, le premier, comprit toute l'importance de l'instruction ; il fonda des écoles et honora de son amitié tous les savants. Son règne vit renaître le goût des études.

2. Les universités. — L'Eglise contribua à combattre la barbarie. Les monastères furent les asiles du travail. On y copiait les ouvrages des grands écrivains : ces manuscrits formèrent les premières bibliothèques. Plus tard, les principales villes tinrent à honneur de fonder des écoles où on enseignait toutes les connaissances humaines. Ces écoles s'appelaient des universités. L'université de Paris devint très célèbre, sous le règne de saint Louis ; elle attira les professeurs et les élèves du monde entier.

3. Les poètes et les écrivains. —Ce réveil des études provoqua bientôt des œuvres remarquables. Les poètes, appelés trouvères ou troubadours, chantèrent les exploits des guerriers. La plus célèbre de ces poésies est la *Chanson de Roland*, notre premier poème national. Les écrivains racontèrent l'histoire de leur temps. C'est ainsi qu'Eginhard nous a raconté la vie de Charlemagne, que Villehardouin nous a conservé le souvenir de la croisade, que Joinville nous a donné le récit de l'expédition de saint Louis en Egypte, enfin que Froissard nous a tracé un tableau si vivant des principaux faits d'armes de la guerre de Cent ans.

4. Les artistes. — Les arts firent aussi de

Fig. 57. — Notre-Dame de Paris.

grands progrès. C'est à cette époque que furent bâties ces merveilleuses cathédrales, Notre-Dame de

Paris, de Reims, d'Amiens, d'Orléans, qui font encore notre admiration.

5. Le plus grand poète du moyen âge.

— De tous les écrivains qui se distinguèrent au moyen âge, le plus illustre fut un Italien, le Dante. C'est un de ces génies dont l'humanité s'honore; et ses œuvres, comme celles d'Homère et de Virgile, sont immortelles.

6. Dante.

—Durante Alighiero (ou par abréviation Dante) naquit en 1265, à Florence, dans cette ville qui a

Fig. 58. — La cathédrale de Reims.

été, comme Rome et Athènes, la ville des grands écrivains et des grands artistes.

Dante, dont l'âme était tendre et délicate, fut de bonne heure éprouvé par le malheur. Dès l'enfance, il perdit son père. Jeune homme, il aima avec une pure affection une jeune fille, Béatrix, qui mourut à la fleur de l'âge. Son souvenir, toujours vivant dans son cœur, inspira ses plus belles poésies. Dante se consolait de ses épreuves par l'étude et la lecture des poètes. Celui qu'il chérissait le plus et qu'il devait prendre pour modèle, c'était Virgile. Il aimait en lui cette tendresse des sentiments, cette perfection de la langue latine, et aussi cette idée si élevée que l'ami d'Auguste se faisait des destinées de l'Italie.

7. Epreuves du Dante. — Dante, en effet, était un patriote ; il aurait voulu voir sa patrie heureuse et tranquille. Malheureusement l'Italie était déchirée par deux partis, les *blancs* et les *noirs*, qui se faisaient une guerre impitoyable. Dante prit part à ces luttes ; il fut vaincu et exilé de Florence. Il erra de ville en ville, toujours poursuivi par ses ennemis. Un jour il frappa, épuisé, à la

Fig. 59. — Dante.

porte d'un monastère. « Que demandes-tu ? lui dit le moine. — La paix ! répondit le poëte. »

Dante ne trouva pas la paix dans sa patrie. Il vint en France et séjourna longtemps à Paris dont l'université attirait tous les savants illustres de l'époque.

Mais les études ne lui firent pas oublier son pays. « Le pain de l'étranger, disait-il, est bien amer ! » Il revint en Italie : Florence lui ferma encore ses portes. Il alla passer ses derniers jours dans la ville de Ravenne. Ce vieillard avait l'air si triste et si farouche, sa figure était si altérée par les souffrances, que les habitants de Ravenne, en le voyant passer, disaient qu'il revenait des enfers. Il mourut en 1321.

8. Les œuvres du Dante. — Le chef-d'œuvre du Dante est un poëme intitulé : la *Divine comédie*. Il est divisé en trois parties : l'*Enfer*, le *Purgatoire*, le *Paradis*.

Dante suppose qu'il visite les enfers, sous la conduite de Virgile; il assiste aux tourments des condamnés, et nous les décrit dans une poésie sombre et terrible. Ce sont ses ennemis et ceux de sa patrie qu'il rencontre parmi les condamnés des enfers. Le poète nous dit ensuite quelles sont les peines, moins dures du purgatoire. Il entre enfin, avec Béatrix pour guide, dans le paradis, dont il célèbre les douces et pures délices.

Ce poème, à la fois religieux et patriotique, renferme les descriptions les plus charmantes, les épisodes les plus gracieux comme aussi les tableaux les plus sombres. Dante égale ses divins maîtres, Homère et Virgile.

La *Divine comédie* est le premier poème écrit en langue italienne. Il n'en est pas de plus parfait. Dante prouva à ses compatriotes que la langue italienne était aussi riche que la langue latine pour exprimer tous les sentiments de l'âme. Aussi a-t-on pu dire de lui qu'il était le *père de la poésie italienne.*

LECTURE. — L'enfer du Dante.

En la semaine sainte de l'année 1300, Dante, égaré dans une forêt, rencontre Virgile qui devient son guide aux enfers et au purgatoire; mais, au seuil du paradis, Dante sera reçu par Béatrix.

L'enfer a la forme d'un entonnoir; la pointe en est fixée au centre de la terre; à mesure qu'on descend, les neuf cercles deviennent plus étroits, et les tourments, variés comme les crimes, augmentent de rigueur. Dans les cinq premiers cercles sont ceux qui ont commis tous les excès; dans le sixième et le septième cercles environnés de hautes murailles rougies par les flammes sont les malicieux. Le huitième et le neuvième cercle renferment les méchants qui ont péché avec fraude et trahison.

Les supplices varient d'après les crimes. Les hommes colères sont plongés dans l'eau bouillante, les flatteurs enfouis dans des ordures puantes, les tyrans noyés dans une rivière de sang, les blasphémateurs et les incrédules sont exposés nus sur le sable, sous une pluie de feu, les avares et les prodigues roulent éternellement d'énormes rochers.

Les démons sont avec un extérieur terrible. Ils sont armés de cornes, de griffes, de fouets, de crochets. Satan, roi de ce sombre empire, est enfoncé dans un étang de glace, au milieu des grands criminels qui ont trahi leur père, leur hôte, leur patrie ou leur Dieu.

EXERCICES ORAUX ET ÉCRITS.

1. **Explication des mots.** — *Manuscrit,* ouvrage écrit à la main. —

Bibliothèque, recueil de livres. — *Trouvère,* vient du mot *trouver,* parce qu'ils inventaient, *trouvaient* leur poésie. — *Poème,* poésie où l'on célèbre les exploits d'un guerrier ou quelque action mémorable. — *Episode,* petit récit détaché du sujet principal.

2. **Explication des noms géographiques.** — *Amiens,* chef-lieu de la Somme. — *Orléans,* chef-lieu du Loiret. — *Florence,* sur l'Arno, une des principales villes de l'Italie. — *Ravenne,* ville de l'Italie, près de l'Adriatique.

3. **Questionnaire.** — Pourquoi les populations du moyen âge vécurent-elles longtemps dans l'ignorance? — Qui favorisa l'instruction? — Qu'est-ce qu'un monastère, un manuscrit, une université? — Citez les noms de quelques écrivains qui vécurent au moyen âge? — A-t-on bâti de beaux monuments à cette époque? — Lesquels? — Quel est le plus grand poète du moyen âge? — Où Dante est-il né? — Quel était son caractère? — Racontez les épreuves de sa vie? — Vint-il à Paris? — Où est-il mort? — Quel est son chef d'œuvre? — Comment ce poème est-il divisé? — Qui conduit Dante aux enfers? — Qui le conduit au Paradis? — Dans quelle langue la *Divine comédie* est-elle écrite?

4. **Devoir à rédiger.** — Résumez ce que vous savez sur Dante et son chef-d'œuvre.

CHAPITRE V

LE QUINZIÈME SIÈCLE. — ORIGINE DES TEMPS MODERNES

PREMIER RÉCIT. — **LA ROYAUTÉ FRANÇAISE. — LOUIS XI.**

LEÇON.

1. **Les temps modernes commencent au milieu du quinzième siècle. Le roi le plus célèbre de cette époque fut Louis XI.**

2. **Il combattit pendant tout son règne les grands seigneurs. Le plus puissant était Charles le Téméraire, duc de Bourgogne.**

3. **Louis XI vainquit ses adversaires par son habileté; il fortifia le pouvoir royal et mourut en 1483, au château de Plessis-les-Tours.**

RÉCIT.

1. **Origine des temps modernes.** — On place généralement l'origine des temps modernes au milieu du quinzième siècle, vers l'an 1453, époque où les Turcs s'emparèrent de Constantinople.

Trois grands faits marquent cette nouvelle période de l'histoire.

1° Les nations modernes s'organisent sous la direction de la royauté, devenue plus puissante ;

2° Les voyages et les découvertes maritimes ouvrent à l'activité humaine un champ illimité ;

3° Les grandes inventions facilitent le progrès général.

2. Progrès de la royauté. — Lorsque la France fut délivrée des Anglais, par le dévouement de Jeanne d'Arc, elle répara les malheurs d'une si longue guerre. Le pays était dans la plus grande désolation ; les campagnes étaient ravagées par des bandes de soldats. Les provinces étaient au pouvoir des grands seigneurs, qui ne respectaient pas l'autorité royale. L'œuvre de réparation fut entreprise par deux rois, Charles VII le Victorieux, et surtout par son fils, le célèbre Louis XI.

3. Louis XI. — Louis XI consacra tout son règne à lutter contre les seigneurs et à fortifier son autorité. Ce roi était d'apparence chétive, d'humble contenance, vêtu pauvrement. Ses conseillers étaient tous de modeste condition ; c'était son barbier, Olivier le Daim, que le peuple appela Olivier le Diable, et Tristan l'Ermite.

Fig. 60. — Louis XI.

Mais Louis XI avait un esprit actif et un caractère impitoyable. Il châtiait rudement les seigneurs qui le trahissaient. Il les faisait enfermer dans des cages de fer, qu'il appelait ses *bonnes fillettes*. Pour réussir, il employait tous les moyens ; mais ceux qu'il préférait, c'était le mensonge et la ruse.

4. Charles le Téméraire. — Le plus redoutable adversaire de Louis XI fut le duc de Bourgogne,
Charles, surnommé le Téméraire à cause de son
courage aveugle et de ses violences imprudentes.

Charles réunit contre le roi tous les seigneurs et
lui fit une guerre souvent heureuse. Une fois même
il tint prisonnier, dans la forteresse de Péronne,
Louis XI, qui était venu traiter avec lui. Le roi ne
put sauver sa vie qu'en accordant tout ce que le duc
lui demandait.

Mais Charles le Téméraire se perdit par trop d'am-
bition. Il voulut conquérir la Suisse et la Lorraine.
Vaincu par les Suisses, il alla mourir au siège de
Nancy.

Louis XI profita de cette mort pour s'emparer de
la Bourgogne. Puis il fit périr un grand nombre de
seigneurs qui avaient été les alliés de Charles le Téméraire.

5. Mort de Louis XI. — Ce roi, qui avait fait
mourir tant de seigneurs, eut lui-même une grande
peur de la mort. Dans sa vieillesse, il s'enferma dans
son château de Plessis-les-Tours. Des gardes veil-
laient nuit et jour sur les remparts du château. Ils
devaient tirer contre tous ceux qui s'approcheraient.
En même temps il comblait de présents les églises ;
il faisait venir d'Italie un ermite, appelé François,
qui passait pour avoir le don des miracles ; il avait
entouré son chapeau de petites images en plomb qu'il
baisait à tout propos ; enfin, il s'entourait des reliques
de tous les saints, comme d'une armée capable de
faire reculer la mort.

Louis XI mourut au milieu de ces terreurs et de
ces angoisses, en 1483.

LECTURE. — Entrevue de Louis XI et de Charles le Téméraire
à Péronne.

Louis XI avait demandé une entrevue à Charles le Téméraire : elle
eut lieu au château de Péronne. Le roi comptait sur son habileté ordinaire pour tromper son redoutable adversaire. Déjà sa finesse et ses

bonnes paroles commençaient à adoucir le duc, lorsque celui-ci apprit tout à coup que les envoyés du roi faisaient révolter les habitants de Liège. Cette trahison irrita fort le duc. « Ce traître roi ! s'écria-t-il, il n'est donc venu que pour me tromper sous un faux semblant de paix ! Par saint Georges, il le paiera cher ! » Au premier moment Charles voulut faire tuer le roi, mais il fut calmé par son secrétaire Philippe de Comines, qui fut plus tard l'historien de Louis XI. Il imposa au roi de dures conditions et il le força à venir avec lui châtier la révolte des Gantois.

Le roi fut si honteux de sa maladresse qu'il n'osa pas pendant quelques jours rentrer à Paris. On raconte même qu'il envoya dans cette ville un commissaire chargé de saisir les pies, geais, corbeaux, sansonnets et tous les oiseaux jaseurs et insolents, à qui leurs maîtres avaient appris à répéter : Péronne ! Péronne !

EXERCICES ORAUX ET ÉCRITS.

1. **Explication des mots.** — *Comines*, né en 1445, mort en 1509, est un de nos plus célèbres historiens. Il a écrit la vie de Louis XI; il fut l'admirateur de ce roi « un des plus sages hommes, dit-il, et des plus subtils qui aient régné en son temps. »

2. **Explication des noms géographiques.** — *Constantinople*, capitale de la Turquie, sur le détroit de ce nom. — *Bourgogne*, ancienne province française, capitale Dijon. — *Péronne*, ville de la Somme. — *Nancy*, chef-lieu du département de Meurthe-et-Moselle. — *Plessis-les-Tours*, village d'Indre-et-Loire.

3. **Questionnaire.** — A quelle époque commencent les temps modernes? — Quels sont les grands faits de cette époque? — Quel est le roi qui lutta contre les seigneurs? — Quel était son caractère? — Quel fut son plus redoutable adversaire? — Qui l'emporta dans la lutte? — Racontez les derniers moments de Louis XI.

4. **Devoir à rédiger.** — Dites ce que vous savez du caractère de Louis XI.

DEUXIÈME RÉCIT. — LES VOYAGES ET LES DÉCOUVERTES MARITIMES. — VASCO DE GAMA.

LEÇON.

1. Le quinzième siècle fut l'époque des grands voyages; ils furent facilités par la découverte de la boussole.

2. Les Portugais, encouragés par les princes don Henri et Emmanuel le Fortuné, se distinguèrent parmi les plus hardis voyageurs.

3. Un d'eux, Vasco de Gama, doubla, en 1497, le cap de Bonne-Espérance, au sud de l'Afrique, et découvrit la route maritime de l'Inde.

4. Vasco de Gama fit trois voyages dans l'Inde et y fonda l'empire des Portugais.

5. Ces voyages ont été célébrés par un grand poète, le Camoëns, dans son poème des *Lusiades*.

RÉCIT.

1. Les voyages. — Le quinzième siècle fut l'époque des voyages et des grandes découvertes maritimes.

Les Portugais et les Espagnols se distinguèrent au premier rang parmi les hardis navigateurs qui explorèrent le monde.

2. La boussole. — La découverte de la boussole permit aux marins d'entreprendre ces grands voyages. La boussole est un petit instrument composé d'un cadran et d'une aiguille aimantée qui a la propriété de se tourner toujours vers le nord. Les marins pouvaient donc facilement s'orienter. Ils ne craignirent plus de s'aventurer sur des mers incon-

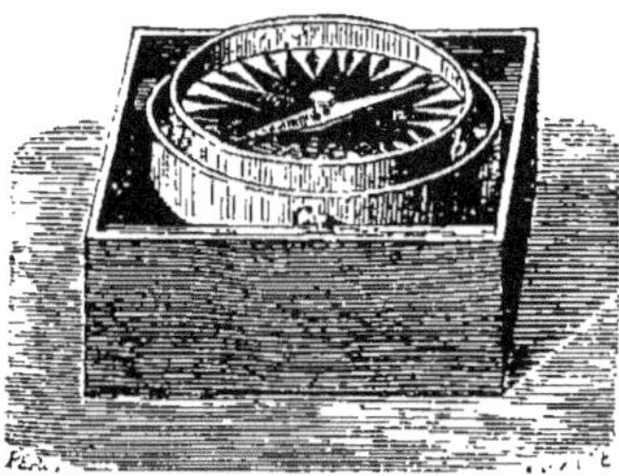

Fig. 61. — La boussole.

nues; ils pouvaient toujours trouver leur route au moyen de la boussole et du compas.

3. Voyages des Portugais. — C'est le Portugal qui s'engagea le premier dans la voie des découvertes. Un homme d'un esprit supérieur, don Henri de Portugal, fut l'inspirateur de ces voyages. Il conçut l'idée qu'on pouvait faire d'utiles conquêtes, en suivant les côtes de l'Afrique; il crut qu'on pourrait même faire le tour de ce continent et arriver plus facilement dans l'océan Indien. L'Inde, ce pays dont on disait tant de merveilles, ce pays de toutes les richesses serait donc un jour la conquête des Portugais! Don Henri caressa longtemps ce beau rêve; un hardi navigateur, Vasco de Gama, le réalisa.

4. Vasco de Gama. — Vasco de Gama naquit en 1469, à Sines, petite ville du Portugal.

Il passa sa jeunesse à faire des voyages d'exploration sur le littoral de l'Afrique. Ses grandes qualités de marin lui attirèrent la faveur du roi Emmanuel le Fortuné qui le nomma chef d'escadre.

Ce roi qui avait suivi l'exemple de don Henri, encourageait les voyages. Il résolut de découvrir la route qui conduirait aux Indes par mer. Déjà, en 1484, un voyageur célèbre Barthélemy Diaz était parvenu jusqu'au cap qui est à l'extrémité de l'Afrique. Mais assailli par de violentes tempêtes, il n'avait pas pu doubler ce cap qu'il appela le cap des Tourmentes. Le roi pres-

Fig. 62. — Vasco de Gama.

sentant que là était la route des Indes, lui donna le nom de cap de Bonne-Espérance.

5. Premier voyage de Vasco de Gama. — En 1497, Emmanuel confia à Vasco de Gama le soin de doubler ce terrible cap; il fit construire à Lisbonne trois navires, le *Raphaël*, le *Michel* et le *Gabriel*.

Cette flottille partit de Lisbonne au milieu des cris de joie et d'espérance. Elle arriva, après cinq mois de traversée, au fameux cap des Tempêtes. A quatre reprises différentes les navires furent repoussés par des tourmentes terribles; les matelots effrayés se révoltèrent. Mais Vasco de Gama dompta l'insurrection par sa fermeté; et, il parvint à tourner le cap et à entrer dans l'océan Indien où nul Européen n'avait encore navigué.

6. Empire des Portugais aux Indes. — Vasco de Gama remonta le littoral oriental de l'Afrique et s'arrêta quelque temps sur la côte de Mozambique, à Mélinde; il y trouva des pilotes indigènes qui lui permirent d'aborder à Calicut, le grand marché des Indes, sur la côte de Malabar.

L'illustre navigateur établit aussitôt des relations commerciales avec les habitants, les gagna par des présents ou chercha à les effrayer par sa puissance. Mais souvent les Indiens se soulevaient et il faillit perdre la vie.

Après deux ans d'absence Vasco de Gama revint à Lisbonne où il fut accueilli au milieu des acclamations d'une foule enthousiaste. Le roi Emmanuel fut appelé le Fortuné et Vasco de Gama reçut le titre d'amiral.

7. Deuxième voyage de Vasco de Gama. — Dans un second voyage en 1502 il établit solidement la domination portugaise sur la côte de Mozambique ; à Calicut, il fit détruire le palais du roi ou Zamorin qui l'avait trahi et il terrifia les populations indiennes par des exécutions sanglantes. Il vainquit dans un combat naval la flotte du roi et s'empara de ses richesses. On remarquait dans le butin une statue en or massif qui pesait 14 kilogrammes. Vasco de Gama revint à Lisbonne en 1503 avec des vaisseaux chargés de ces riches dépouilles.

8. Disgrâce de Vasco de Gama. — Cependant la gloire de Vasco de Gama avait fait bien des envieux. Le roi écouta de perfides conseils et disgracia celui qui lui avait donné la domination des Indes. Cette disgrâce dura vingt ans.

9. Troisième voyage de Vasco de Gama. — En 1524 le nouveau roi Jean III apprenant que l'empire des Portugais était menacé aux Indes fit appel à l'énergie de Vasco de Gama. Malgré son grand âge et la faiblesse de sa santé, le hardi navigateur n'hésita pas à entreprendre un troisième voyage. Mais à peine avait-il débarqué à Cochin qu'il fut atteint de la maladie et mourut le 15 décembre 1524.

Son corps fut transporté en Portugal où le roi lui fit faire de magnifiques funérailles. On grava sur sa tombe cette inscription : « Ici repose Vasco de Gama, amiral des Indes Orientales et leur fameux explorateur. »

LECTURE. — Un grand poète portugais. — Le Camoëns.

Les belles découvertes de Vasco de Gama ont été célébrées par le plus grand poète du Portugal, le Camoëns, dans son immortel poème des *Lusiades*.

Le Camoëns était né à Lisbonne en 1524. Il passa une partie de sa vie à voyager. Il parcourut plusieurs fois la mer des Indes. Dans un naufrage il perdit toute sa fortune, mais il fut assez heureux pour sauver son poème manuscrit. Dès lors il vécut dans une extrême misère. Un esclave indien qu'il avait amené de ses voyages le nourrissait avec les aumônes qu'il mendiait de porte en porte. Le Camoëns mourut à l'hôpital en 1580.

Un des passages les plus célèbres des *Lusiades* est celui où Vasco de Gama, arrivant près du terrible cap des Tempêtes, voit apparaître devant lui le géant Adamastor. Ce monstre est le gardien de ces lieux redoutables et il engloutit les hommes assez audacieux pour oser en approcher.

« Soudain, dit le poète, nous apercevons dans les airs un fantôme imposant, d'une taille robuste et gigantesque, au visage abattu, à la barbe inculte. Les yeux de ce géant étaient creux et enfoncés, son maintien terrible et menaçant, son teint pâle et terreux ; dans ses cheveux crépus, il y avait des nids de poussière et sa bouche toute noire laissait entrevoir des dents jaunes.

» Téméraires, s'écria le géant, puisque vous venez voir les occultes secrets de la nature et de l'élément humide, secrets qu'aucun homme, quelque illustre ou immortel qu'il fût, n'a pu découvrir, écoutez le récit des châtiments réservés à votre audace excessive sur l'Océan immense et dans les pays que plus tard vous subjuguerez par la force de vos armes. »

Mais le géant chercha vainement à effrayer le courageux voyageur. Le cap des Tempêtes fut doublé et les Portugais pénétrèrent dans l'océan Indien.

EXERCICES ORAUX ET ÉCRITS.

1. **Explication des mots.** — *S'orienter*, trouver sa route en fixant les quatre points cardinaux, nord, sud, est, ouest. — *Exploration*, découverte. — *Flottille*, petite flotte, on appelle flotte la réunion de plusieurs navires. — *Pilote*, qui dirige les navires. — *Indigène*, qui est du pays. — *Lusiades*, vient du mot Lusitanie qui est synonyme de Portugal.

2. **Explication des noms géographiques.** — *Guinée, Sahara, Sénégal*, régions de l'Afrique. — *Lisbonne*, capitale du Portugal. — *Mélinde*, port de l'Afrique. — *Calicut, Cochin*, ports de l'Inde.

3. **Questionnaire.** — A quelle époque ont commencé les grands voyages ? — Quelle est la découverte qui les a facilités ? — Quel peuple se distingua surtout par les voyages ? — Quels sont les princes qui ont encouragé les voyages des Portugais ? — Quelle route voulaient-ils découvrir ? — Quels sont les deux noms du Cap qui est au sud de l'Afrique ? — Qui l'appela Cap des Tourmentes ? — Qui l'appela Cap de Bonne-Espérance ? — Quel est le voyageur qui l'a doublé le premier ? —

Combien Vasco de Gama a-t-il fait de voyages ? — Dans quels pays
a-t-il fondé un empire portugais ? — Ce pays est-il riche ? — A qui
appartient-il aujourd'hui ? — Où est mort Vasco de Gama ?

4. **Devoir à rédiger.** — Racontez les voyages de Vasco de Gama.

TROISIÈME RÉCIT. — **CHRISTOPHE COLOMB.** — **DÉCOUVERTE
DE L'AMÉRIQUE.**

LEÇON.

**1. Les Espagnols dépassèrent les Portugais dans
la voie des découvertes.**

**2. Le génois, Christophe Colomb, au service de
l'Espagne, découvrit, en 1492, un nouveau continent,
l'Amérique.**

**3. Dans trois voyages, Colomb explora la plus
grande partie des Antilles et cette partie de l'Amérique appelée la Colombie.**

**4. Il mourut dans la disgrâce et la misère, sans
avoir l'honneur de donner son nom à sa découverte.**

**5. Quelques années plus tard, Magellan entreprit
le premier voyage autour du monde.**

RÉCIT.

1. Voyages des Espagnols. — Les merveilleuses découvertes des Portugais furent dépassées
par celles des Espagnols, qui firent connaître le Nouveau Monde ou *Continent américain*.

2. Christophe Colomb. — L'heureux navigateur qui découvrit l'Amérique s'appelle Christophe
Colomb.

Il naquit à Gênes, vers 1436. Il était d'une famille
obscure. Son père était cardeur de laine. De bonne
heure, il s'appliqua au travail. Outre la lecture,
l'écriture, la grammaire et l'arithmétique, il apprit
le latin et le dessin. Plus tard il étudia, à l'université
de Pavie, la géométrie, la géographie, l'astronomie
et la navigation. A quatorze ans, le jeune Colomb,
pris d'un goût très vif pour les voyages, s'embarqua
sur un navire qui explorait le nord de l'Afrique. Il
passa ainsi la plus grande partie de sa jeunesse à
voyager, à observer et à se perfectionner dans l'étude
des sciences.

3. Projets de Christophe Colomb. — A

l'âge de trente-quatre ans, Colomb vint se fixer en
Portugal, où il épousa la fille d'un navigateur renommé, qui avait été
le gouverneur des îles
Madère. Il hérita de
son beau-père ses pa-
piers, ses cartes, ses
notes de voyage. Il
conçut alors l'idée d'i-
miter et même de sur-
passer les navigateurs
portugais. Convaincu
que la terre était ronde,
il résolut de diriger ses
explorations vers
l'ouest, tandis que les
Portugais voyageaient

Fig. 63. — Christophe Colomb.

dans la direction du sud; dans sa pensée, il devait
traverser une mer qui lui permettrait d'arriver par
l'ouest aux Indes, ou bien il rencontrerait un continent encore inconnu.

4. Colomb et Ferdinand le Catholique. —

Ce projet arrêté, Colomb résolut de le mettre à exécution. Mais, pour tenter une pareille aventure, les
hommes, les vaisseaux, l'argent, bien des ressources
étaient nécessaires. Colomb n'était pas riche. Il s'a-
dressa d'abord à Gênes, sa patrie, puis au roi d'Angleterre, puis au roi de Portugal. Partout il essuya
des refus. On le traita de fou. Mais cet homme à la
foi ardente ne se découragea pas. Il fut enfin compris
par un moine espagnol, Jean Pérez, qui le recommanda au roi d'Aragon, Ferdinand le Catholique.
Reçu par la cour espagnole, à Grenade, il obtint les
ressources nécessaires pour entreprendre son expédition. Colomb avait alors cinquante-six ans ; depuis
dix-huit ans il méditait son projet, depuis dix ans,
il cherchait à l'accomplir. Combien les grandes

découvertes coûtent d'efforts et de persévérance!

5. Départ de Colomb. — Le troisième jour du mois d'août 1492, à l'heure où le soleil se levait, la foule se pressait sur le bord de la mer, dans le port espagnol de Palos. Trois navires de pauvre apparence allaient partir : la *Sainte-Marie,* montée par Colomb, la *Pinta* et la *Nina,* commandées par les frères Pinson qui s'étaient dévoués à la grande entreprise. Quelle émotion agita tous ces cœurs, au moment où les navires levèrent l'ancre ! Que de craintes et que d'espérances faisait naître ce voyage vers l'inconnu !

6. Voyage de Colomb. — La traversée jusqu'aux îles Canaries dura trente-trois jours ; elle fut facile. Les marins avaient déjà parcouru cette route. Mais quand ils eurent dépassé les limites de leurs précédents voyages, quand ils eurent pénétré plus avant dans cette mer sans fin, ils commencèrent à être tristes et inquiets. Colomb était tout entier à son idée ; toujours debout, il consultait la boussole, sondait la profondeur de la mer, étudiait le vol des oiseaux, interrogeait du regard l'horizon. Cependant rien n'apparaissait. On était arrivé aux premiers jours d'octobre : depuis trois semaines on ne voyait que le ciel et l'eau ; on était à plus de huit cents lieues des îles Canaries. Les marins commencèrent à murmurer. Quelques-uns proposèrent de jeter Colomb à la mer. L'intrépide navigateur fit cesser la révolte par son énergie et inspira confiance.

Le 11 octobre, Colomb aperçut les indices d'une terre prochaine : des oiseaux aux couleurs variées volaient autour des voiles, des algues marines flottaient sur la mer. Toute la nuit, Colomb veilla sur son navire. Vers dix heures du soir, il découvrit une lumière à une faible distance. Un peu après minuit, on entendit crier de la *Pinta : Terre! Terre!* On doutait encore, tant la joie était grande. Mais les doutes s'évanouirent avec la nuit. Aux premières lueurs du jour on vit une île verdoyante, couverte de bois, arrosée de nombreux ruisseaux. C'était bien la terre, le salut!

7. Découverte de l'Amérique. — La terre où Colomb et ses compagnons débarquèrent était une île des petites Antilles, l'île Guanahani, qu'il appela *San-Salvador* (Saint-Sauveur). Colomb visita ensuite les îles de Cuba et Haïti, à laquelle il donna le nom d'*Hispaniola* (petite Espagne). Partout les navigateurs furent accueillis avec curiosité sans doute, mais aussi avec bonté. Les Indiens (c'est le nom que Colomb, croyant débarquer dans l'Inde, avait donné aux habitants) étaient une population bienveillante, au caractère affable. Elle fit fête aux étrangers qu'elle disait envoyés par les dieux. Malheureux, ils ne pouvaient prévoir combien les Espagnols seraient durs et cruels quand, attirés par la soif de l'or, ils viendraient conquérir et ravager ces magnifiques pays!

Colomb et ses compagnons admirèrent cette belle nature qui se révélait à eux pour la première fois dans toute sa splendeur : fleurs aux mille couleurs, oiseaux au brillant plumage, arbres gigantesques, plantes rares, tout était pour eux un sujet nouveau d'étonnement.

8. Retour de Colomb. — Le retour de Colomb en Espagne fut marqué par des fêtes splendides. Ferdinand et Isabelle éprouvèrent une singulière surprise de le voir revenir, au bout de sept mois, avec des indigènes, des raretés du pays, et surtout de l'or qu'il leur présenta. Le roi et la reine le firent asseoir et couvrir comme un grand d'Espagne, le nommèrent grand amiral et vice-roi du Nouveau-Monde ; Colomb était regardé comme un homme extraordinaire, et tous enviaient l'honneur de s'embarquer sous ses ordres.

9. Nouveaux voyages de Colomb. — Colomb se déroba à l'admiration de ses concitoyens et entreprit un second voyage. Le 25 septembre 1493, trois grands vaisseaux et plusieurs petits étaient réunis dans le port de Cadix, et attendaient le signal du départ. Une foule empressée montait à bord : les jeunes cavaliers rêvaient des aventures, les hardis navigateurs ambitionnaient la gloire, les marchands calculaient leurs futurs profits. Quinze cents personnes s'embarquèrent avec Colomb et ses deux jeunes fils, Diego et Fernando. L'amiral atteignit les petites Antilles et aborda à une île qu'il appela Marie-Galante, du nom de son vaisseau. Puis il visita la Guadeloupe, Haïti, et, dans un troisième voyage, il toucha à la côte sud du continent, qui a pris le nom de Colombie.

10. Disgrâce de Colomb. — Mais le hardi navigateur devait payer, par la disgrâce, la gloire d'une si grande découverte. Accusé devant la cour espagnole des atrocités que commettaient déjà les Espagnols dans le Nouveau-Monde, il fut ramené en Espagne, chargé de chaînes comme un criminel. Le peuple, qui avait appris l'arrivée du grand homme, courut au devant de lui. On tira Colomb du vaisseau ; il parut, mais avec des fers aux mains et aux pieds. L'ingratitude était aussi grande que les services.

Malgré sa disgrâce, malgré la vieillesse et les maladies, Colomb fut entraîné encore une fois par la passion des découvertes. Après avoir exploré une partie du continent américain, il fut jeté par la tempête dans l'île de la Jamaïque. On l'y laissa un an, dénué de tout secours.

11. Mort de Colomb (1506). — Colomb fut enfin délivré ; il retourna en Espagne, et vint mourir de misère à Valladolid. Le roi lui fit faire de pompeuses funérailles, et ordonna de placer sur son tombeau, dans la cathédrale de Séville, cette inscription :

A LA CASTILLE ET A LÉON,
COLOMB A DONNÉ UN NOUVEAU MONDE.

Mais Colomb a flétri l'ingratitude des Espagnols,

en ordonnant de placer sur son corps les chaînes dont on l'avait chargé.

La postérité a été plus injuste encore envers lui que les Espagnols, puisqu'elle n'a pas donné le nom de Colombie au nouveau continent. C'est un Florentin nommé *Amerigo Vespucci* qui, parti après Colomb, a donné son nom à une découverte qu'il n'avait pas faite. Ainsi, rien n'a manqué à la triste destinée de Christophe Colomb.

LECTURE. — **Magellan. — Le premier voyage autour du monde.**

Quelques années après la découverte de l'Amérique, Magellan accomplissait le premier voyage autour du monde et démontrait par l'expérience que la terre est ronde.

Magellan était un Portugais qui, maltraité par la cour de Lisbonne, avait pris du service en Espagne. En 1519, il partit de Séville avec cinq navires, longea les côtes de l'Amérique du Sud, reconnut la vaste et difficile embouchure du Rio de la Plata, et continua sa route vers le sud jusqu'à la Patagonie. Il s'engagea dans le détroit qui a reçu son nom, entre le continent et la terre de Feu, et le premier il pénétra dans l'océan Pacifique.

Magellan osa se lancer sur cette mer immense et inconnue, et pendant près de quatre mois, il resta entre le ciel et l'eau, sans découvrir aucun rivage. Il aborda enfin aux îles des *Larrons* et fut tué aux îles *Philippines* avec quelques-uns des siens (1521).

Un seul navire, *la Victoire*, commandé par Sébastien del Cano, put regagner l'Espagne par le Cap de Bonne-Espérance. Il rentra le 6 septembre 1522 dans le port de Séville, après trois ans de traversée. Le premier il avait fait le tour du monde.

EXERCICES ORAUX ET ÉCRITS.

1. **Explication des mots.** — *Cardeur*, ouvrier employé à travailler la laine pour en faire du drap. — *Indices*, marques. — *Sondait la profondeur*, mesurait avec un instrument appelé sonde.

2. **Explication des noms géographiques.** — *Iles Madère*, au nord-est de l'Afrique. — *Antilles*, groupe d'îles situées dans le golfe du Mexique. — *Iles Canaries*, sur la côte nord-ouest de l'Afrique. — *Valladolid, Séville*, villes d'Espagne.

3. **Questionnaire.** — Qu'est-ce que le Nouveau-Monde? — Qui l'a découvert? — Où est né Christophe Colomb? — Qu'a-t-il fait pendant sa jeunesse? — Quels étaient ses projets? — A qui en proposa-t-il l'exécution? — Qui lui donna les ressources nécessaires? — Racontez son premier voyage? — Où aborda-t-il? — Comment fut-il reçu à son retour en Espagne? — A-t-il fait d'autres voyages? — Quels pays a-t-il découverts? — Comment appelle-t-on la côte nord de l'Amérique du Sud? — Colomb a-t-il été récompensé de ses découvertes? — Où est-il mort? — Qui a donné son nom à l'Amérique?

4. **Devoir à rédiger.** — Racontez le premier voyage de Colomb en Amérique.

QUATRIÈME RÉCIT. — **DÉCOUVERTE DE L'IMPRIMERIE.**

LEÇON.

1. L'imprimerie est la plus grande invention des temps modernes.

2. Cette invention est due à Jean Gutenberg, de Mayence, qui, le premier, imagina la mobilité des caractères et la fonte des lettres.

3. Gutenberg se vit disputer sa découverte par ses associés Faust et Schœffer, et il vécut dans une grande misère.

4. L'imprimerie eut d'immenses résultats : elle multiplia les livres, facilita les bienfaits de l'instruction et fut le plus puissant instrument du progrès.

RÉCIT.

1. L'imprimerie. — La plus grande invention du quinzième siècle fut celle de l'imprimerie.

Avant cette époque les livres étaient écrits à la main : on les appelait *manuscrits*. Ces livres étaient rares et coûtaient très cher. Ils étaient précieusement conservés dans les bibliothèques des universités, des monastères et des châteaux. Aussi bien peu de personnes pouvaient lire et s'instruire. Aujourd'hui les livres sont répandus

Fig. 64. — Ancien lisant un manuscrit.

partout. C'est l'imprimerie qui les a multipliés ; c'est elle qui a rendu accessibles à tous les bienfaits de l'instruction. Aucune invention n'a donc été plus favorable au progrès de l'humanité.

2. Gutenberg. — Jean Gutenberg, l'inventeur de l'imprimerie, naquit à Mayence, vers l'an 1400. A quinze ans, il perdit son père. Après avoir recueilli son modeste héritage, il vint se fixer à Strasbourg. C'est là qu'il conçut l'idée de multiplier les manuscrits, en fabriquant des lettres en métal qui, rapprochées les unes des autres, formeraient des mots, des lignes, des pages. En recouvrant d'encre toutes ces lettres, on pourrait reproduire le texte du manuscrit. Pendant dix ans, seul à Strasbourg, il travailla à cette invention merveilleuse.

3. Premiers essais de Gutenberg.—Ces recherches nécessitaient beaucoup de dépenses. Aussi Gutenberg associa à ses travaux trois bourgeois de Strasbourg, Heilmann, André Dryzen et Riff, qui devaient fournir l'argent nécessaire à la continuation de l'entreprise.

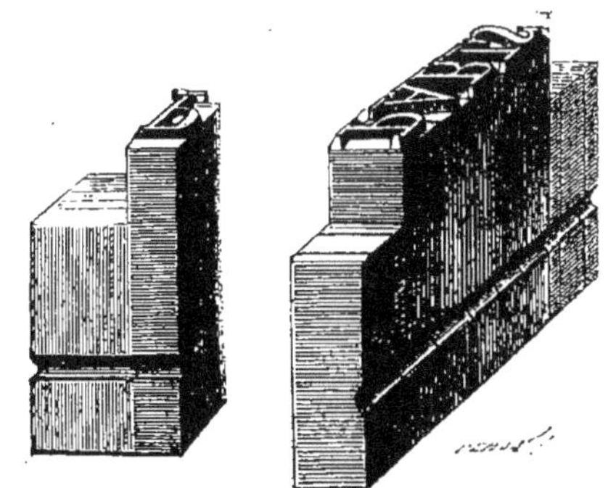

Fig. 65. — Gutenberg.

Les associés établirent leur atelier dans un monastère abandonné et se mirent résolument à l'œuvre. Gutenberg grava des lettres en métal; mais comme ce travail était long, il chercha à fondre des caractères pour multiplier facilement les lettres. Il se servit d'abord du fer; mais le fer trop dur perçait le papier; il employa ensuite le plomb, mais le plomb trop mou s'écrasait sous la presse.

Fig. 66. — Un caractère d'imprimerie.

Toutes ces tentatives ruinèrent les associés qui vendirent tout ce qu'ils possédaient. Ils moururent de misère, et Gutenberg resté seul, dut quitter Strasbourg pour revenir à Mayence, sa patrie.

4. Découverte de l'imprimerie.—A Mayence, Gutenberg forma une nouvelle association avec un riche orfèvre nommé Jean Faust et son gendre, Pierre Schœffer, homme très instruit et très habile à copier les manuscrits.

Les nouvelles recherches aboutirent à un heureux résultat. Pierre Schœffer, en mélangeant du plomb et de l'antimoine fondit un métal moins dur que le fer et plus résistant que le plomb. On obtint ainsi des caractères mobiles, en nombre considérable, qui servirent à imprimer. Désormais l'imprimerie était créée.

5. Malheurs de Gutenberg. — Gutenberg ne jouit pas longtemps de sa découverte. Ses associés comprenant toutle profit qu'ils pouvaient en tirer, réclamèrent brusquement à l'inventeur les sommes qu'ils lui avaient prêtées, et, comme Gutenberg ne put les payer, il fut chassé de son imprimerie. Il quitta Mayence et erra pendant dix ans, en proie à la misère. Bien souvent il manqua de pain. Vers la fin de ses jours il fut recueilli par l'archevêque de Mayence qui lui fit une pension.

6. Hommage rendu à Gutenberg. — Le nom de ce grand homme serait peut-être resté méconnu, si le fils de Schœffer, qui avait succédé à son père n'eût écrit ces mots en tête d'un livre imprimé en 1505.

« C'est à Mayence que l'art admirable de l'imprimerie a été inventé par l'ingénieux Gutenberg, l'an 1450, et postérieurement amélioré et propagé pour la postérité par les travaux de Faust et de Schœffer. »

La ville de Strasbourg a élevé, sur une de ses places publiques, une statue à Gutenberg, l'inventeur de l'imprimerie.

LECTURE. — **Résultats de la découverte de l'imprimerie.**

Cette merveilleuse invention de l'imprimerie fut bientôt utilisée par tous les pays civilisés de l'Europe. Les ouvriers imprimeurs ou, comme on les appelait, les *enfants de Gutenberg*, furent partout accueillis avec empressement. En France Louis XI leur accorda de grands privilèges. En Italie, où les savants grecs chassés de Constantinople par les Turcs avaient apporté le goût des lettres, l'imprimerie fut reçue comme un don du ciel.

Quelques imprimeries furent célèbres. A Venise les Alde Manuce, à Leyde (Hollande) les Elzevir, à Lyon les Estienne imprimèrent des milliers de volumes qui furent des merveilles de science et de typographie.

Le prix des livres baissa aussitôt et devint accessible aux fortunes les plus modestes; l'instruction se répandit avec la facilité de lire, et elle cessa d'être le monopole des couvents et des universités.

EXERCICES ORAUX ET ÉCRITS.

1. **Explication des mots.** — *Manuscrit*, c'est-à-dire écrit avec la main. — *Fer, plomb, antimoine*, sont des métaux. — *Caractères*, on appelle ainsi les lettres dont on se sert en imprimerie (voyez la gravure). — *Typographie*, vient de deux mots grecs qui signifient *caractère* et *écrire* (écrire avec des caractères).

2. **Explication des noms géographiques.** — *Strasbourg*, capitale de l'Alsace. — *Mayence*, ville allemande, dans la vallée du Rhin. — *Venise*, ville de l'Italie. — *Leyde*, ville du royaume des Pays-Bas. — *Lyon*, chef-lieu du département du Rhône.

3. **Questionnaire.** — Quelle est la plus grande découverte des temps modernes? — A qui est-elle due? — Où Gutenberg fit-il ses premiers essais? — Quelle était son idée? — Avec qui s'associa-t-il à Strasbourg? — Quelles difficultés l'arrêtèrent? — Où retourna-t-il? — Quels furent à Mayence ses nouveaux associés? — Comment trouva-t-il la fonte des caractères? — Jouit-il de sa découverte? — Quels furent les malheurs de sa vie? — La postérité a-t-elle été plus juste pour lui? — Quels sont les résultats de la découverte de l'imprimerie?

4. **Devoir à rédiger.** — Rappelez les principaux faits de la vie de Gutenberg et faites connaître les bienfaits de l'imprimerie.

CINQUIÈME RÉCIT. — **LA POUDRE A CANON.**

LEÇON.

1. L'invention de la poudre bouleversa l'art de la guerre.

2. Les Français se servirent pour la première fois de canons à la bataille de Crécy.

3. L'usage de l'artillerie fut tout à l'avantage des rois et du peuple.

4. L'artillerie joua un grand rôle dans les guerres modernes, les expéditions des Français en Italie et la rivalité de François Ier et de Charles-Quint.

5. Les rois de France qui se distinguèrent dans ces guerres furent Charles VIII, Louis XII, François Ier, ainsi que beaucoup de braves capitaines, et parmi eux le chevalier Bayard.

RÉCIT.

1. Découverte de la poudre à canon. — La découverte et l'emploi de la poudre firent une révolution complète dans l'art de la guerre.

L'invention de la poudre, quelquefois attribuée au moine allemand Schwartz, est due très probablement aux Chinois qui la transmirent aux Arabes.

Les Anglais s'en servirent pour la première fois dans la guerre de Cent ans, à la bataille de Crécy en 1346. Une histoire de cette époque dit que « les bombardes faisaient trembler la terre avec tel fracas qu'il semblait que Dieu tonnât. »

Fig. 67. — Un canon.

2. Progrès de l'artillerie. — On se servit d'abord de canons grossièrement fabriqués avec des lames de métal cerclées en fer. L'opération de la charge était un travail long et difficile. Le plus fameux canon de cette époque, celui avec lequel Mahomet II battit les murs de Constantinople, ne tirait que sept coups par jour; encore éclata-t-il entre les mains des soldats. Mais bientôt l'artillerie fit des progrès; on inventa les bombes, les boulets en fer : on apprit à fondre les canons et à les placer sur des affûts à roues pour les manœuvrer plus facilement.

3. Résultats de cette découverte. — L'invention de la poudre fut tout à l'avantage des rois et du peuple. L'artillerie détruisit ces châteaux qui étaient les forteresses des seigneurs. Désormais, à quoi servaient les armures fines, les cottes de mailles et les grandes épées à deux mains, contre les boulets qui emportaient des files entières? La science remplaça la force, et un paysan capable de pointer un canon fut un meilleur soldat que Charlemagne.

4. Les grandes guerres modernes. — L'époque où l'artillerie fut utilisée dans les batailles fut celle où commencèrent les grandes guerres modernes.

Deux de ces guerres ont été célèbres : 1° Les expéditions des Français en Italie pour la conquête de Naples et de Milan. Trois rois de France s'y distinguèrent par leur valeur : Charles VIII, le vainqueur de Fornoue, Louis XII, le vainqueur d'Agnadel, et François Ier, le héros de Marignan.

2° Les longues luttes de la France et de l'Autriche que soutinrent avec tant d'éclat le roi de France François Ier et l'empereur d'Allemagne, Charles-Quint.

Un grand nombre de capitaines français s'illustrèrent dans ces guerres. Celui qui a laissé le souvenir le plus populaire fut Bayard, qu'on surnomma le *chevalier sans peur et sans reproche*.

LECTURE. — Le chevalier Bayard.

Pierre du Terrail, seigneur de Bayard, naquit en Dauphiné d'une famille noble. Son père, qui était infirme à cause de ses blessures, appela ses quatre fils et les interrogea sur leurs projets d'avenir. L'un déclara qu'il voulait rester au manoir paternel, deux autres se destinèrent à l'Église; le cadet, qui avait treize ans, dit qu'il se proposait de suivre la carrière des armes, afin d'imiter les belles actions qu'il avait entendu raconter, et surtout l'exemple de ses ancêtres.

A dix-sept ans, le jeune Bayard combattit dans un tournoi contre un chevalier renommé et fut vainqueur. Il suivit Charles VIII à Naples et se conduisit vaillamment à Fornoue. Sous Louis XII, il était avec une petite troupe derrière la rivière du Garigliano, lorsqu'un corps de cavaliers espagnols vint pour surprendre le pont. Bayard les arrêta seul, tandis que ses compagnons allaient chercher du secours.

A la prise de Brescia, il fut blessé d'un coup de pique et transporté dans une maison où habitaient une dame et ses deux filles. A son départ elles lui offrirent deux mille ducats pour racheter leur maison, qui lui appartenait en vertu du droit de la guerre. Il prit l'argent et le donna aux deux jeunes filles pour les aider à s'établir.

En 1524, Bayard servait encore en Piémont dans l'armée de l'amiral Bonnivet. Les Français battaient en retraite, et le bon chevalier protégeait l'arrière-garde. Au pont de Rebec, les Espagnols parurent en force et attaquèrent vivement. « Lorges, mon ami, dit Bayard à son compagnon d'armes, voici vilain jeu, s'ils passent cette barrière, nous sommes fricassés. » Il se retira vers Biagrasso, se tenant toujours en garde contre une surprise.

Enfin il fut frappé d'une pierre qui lui rompit les reins. « Jésus, s'écria-t-il, mon Dieu, je suis mort ! » Le mourant baisa la croix de son épée et demanda merci à Dieu ; il se confessa à son serviteur faute de prêtre.

Fig. 68. — Le chevalier Bayard.

Cette nouvelle se répandit dans les deux armées, et la douleur fut grande, même parmi les ennemis. Les capitaines espagnols vinrent le voir, firent dresser sur sa tête un beau pavillon et amenèrent un prêtre. Le connétable de Bourbon, qui avait trahi la France pour satisfaire sa haine contre le roi, vint aussi. Il dit à Bayard qu'il avait grand-pitié de lui le voyant en cet état pour avoir été si vertueux chevalier. Le capitaine Bayard lui répondit : « Monsieur, il n'y a point de pitié en moi, car je meurs en homme de bien. Mais j'ai pitié de vous, de vous voir servir contre votre prince, votre patrie et votre serment. »

Il resta encore en vie deux heures, et expira à l'âge de quarante-huit ans. Son corps fut transporté à Grenoble, la noblesse et le Parlement vinrent au devant jusqu'à une lieue de la ville, et « le deuil fut si grand que si chacun eût perdu père et mère. » Les Français lui ont laissé le beau surnom qu'il avait mérité, et l'appellent encore « le bon chevalier sans peur et sans reproche. »

EXERCICES ORAUX ET ÉCRITS.

1. **Explication des mots.** — *Bombarde*, canons pour lancer les bombes. — *Cotte de mailles*, sorte de cuirasse qui préservait la poitrine. — *Parlement*, cour de justice.

2. **Explication des noms géographiques.** — *Crécy*, village du département de la Somme. — *Constantinople*, sur le Bosphore, capitale de l'empire ottoman. — *Fornoue, Agnadel, Marignan*, villes d'Italie. — *Garigliano*, rivière d'Italie. — *Brescia, Biagrasso*, villes d'Italie. — *Grenoble*, chef-lieu de l'Isère.

3. **Questionnaire.** — A qui a été attribuée l'invention de la poudre ? — Quand les Français s'en sont-ils servis pour la première fois ? — Comment étaient fabriqués les premiers canons ? — Comment l'artillerie

fut-elle perfectionnée? — Quels furent les résultats de l'invention de la poudre? — A qui profita-t-elle? — Pourquoi? — Quelles sont les deux principales guerres des temps modernes? — Quels rois de France les ont faites? — Citez le nom d'un chevalier qui s'y est distingué.

4. **Devoir à rédiger.** — Racontez la vie du chevalier Bayard.

CHAPITRE VI

LE SEIZIÈME SIÈCLE

PREMIER RÉCIT. — **LA RENAISSANCE.** — **MICHEL-ANGE et RAPHAEL.**

LEÇON.

1. Le seizième siècle, ou siècle de Léon X, fut remarquable par la renaissance des lettres et des arts.

2. Parmi les grands artistes de cette époque, deux se placent au premier rang, Michel-Ange et Raphaël.

3. Michel-Ange fut à la fois peintre, sculpteur, architecte, ingénieur et poète. Ses œuvres ont rendu son nom immortel.

4. Raphaël est le peintre le plus parfait que l'humanité ait produit. Ce grand artiste mourut à trente-sept ans.

RÉCIT.

1. Le seizième siècle. — Le seizième siècle est remarquable par deux grands événements : 1° la renaissance des lettres et des arts qui a produit tant d'écrivains et d'artistes illustres ; 2° la révolution religieuse ou réforme qui a provoqué des luttes longues et sanglantes.

Aussi un grand écrivain, Voltaire, a-t-il dit que ce siècle était comme une robe d'or tachée de boue et de sang.

2. La Renaissance. — Après la prise de Constantinople par les Turcs, les savants grecs se réfugièrent en Italie. Ils y reçurent l'accueil le plus empressé. A Florence, l'illustre famille des Médicis leur accorda une hospitalité généreuse. Ces savants répan-

dirent le goût des lettres et des arts. L'imprimerie
fit connaître leurs ouvrages et ceux que nous avaient
laissés les grands écrivains de l'antiquité. Partout se
réveilla le désir de connaître et de s'instruire. C'est à
ce réveil des lettres et des arts qu'on a donné le beau
nom de Renaissance.

3. Le siècle de Léon X. — Un pape, Léon X,
encouragea de sa protection les écrivains, les savants
et les artistes. Aussi a-t-il mérité, comme Périclès et
Auguste, de donner son nom à son siècle.

Le seizième siècle s'appelle le siècle de Léon X.

Parmi les artistes célèbres de cette époque deux
surtout ont conquis une gloire immortelle, Michel-
Ange et Raphaël.

4. Michel-Ange. — Michel-Ange Buonarotti
naquit en 1474, près de la ville d'Arezzo. Dès son enfance il montra pour
le dessin des disposi-
tions extraordinaires.
On raconte qu'il taillait
des pierres et en faisait
de petites statues. Ses
parents le placèrent
chez un grand peintre
de cette époque et à
l'âge de quinze ans, il
surpassait déjà son
maître. Il vint alors
à Florence où Laurent
de Médicis le prit en
amitié et l'engagea à

Fig. 69. — Michel-Ange.

travailler la sculpture. Pour se perfectionner dans
cet art, Michel-Ange s'enferma dans un couvent et
étudia les cadavres humains, que le prieur lui four-
nissait. Il acquit ainsi une habileté remarquable.

5. Michel-Ange à Rome. — Sa renommée
fut si grande que le pape Jules II, l'appela à Rome et
en fit son ami. Il lui confia le soin d'élever son

mausolée. La statue de *Moïse,* qui le décore, est une des plus belles œuvres de la sculpture. Jules II, plein d'admiration, chargea le grand artiste d'orner de peintures une chapelle du Vatican appelée la chapelle Sixtine. Michel-Ange s'enferma pendant deux ans dans le Vatican et acheva cette œuvre grandiose que nous admirons encore aujourd'hui.

6. Michel-Ange architecte.—Après avoir produit ces chefs-d'œuvre dans la sculpture et dans la peinture, Michel-

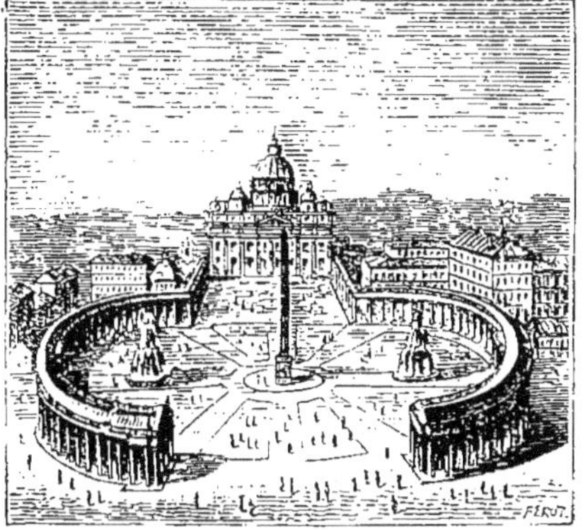

Fig. 70. — L'église Saint-Pierre.

Ange se fit architecte à l'âge de quarante ans. Dans cet art nouveau il atteignit aussi à la perfection. Pendant dix-sept ans il travailla à l'église de Saint-Pierre qui est la plus grande et la plus belle église du monde.

7. Mort de Michel-Ange. — Les travaux n'avaient pas rendu Michel-Ange insensible aux malheurs de sa patrie. Déjà il avait défendu Florence contre les attaques de l'empereur d'Allemagne, Charles-Quint. Pendant le siège de cette ville il s'était montré aussi habile ingénieur et aussi bon patriote qu'il était grand artiste. Plus tard, quand sa patrie eut perdu son indépendance, il éprouva une vive douleur qu'il exprima en des vers admirables.

Michel-Ange vécut jusqu'à un âge fort avancé, il avait près de quatre-vingt-dix ans quand il mourut. Dans ses dernières années, il était devenu aveugle et il aimait à toucher de ses mains ces magnifiques statues que ses yeux ne pouvaient plus voir. Il a laissé le souvenir de l'artiste le plus original et le plus puissant qu'ait produit la Renaissance. Son œuvre la plus admirée est la fresque de la chapelle Sixtine, *le Jugement dernier*, la plus vaste peinture qui existe.

8. Raphaël. — Michel-Ange fut peut-être dépassé, dans l'art de la peinture, par son contemporain Raphaël.

Raphaël Sanzio, naquit à Urbin en 1483. Son père qui était peintre, l'initia de bonne heure aux secrets de son art. L'enfant fit de rapides progrès et se perfectionna en étudiant les tableaux des trois maîtres les plus célèbres de son temps : le Pérugin, Léonard de Vinci et Michel-Ange. Il admirait si vivement les dessins de ce dernier qu'il remerciait Dieu de l'avoir fait naître après ce grand artiste. Sa réputation commença à Florence

Fig. 71. — Raphaël.

et elle grandit si vite que Jules II l'attira à Rome.

9. Les peintures du Vatican. — Jules II le chargea de décorer les salles du Vatican. Il y peignit, en trois années, quatre magnifiques compositions qui le placèrent au niveau de Michel-Ange. Raphaël voulut le dépasser : il représenta dans l'église de Sainte-Marie les mêmes sujets que Michel-Ange avait dessinés dans la chapelle Sixtine. Cette peinture fut en effet supérieure pour la beauté et la grâce des figures et pour l'éclat des couleurs.

10. Mort de Raphaël. — Ce peintre si parfait se distingua aussi dans l'architecture : il fit construire au Vatican la *Cour des loges*, remarquable par l'élégance de ses galeries. Il peignit encore de nombreux tableaux dont quelques-uns, tels que la *Sainte-Famille* et *la Vierge*, sont au musée du Louvre. Malheureusement sa santé fut épuisée par son travail et par son génie ; il mourut à la fleur de l'âge et dans toute la force de son talent : il n'était âgé que de trente-sept ans !

Si Michel-Ange fut grand surtout par la force et la vigueur de ses conceptions, Raphaël fut supérieur par la grâce et par la perfection de ses œuvres.

LECTURE. — **Histoire d'un tableau de Raphaël.**

Un des plus beaux tableaux de Raphaël, *le Christ portant sa croix*, a eu les destinées les plus extraordinaires. Le peintre l'avait exécuté pour le couvent de Sainte-Marie de Palerme. Le bâtiment qui portait ce chef-d'œuvre en Sicile fit naufrage. Tout ce qu'il renfermait périt, à l'exception d'une caisse que les flots portèrent sur la côte de Gênes. Les pêcheurs, qui l'aperçurent, mirent une barque à la mer et ramenèrent la caisse dans le port, où elle fut ouverte. On y trouva le tableau de Raphaël : les vents et la mer l'avaient respecté ; il était intact.

Cependant les religieuses de Palerme apprirent que leur tableau avait été sauvé du naufrage ; elles le réclamèrent. Les Génois, ravis de posséder un tel chef-d'œuvre, refusèrent d'abord de le rendre. Ils ne consentirent à la restitution que sur les prières du pape.

Le tableau fut placé dans le couvent de Sainte-Marie de Palerme et fut visité, comme une curiosité, par tous les voyageurs. Un jour le roi d'Espagne, Philippe IV, vit cette merveille, et, plein d'admiration, il résolut de la posséder à tout prix. Comme les religieuses refusaient de céder, il fit une nuit enlever le tableau par des voleurs et l'envoya en Espagne. Vainement les religieuses réclamèrent: Le roi refusa de le rendre : il indemnisa le couvent en lui payant une forte pension tous les ans.

Ce tableau fut envoyé à Paris, pendant la guerre d'Espagne par les généraux de Napoléon, et resta six ans dans notre musée du Louvre ; mais en 1816, il fut rendu et placé dans la galerie royale de Madrid, dont il est encore le plus bel ornement.

EXERCICES ORAUX ET ÉCRITS.

1. **Explication des mots.** — *Renaissance des lettres*, c'est-à-dire réveil du goût pour les productions de l'esprit. — *Révolution*, changement. — *Antiquité*, les temps anciens (les Grecs et les Romains). — *Prieur*, le premier, le directeur d'un couvent. — *Mausolée*, tombeau. — *Fresque*, peinture sur les murs. — *Vatican*, palais habité par le pape.

2. **Explication des noms géographiques.** — *Constantinople*, ancienne capitale de l'empire romain d'Orient, fut prise par les Turcs en 1453.— *Florence, Arezzo, Urbin*, villes d'Italie.

3. **Questionnaire.** — Par quoi le seizième siècle est-il remarquable? — Qu'entend-on par renaissance des lettres? — Qu'est-ce qui l'a favorisée ? — Qui a donné son nom au seizième siècle? — Quels sont les deux plus grands artistes de cette époque? — Où est né Michel-Ange ? — Que fit-il dans sa jeunesse? — Comment se perfectionne-t-il dans la sculpture? — Quel pape l'appela à Rome? — Quels travaux y fit-il?— Quelle chapelle du Vatican a-t-il ornée de peintures? — Michel-Ange était-il architecte?—A quelle église a-t-il travaillé ?—N'était-il pas aussi ingénieur? et aussi poète? Prouvez-le ?—A-t-il vécu longtemps?—Que

faisait-il dans sa vieillesse?—Quelle est son œuvre la plus admirée?—Qui a égalé et peut-être surpassé Michel-Ange dans l'art dela peinture?—Où est né Raphaël?—Quels furent ses maîtres?—N'essaya-t-il pas de dépasser Michel-Ange?—Que fit-il?—Réussit-il?—Avons-nous au Louvre des tableaux de Raphaël?—Lesquels?—A quel âge est-il mort?

4. **Devoir à rédiger.**—Racontez la vie de Michel-Ange et de Raphaël.

DEUXIÈME RÉCIT. — **BERNARD PALISSY.**

LEÇON.

1. La France, après l'Italie, produisit des hommes remarquables dans les lettres et dans les arts.

2. Un des grands artistes du seizième siècle fut Bernard Palissy, surnommé le *potier d'Agen.*

3. Palissy, après de longues recherches découvrit le secret d'émailler l'argile que les Italiens seuls connaissaient.

4. Il mourut, victime des guerres religieuses, dans la prison de la Bastille, à l'âge de quatre-vingts ans.

RÉCIT.

1. La Renaissance en France. — Les grands artistes dont nous avons raconté l'histoire étaient Italiens. La France produisit aussi des hommes remarquables dans les lettres et les arts. Le roi François Ier leur accorda sa protection et il mérita le titre de *Père des lettres.* C'est à cette époque que Calvin et Rabelais firent paraître leurs ouvrages que Marot et Ronsard écrivirent leurs charmantes poésies; que Philibert Delorme construisit le magnifique château des Tuileries.

Fig. 71. — François Ier.

Un des artistes les plus célèbres de ce temps fut Bernard Palissy, surnommé le *Potier d'Agen.*

2. Le potier. — Le potier est l'ouvrier qui travaille l'argile et en façonne ces coupes, ces vases, ces plats qui servent à notre usage ou qui sont précieusement conservés comme des objets d'art.

De tout temps on a travaillé l'argile. On a d'abord fabriqué les briques pour la construction des maisons, puis les poteries communes.

Certains peuples dans l'antiquité, tels que les Grecs, les Etrusques, les Romains étaient très habiles dans la préparation de ces poteries. Nous possédons dans nos musées des vases anciens fort remarquables.

Plus tard, le travail de la poterie fit de grands progrès. Les Chinois, les Perses, les Arabes découvrirent l'art d'enduire l'argile d'une couche luisante, sorte de vernis inaltérable, qui s'appelle l'émail.

En Europe, les Italiens furent les premiers qui surent émailler l'argile. C'est dans la petite ville italienne de Faënza qu'était la plus célèbre fabrique : de là est venu le nom de *Faïence* donné aux poteries émaillées.

Fig. 72. — Poterie chinoise.

En France, ce fut Bernard Palissy qui découvrit le secret de l'émail; mais au prix de quel travail et de quelle persévérance ce grand artiste fit-il sa découverte !

3. Bernard Palissy. — C'est dans un petit village du pays d'Agen que naquit Bernard Palissy, vers l'an 1500. Ses parents étaient pauvres, et de bonne heure il dut travailler pour gagner sa vie. Aussi n'apprit-il à lire et à écrire qu'à l'âge de seize ans. Son goût le portait vers l'étude ; mais forcé d'apprendre un état, il se fit vitrier. Son ambition était de fabriquer ces beaux vitraux des églises qu'il ne pouvait voir sans admiration. Il étudia alors le

Fig. 73. — Bernard Palissy.

dessin, l'architecture. Puis, toujours désireux de voir et de s'instruire, il fit son tour de France, à pied, le sac sur le dos, travaillant dans les villes pour gagner quelque argent. Il admirait tous les chefs-d'œuvre qu'il rencontrait, mais c'est la nature surtout qui fut son maître : « Je n'ai pas eu d'autre livre, dit-il, que le ciel et la terre, lequel est connu de tous, et est donné à tous de connaître et de lire ce beau livre. »

4. Palissy et le secret de l'émail. — Un jour, un seigneur, nommé Antoine de Pons, lui fit cadeau d'une coupe de faïence émaillée qui venait d'Italie. Palissy fut frappé d'admiration. Il résolut de découvrir le secret de l'émail.

5. Énergie de Palissy. — Désormais commença un travail opiniâtre, une lutte qui dura seize ans et que rien n'arrêta, ni les misères, ni la maladie, ni les déceptions. Vainement Palissy pile ensemble toutes les substances qu'il croit propres à produire l'émail ; vainement il fait cuire ses substances dans un four qu'il construit lui-même. Tantôt le four est trop chaud, et tout brûle ; tantôt il ne l'est pas assez, et rien ne fond. Les années se passent, les faibles ressources de Palissy s'épuisent. Les ouvriers se moquent de lui : « Vous n'arriverez jamais à rien avec toutes vos pâtes, lui dit-on ; reprenez votre ancien métier. »

6. Palissy trouve le secret. — Rien ne décourage ce chercheur opiniâtre. La misère arrive. Il tente enfin une expérience qui doit être décisive ; mais le bois manque pour chauffer le four. Bernard court dans son jardin, en arrache toutes les palissades qui sont réduites en cendres ; puis il s'élance dans sa maison, prend les meubles, les portes, les fenêtres et tout ce qu'il trouve de combustible. Il est là devant le fourneau, anxieux, haletant, lorsque tout à coup il aperçoit l'émail qui se liquéfie et couvre les poteries d'un brillant vernis.

Palissy avait découvert l'art d'émailler l'argile ! Il était temps, car cet infatigable travailleur était à bout de forces. « J'étais, a-t-il dit dans ses mémoires, tout tari et desséché, à cause du labeur et du fourneau ; il y avait plus d'un mois que ma chemise n'avait pas séché sur mon corps, et je pensais entrer jusqu'à la porte du sépulcre. »

7. Travaux de Bernard Palissy. — Désormais Palissy connut le bonheur et la gloire. Les plus grands seigneurs admirèrent ses travaux. Le connétable Anne de Montmorency chargea l'habile artiste de décorer son château d'Ecouen, dans les environs de Paris. La reine, Catherine de Médicis, et son fils, le roi Charles IX, l'appelèrent à Paris et lui confièrent les embellissements du château des Tuileries. En même temps Palissy apprenait aux autres ce qu'il avait eu tant de peine à trouver lui-même. Il écrivait des livres, il faisait des conférences, et pour mieux instruire ses auditeurs

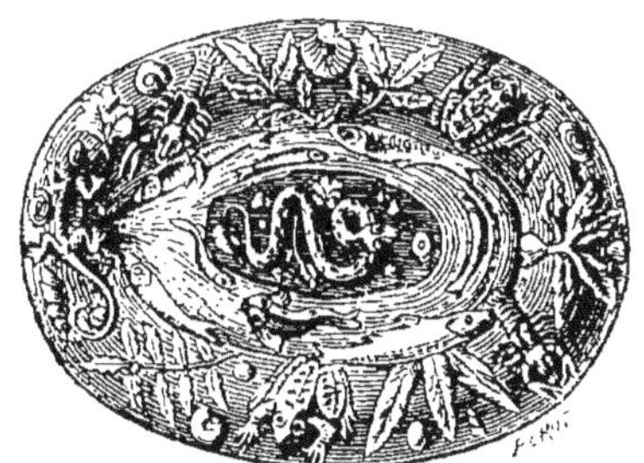

Fig. 74. — Un plat de Palissy.

il leur montrait toujours des échantillons des choses dont il leur parlait ; et il réunissait ainsi une première collection d'histoire naturelle. Il recommandait surtout l'étude de la nature et il aimait à répéter ces mots : « La terre serait bénie si l'homme savait y travailler. »

8. Malheurs et mort de Palissy. — Il était dans la destinée de ce grand homme de subir toutes les épreuves et de couronner sa belle vie par le martyre. La France était alors désolée par les querelles religieuses. Catholiques et protestants se faisaient une guerre sans pitié.

Dans la nuit de la Saint-Barthélemy, tous les protestants furent massacrés dans Paris, par ordre de Catherine de Médicis.

Palissy qui était protestant aurait dû périr ; mais averti du massacre il put fuir avec sa famille et se réfugier à Sedan.

Mais la persécution recommença : Palissy fut invité à abjurer sa religion, et, comme il refusa, il fut jeté, à l'âge de quatre-vingts ans, dans les cachots de la Bastille. Il y mourut de douleur.

LECTURE. — **Une visite du roi Henri III à Bernard Palissy.**

Le roi Henri III vint visiter un jour Bernard Palissy dans sa prison de la Bastille. Il chercha à obtenir sa conversion par des menaces. « Il y a quarante-cinq ans, lui dit-il, que vous êtes au service de ma mère et au mien. Nous avons fait tout ce que nous avons pu pour vous sauver. Mais maintenant je suis forcé de vous livrer à vos ennemis, et demain vous serez mort si vous ne vous convertissez. »

Palissy lui répondit :

« Sire, je suis prêt à donner mon reste de vie pour l'honneur de Dieu. Vous m'avez plusieurs fois dit que vous aviez pitié de moi, et moi j'ai pitié à mon tour de vous, qui avez prononcé ces mots : « *Je suis forcé.* » Ce sont là des paroles que personne, ni vous ni votre peuple, ne pourra jamais me faire prononcer, car je sais mourir. »

Et l'héroïque vieillard refusa de renier sa foi.

Cet homme admirable qui avait doté la France d'une de ses plus belles industries, mourut comme un criminel dans le sombre cachot de la Bastille !

EXERCICES ORAUX ET ÉCRITS.

1. Explication des mots. — *Argile*, terre grasse qui sert à la fabrication des poteries. La terre fine qu'on emploie pour les porcelaines s'appelle kaolin. — *Étrusques*, ancien peuple de l'Italie qui habitait la

Toscane actuelle.— *Combustible*, matière qui peut brûler. — *Se liquéfier*, c'est-à-dire devenir liquide. — *Bastille*, château fort construit par le roi Charles V. Il a servi de prison jusqu'en 1789, époque où il a été pris et démoli par le peuple.

2. **Explication des noms géographiques.** — *Agen*, chef-lieu du Lot-et-Garonne. — *Faënza*, ville d'Italie. — *Sedan*, dans le département des Ardennes.

3. **Questionnaire.** — Quel roi de France protégea les lettres et les arts au seizième siècle? — Citez les noms de quelques écrivains ou artistes remarquables de cette époque? — Quel était le surnom de Bernard Palissy? — Qu'est-ce qu'un potier? — Avec quoi fabrique-t-on les poteries? — D'où vient le mot de faïence? — Qu'est-ce qu'une faïence? — Quel est le secret que chercha Palissy? — Comment cette idée lui vint-elle? — Qu'avait-il fait dans sa jeunesse? — Trouva-t-il facilement le secret de l'émail? — Que fit-il dans une dernière tentative? — Palissy fut-il célèbre à son époque? — Quel roi a-t-il connu? — Quel château a-t-il embelli? — Quelles furent ses dernières épreuves? — De quelle religion était-il? — Comment est-il mort?

4. **Devoir à rédiger.** — Racontez la vie de Bernard Palissy.

TROISIÈME RÉCIT. — **GALILÉE.**

LEÇON.

1. Galilée, né à Pise en 1564, fut un des savants les plus remarquables du seizième siècle.

2. Ses expériences sur le pendule et sur la vitesse des corps le rendirent célèbre : il enseigna avec succès aux universités de Pise et de Padoue.

3. Après avoir inventé le télescope, il étudia le système des astres et il démontra, comme son prédécesseur Copernic, que la terre tourne autour du soleil.

4. Accusé d'hérésie par le tribunal de l'Inquisition, Galilée fut condamné à la prison. Il n'obtint sa liberté qu'en se rétractant. Il mourut en 1642.

RÉCIT.

1. Galilée. — Le seizième siècle qui a produit tant de grands artistes a vu aussi naître des savants illustres : parmi eux, il faut citer Galilée.

Galilée naquit à Pise, en Italie, vers l'année 1564.

Son père le destina d'abord à la médecine. Mais le jeune étudiant de l'université de Pise s'adonna surtout à l'étude des sciences mathématiques et physiques et y révéla de grandes qualités.

2. Le pendule. — Une des qualités du savant, c'est l'esprit d'observation. Galilée remarquait tout. Un jour qu'il était dans l'église de Pise, il vit qu'une lampe suspendue à la voûte était en mouvement; il observa que les oscillations de cette lampe étaient d'égale durée. Aussitôt il eut l'idée d'inventer le pendule qui devait servir plus tard à régler le mouvement des horloges et à mesurer le temps.

3. Expérience de la tour de Pise. — Le jeune savant ne tarda pas à se faire connaître. Aussi à peine âgé de vingt-huit ans il était nommé professeur de mathématiques à l'université de Pise. Il continua ses recherches scientifiques; et il enseigna courageusement ce qui lui parut être la vérité sans craindre de combattre les erreurs ou les préjugés.

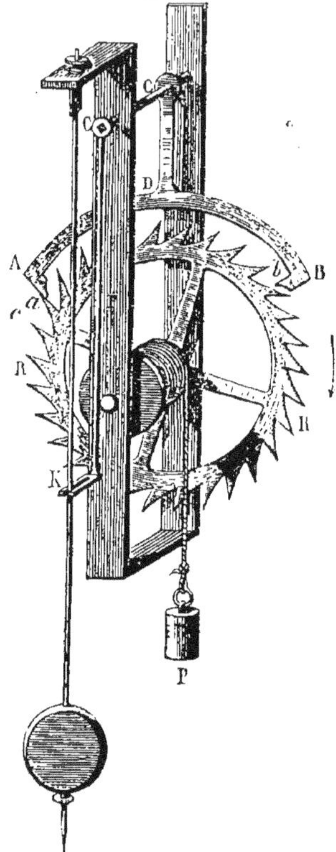

Fig. 75. — Un pendule.

Ainsi, on croyait à cette époque qu'un corps tombe à terre d'autant plus vite qu'il est plus lourd.

Galilée prouva que ce principe était faux.

Il fit une expérience sur la célèbre tour penchée de Pise. Il laissa tomber des corps inégalement pesants, et ces corps tombèrent avec la même rapidité. Mais il remarqua qu'un corps plus volumineux tombe moins vite, à cause de la résistance de l'air, qu'un corps plus petit. Aussi il conclut que la vitesse d'un corps dépend, non de son poids, mais de son volume.

Cette dangereuse franchise, dans la recherche de la vérité, fit à Galilée de nombreux ennemis ; il dut quitter sa patrie et se retira à Venise.

4. Galilée défend le système de Copernic. — A cette époque, un savant polonais, Copernic, de Thorn, venait d'exposer sur le système du monde des

Fig. 76. — La tour de Pise.

idées contraires à toutes celles qui étaient admises. On croyait que la terre était immobile au centre de l'univers, que le soleil et les autres astres tournaient autour d'elle. Au contraire, Copernic pensait que le soleil était immobile, et que c'étaient la terre et les planètes qui tournaient autour de lui.

Galilée comprit, un des premiers, que Copernic avait découvert la vérité, et il chercha à le prouver.

5. La lunette de Galilée. — En 1609, Galilée, devenu professeur à Padoue, parvint à fabriquer une lunette ou télescope qui lui permit d'observer les astres. Il vit alors un spectacle merveilleux : il remarqua que la lune était couverte de montagnes et coupée de vallées ; que certaines planètes tournent autour d'autres planètes, dont elles sont les satellites. C'est ainsi qu'il révéla l'existence des quatre satellites de la planète Jupiter. Les sénateurs de Venise, émerveillés, admirèrent les astres nouveaux que Galilée avait découverts dans le ciel.

6. Condamnation de Galilée. — La renommée du savant fut si grande que le duc de Toscane le rappela à Florence et le combla de faveurs.

7.

Mais Galilée, par ses recherches hardies, allait s'attirer d'autres persécutions. Sa théorie nouvelle, exposant que la terre tournait autour du soleil, fut condamnée par l'Église comme « absurde et hérétique. »

A cette époque, il fallait avoir un véritable courage pour soutenir une opinion rejetée par l'Église. Un tribunal redoutable, appelé l'Inquisition, condamnait à des peines très dures ceux qui étaient accusés d'hérésie.

Fig. 77. — Un télescope.

Galilée fut obligé de comparaître à Rome, devant ce tribunal. Il fut condamné, malgré son grand âge, à la prison perpétuelle.

7. Mort de Galilée. — Le malheureux vieillard n'obtint de revenir à Florence, qu'à la condition d'abjurer ce qu'on appelait son erreur.

Fig. 78. — Jupiter et ses satellites.

A Florence, il fut surveillé, éloigné de ses amis et de ses élèves, enfermé dans une maison de campagne. L'Inquisition ne lui laissa de liberté que lorsqu'elle n'eut plus rien à craindre de lui. En effet, Galilée était devenu aveugle, à l'âge de soixante-quatorze ans. Il mourut, quatre ans après, en 1642.

Galilée n'a pas été seulement un savant illustre ; il fut aussi un philosophe remarquable et un écrivain dont les ouvrages sont devenus classiques.

LECTURE. — Galilée et le tribunal de l'Inquisition.

Galilée a été une victime de l'intolérance religieuse. En 1615 l'illustre savant avait enseigné pour la première fois, d'après le système de Copernic, que la terre tourne autour du soleil. Le tribunal de l'Inquisition le fit venir à Rome et lui défendit de professer une doctrine qui « était absurde, parce qu'elle est contraire aux Écritures. » Galilée se résigna à garder le silence.

Mais dix-huit ans plus tard, croyant pouvoir dire la vérité, il soutint ces théories sur les mouvements de la terre. Cette fois l'Inquisition plus cruelle le condamna à une prison perpétuelle.

Le malheureux vieillard dut prononcer à genoux l'abjuration suivante : « Moi, Galilée, dans la soixante-neuvième année de mon âge, ayant devant les yeux les Saints Évangiles que je touche de mes propres mains, j'abjure, je maudis et je déteste l'erreur et l'hérésie du mouvement de la terre. »

On raconte que, en quittant le tribunal, il s'écria : « Et pourtant la terre tourne ! » Il n'est pas certain que Galilée ait prononcé ces paroles ; mais elles expriment bien un sentiment que le savant astronome avait dû éprouver. Sa conscience ne devait-elle pas protester contre la violence qui lui était faite ?

EXERCICES ORAUX ET ÉCRITS.

1. Explication des mots. — *Oscillation*, mouvement régulier d'un corps suspendu dans l'air. — *Préjugé*, croyance dont on n'a pas démontré la vérité et qui peut être fausse. — *Planète*, astre qui tourne autour du soleil. La terre est une planète. — *Satellite*, planète qui tourne autour d'une autre : la lune est le satellite de la terre.

2. Explication des noms géographiques. — *Pise, Venise, Padoue, Florence, Rome*, villes d'Italie. — *Thorn*, était autrefois une ville de la Pologne, aujourd'hui à la Prusse. — *Tour de Pise*, c'est une des merveilles de cette ville. La tour penchée est haute de 59 mètres, et elle est inclinée de 5 mètres.

3. Questionnaire. — Qu'est-ce qu'un savant ? — Qu'est-ce qu'un mathématicien, un physicien, un astronome ? — Citez le nom d'un grand savant du seizième siècle ? — Où est-il né ? — Que remarqua-t-il dans l'église de Pise ? — Qu'est-ce que le pendule ? — Quelle expérience fit-il sur la tour penchée de Pise ? — Que prouva-t-il ? — Pourquoi Galilée quitta-t-il Pise ? — Où alla-t-il ? — De quel savant étudia-t-il les théories ? — Que disait ce savant ? — Quel instrument Galilée inventa-t-il pour étudier les astres ? — Que découvrit-il ? — Qu'est-ce qu'une planète, un satellite ? — De quel astre la terre est-elle la planète ? — Cette théorie sur le mouvement de la terre fut-elle acceptée ? — Qui la combattit ? — Quel tribunal condamna Galilée ? — Quand est mort ce savant ?

4. Devoir à rédiger. — Dites quelles ont été les principales découvertes de Galilée.

QUATRIÈME RÉCIT. — SHAKSPEARE.

LEÇON.

1. Le plus grand poète dramatique de l'Angle-terre fut William Shakspeare.

2. Il naquit en 1564, à Stratfort. Il fut d'abord comédien et souffleur dans un théâtre, puis il composa des drames.

3. Il acquit bientôt une grande renommée : la reine Elisabeth le combla de faveurs.

4. Les drames de Shakspeare, dont les principaux sont *Othello, Hamlet, Macbeth*, révèlent une puissance de conception extraordinaire. Le poète a su exprimer avec force toutes les passions humaines.

5. Shakspeare mourut en 1616. Son nom est populaire en Angleterre.

RÉCIT.

1. William Shakspeare. — Le plus grand poète du seizième siècle fut l'Anglais William Shakspeare.

Il naquit en 1564, à Stratford, sous le règne de la glorieuse reine Elisabeth. L'histoire de son enfance est peu connue. On sait que, jeune encore, il fut obligé de s'enfuir à Londres pour éviter la colère d'un seigneur anglais qu'il avait offensé. Dénué de toutes ressources, il s'engagea, pendant le voyage, dans une troupe de comédiens ambulants. Il conçut bientôt l'idée de composer des pièces pour le théâtre, et, après avoir été acteur, il voulut être poète.

Fig. 79. — Shakspeare.

2. Ses premiers drames. — Mais les débuts du

poète furent difficiles. Personne ne voulait jouer ses pièces. Il fut réduit par la misère à garder, à la porte des théâtres, les chevaux des spectateurs. Plus tard, il devint souffleur, puis comédien. Il parvint enfin à faire jouer un de ses drames par un directeur de théâtre. Le succès de ce premier drame, appelé *Henri VI*, fut considérable.

3. Shakspeare et la reine Élisabeth. — Désormais Shakspeare obtint la fortune et la gloire. La reine Elisabeth, qui encourageait de ses faveurs tous les hommes illustres de son temps, voulut voir le poète. Elle l'admit dans son intimité. Shakspeare écrivit pour elle ses drames les plus émouvants. On raconte qu'après la représentation du drame d'*Hamlet,* Elisabeth fut si touchée de la beauté de cette pièce qu'elle demanda au poète ce qu'il désirait. Shakspeare demanda la grâce d'un seigneur que la reine avait exilé. Son désir fut aussitôt satisfait.

4. Les œuvres de Shakspeare. — Cet homme de génie travaillait avec une facilité merveilleuse. Chaque année, il écrivait une ou deux pièces pour le théâtre. Aussi son œuvre est considérable. Tantôt il mettait sur la scène les hommes célèbres de l'antiquité, *Jules César, Périclès, Coriolan;* tantôt il rappelait les scènes glorieuses de la guerre de Cent ans, ou les épisodes de la terrible guerre civile appelée la guerre des Deux-Roses, comme dans ses drames de *Henri VI* et de *Richard III;* plus souvent encore il créait des personnages imaginaires, dont les passions tendres ou violentes émouvaient les spectateurs; tels sont les drames de *Hamlet, Othello, Macbeth, Roméo et Juliette,* qui sont ses plus belles créations.

5. Beauté de ses œuvres. — Shakspeare est un génie puissant qui a voulu exprimer toutes les passions qui agitent les hommes. Il excite tour à tour l'attendrissement et l'horreur, l'émotion et l'effroi. Ses personnages sont gracieux ou terribles, quelquefois grossiers ou comiques. Une scène d'*Hamlet* représente un fossoyeur s'amusant avec des crânes de morts.

Ces peintures extraordinaires, qui contrastaient avec la régularité et la mesure des tragédies anciennes ou de nos pièces françaises, expliquent le peu de succès que Shakspeare a obtenu en France jusqu'à nos jours. Mais, aujourd'hui, que ses drames sont mieux connus, ils excitent une admiration universelle.

6. Mort de Shakspeare. — Dans les dernières années de sa vie, Shakspeare s'était retiré dans sa ville natale de Stratford. Il y mourut en 1616. Sa maison fut longtemps le but des pèlerinages de tous les Anglais admirateurs de son génie. On se dispute en Angleterre tout ce qui rappelle son souvenir. On raconte qu'un mûrier qu'il avait planté a servi à fabriquer une foule de petits objets conservés comme des reliques. Enfin, les Anglais lui ont élevé un monument dans l'abbaye de Westminster, où reposent les souverains et tous les grands hommes de l'Angleterre.

LECTURE. — ÉLISABETH et MARIE STUART.

La reine Elisabeth, la protectrice de Shakspeare, a été un des souverains les plus glorieux de l'Angleterre. Elle a créé une puissante marine qui résista à toutes les attaques du roi d'Espagne, Philippe II. Les hardis matelots de la reine firent le tour du monde : Davis découvrit le passage de ce nom, au nord de l'Amérique ; Raleigh explora toute l'Amérique septentrionale. Le commerce et l'industrie furent encouragés. Jamais l'Angleterre n'avait été encore aussi puissante et aussi prospère.

Cependant une tache ternit la gloire d'Elisabeth. C'est elle qui fit périr la reine d'Écosse, Marie Stuart.

Marie Stuart avait été élevée en France et s'était mariée avec François II. Après la mort de ce roi elle dut partir pour l'Écosse. Mais ce n'est qu'à regret qu'elle quitta son doux pays de France.

Appuyée sur la poupe de la galère qui l'emportait, les yeux attachés au rivage et pleins de larmes, elle demeura cinq heures entières dans cette attitude, répétant sans cesse : « Adieu France, adieu France ! » La nuit venue, elle fit étendre un tapis à la même place et s'y coucha, refusant toute nourriture. Au jour naissant, elle aperçut encore un point à l'horizon et s'écria : « Adieu, chère France, je ne vous verrai jamais plus ! » Elle allait pourtant trouver une couronne, mais aussi des chaînes, une captivité de dix-huit ans, et au lieu d'un trône un échafaud.

EXERCICES ORAUX ET ÉCRITS.

1. **Explication des mots.** — *Comédien ambulant*, qui va jouer la comédie de ville en ville. — *Acteur*, même sens que comédien. — *Souffleur*, celui qui au théâtre vient en aide à la mémoire des acteurs. — *Drame*, pièce de théâtre.

2. **Explication des noms géographiques.** — *Stratford-sur-Avon*, ville d'Angleterre, dans le comté de Warwick.

3. **Questionnaire.** — Qu'est-ce qu'un poète dramatique? — Quel est le plus célèbre de ces poètes en Angleterre? — A quelle époque vivait-il? — Sous quel règne? — Que fit-il pendant sa jeunesse? — Quel fut son premier drame? — Quel drame fit-il jouer devant la reine Elisabeth?— Quelle faveur cette reine lui accorda-t-elle? — Quels sont les principaux drames de Shakspeare? — A-t-il représenté quelques grands hommes de l'antiquité? — Quelle partie de l'histoire d'Angleterre a-t-il surtout empruntée pour son théâtre? — Quel est le caractère de l'œuvre du poète? — Pourquoi a-t-il été si tard populaire en France? — Est-il populaire en Angleterre? — Prouvez-le.

4. **Devoir à rédiger.** — Dites ce que vous savez de la vie de Shakspeare.

CINQUIÈME RÉCIT. — LES GUERRES DE RELIGION. — HENRI IV.

LEÇON.

1. **La réforme provoqua au seizième siècle les guerres religieuses qui éclatèrent en Europe. En France l'épisode le plus odieux de ces guerres fut le massacre de la Saint-Barthélemy.**

2. **Henri IV, le pacificateur de la France, naquit au château de Pau. Chef des protestants, il se distingua par sa bravoure à Arques et à Ivry. Sa conversion lui ouvrit les portes de Paris.**

3. **Maître du royaume, il mit fin aux guerres religieuses par l'édit de Nantes (1598).**

4. **Aidé de son habile ministre Sully, ce roi rendit à la France sa prospérité par un sage gouvernement. Il mourut en 1610 assassiné par un misérable fanatique nommé Ravaillac.**

RÉCIT.

1. La réforme. — Le seizième siècle serait une des plus belles époques de l'histoire s'il n'avait produit que les hommes remarquables qui ont illustré les lettres, les sciences et les arts.

Mais ce fut aussi un temps de troubles religieux et de guerres sanglantes qui désolèrent la France et la plus grande partie de l'Europe.

Ces guerres furent provoquées par la réforme religieuse qui fut prêchée en Allemagne par le moine Luther, et, en France, par Calvin.

On appela luthériens, calvinistes, huguenots, ou mieux encore du nom général de protestants, tous ceux qui se séparèrent de la religion catholique et adoptèrent les principes de la réforme.

2. Les guerres de religion. — A cette époque, les hommes n'étaient pas animés de ce sentiment généreux, appelé la tolérance, qui nous fait respecter les croyances qui ne sont pas les nôtres. Catholiques et protestants se firent une guerre impitoyable.

En Angleterre la protestante Élisabeth fit mourir la catholique Marie Stuart. En Espagne, le roi Philippe II faisait condamner à mort par le tribunal de l'Inquisition tous ceux qui étaient accusés d'hérésie. En Allemagne, l'empereur Charles-Quint passa son règne à combattre les armes à la main tous les partisans de Luther.

Enfin, en France, les guerres religieuses furent plus terribles encore, elles ensanglantèrent les règnes des trois derniers Valois, François II, Charles IX et Henri III.

3. La Saint-Barthélemy. — L'épisode le plus odieux de cette lugubre époque fut le massacre de la Saint-Barthélemy. Dans la nuit du 24 août 1572 la cloche de l'église de Saint-Germain l'Auxerrois à Paris se mit en branle, le tocsin retentit dans toutes les églises. Aussitôt les protestants furent massacrés, leurs maisons pillées et brûlées. Le brave amiral Coligny fut tué par ordre du duc de Guise. Les assassins n'épargnèrent ni les femmes, ni les enfants. Les cadavres étaient traînés dans la boue et jetés à la Seine.

Charles IX, excité par les perfides conseils de sa mère, Catherine de Médicis, avait dit dans un accès de colère : « Puisque vous voulez tuer les protestants, tuez-les tous ! »

4. Michel L'Hôpital. — Ces crimes horribles excitèrent l'indignation de quelques hommes de cœur. C'est ainsi que le chancelier Michel de l'Hôpital, noble et généreux caractère, avait prêché l'union et la tolérance. « Le couteau, disait-il, ne vaut rien contre l'esprit. » Mal-

Fig. 80. — Michel L'Hôpital.

heureusement ses conseils n'avaient pas été écoutés.

Il était réservé à un grand roi de faire triompher ces principes de tolérance et de mettre fin aux guerres religieuses.

Ce roi fut Henri IV.

5. Henri IV. — Henri IV naquit au château de Pau, en Béarn, au moment où commençaient les guerres de religion. Il était fils d'Antoine de Bourbon, roi de Navarre et de Jeanne d'Albret. Quand il vit le jour, son grand-père, Henri d'Albret, le prit dans ses bras, lui frotta les lèvres d'une

Fig. 81. — Henri IV.

gousse d'ail et lui fit boire quelques gouttes de vin

de Jurançon. Le trouvant robuste et bien constitué, il le fit élever à la béarnaise.

Cet enfant, qui devait être roi, se levait de grand matin, faisait de longues courses à pied, s'exposait au soleil et à la pluie, comme les jeunes paysans, et couchait sur la dure. A ce métier, son corps devint alerte et agile, son esprit hardi et entreprenant. Il apprit à connaître le peuple en vivant avec lui, il s'habitua à ces manières affables et à ce langage familier qui lui ont donné tant d'amis et qui le rendent encore si populaire.

6. Éducation de Henri IV. — Jeanne d'Albret, sa mère, joignit à ces exercices une instruction solide et variée. Elle ne voulut pas que son fils fût un illustre ignorant. Elle lui donna un bon et sage précepteur à qui elle remit toute son autorité, disant à son fils : « Je ne vous ai donné que la vie ; mais votre instituteur vous apprendra à bien vivre, ce qui est préférable. »

7. Henri IV, chef des protestants. — Henri IV fut élevé dans la religion protestante, qui était celle de sa mère, et, dès l'âge de quinze ans, il prit part à la guerre religieuse. Il se signala par son vaillant courage. Au combat d'Arques il eut deux chevaux tués sous lui et mit l'ennemi en déroute. Au combat d'Ivry, où il fut encore vainqueur, il prononça ces belles paroles : « Compagnons, si vous perdez vos cornettes, enseignes et guidons, ralliez-vous à mon panache blanc ; vous le trouverez au chemin de la victoire et de l'honneur. »

8. Générosité de Henri IV. — Ce roi fut aussi généreux que brave. Il avait mis le siège devant Paris. Cette ville fut réduite à la plus terrible famine. Les Parisiens mangeaient les chiens, les chats, l'herbe des rues. Un homme et un chien se battirent en pleine rue à qui dévorerait l'autre ; une mère fit saler par sa servante et essaya de manger ses deux petits enfants morts de faim.

Ces tristes nouvelles excitèrent la pitié du roi. « J'aimerais mieux n'avoir point de Paris, disait-il, que de l'avoir ruiné par la mort de tant de personnes. » Un jour, il rencontra des paysans que ses soldats avaient surpris introduisant une charrette de pain, et qu'ils menaient à la potence. Il les délivra, leur donna quelque argent, et leur dit : « Le Béarnais est pauvre ; s'il avait plus, il vous le donnerait. »

9. Conversion de Henri IV. — Le roi comprit que pour pacifier le royaume il devait adopter la religion catholique qui était celle de la majorité des Français. Il fit sa conversion avec cette bonne humeur gasconne qui ne l'abandonnait jamais, même dans les circonstances les plus sérieuses de sa vie. « Paris, dit-il, vaut bien une messe. »

10. Henri IV à Paris. — Les Parisiens résolurent alors de se rendre. Henri IV fit son entrée

Fig. 82. — Entrée de Henri IV à Paris.

dans la ville sans effusion de sang. Il pardonna à tous et laissa même sortir les soldats espagnols qui l'avaient combattu. « Bon voyage, messieurs, leur dit-il avec ironie, mes compliments à votre maître ; mais n'y revenez plus ! »

11. Henri IV, pacificateur de la France. — Henri IV n'eut plus d'autre souci que de rendre la paix à la France. Il mit fin aux guerres religieuses par l'*édit de Nantes* qui accordait à tous les protestants la liberté de conscience et de culte.

12. Henri IV et Sully. — Le roi travailla à panser les plaies de la guerre et à rendre le royaume heureux et prospère. « Si Dieu me donne vie, disait-il, je ferai qu'il n'y aura pas de laboureur en mon royaume qui n'ait moyen d'avoir une poule dans son pot. »

Henri IV fut aidé dans cette tâche par le duc de Sully.

Cet habile ministre mit l'ordre dans les finances de la France et les releva par une sage économie. Il protégea l'agriculture : il fit construire des routes, creuser des canaux, élever des digues le long des rivières torrentueuses, et combattit la routine et l'ignorance en faisant connaître aux campagnes par de bons livres et de bons exemples les méthodes de culture les plus raisonnables.

Sous ce bon gouvernement la France respira et commença à oublier ses malheurs.

13. Mort de Henri IV. — Ce roi qui avait mis fin aux guerres religieuses mourut victime du fanatisme religieux.

Fig. 83. — Sully.

Le vendredi, 14 mai 1610. Henri IV allait en carrosse à l'Arsenal pour y voir Sully, lorsqu'un embarras de voitures l'arrêta dans la rue de la Ferronnerie. Un misérable, nommé Ravaillac, en profita pour le percer de deux coups de couteau.

Le peuple rendit justice à cet excellent roi ; il le pleura et garda sa mémoire.

LECTURE. — Le roi Philippe II et le poète Michel Cervantès.

Si le roi Henri IV fut le défenseur de la tolérance religieuse, son contemporain le roi d'Espagne, Philippe II, fut le champion le plus fanatique du catholicisme.

Ce roi avait un caractère sombre et méfiant ; il poursuivait d'une haine implacable tous ceux qui étaient soupçonnés d'hérésie. « J'aimerais mieux, disait-il, ne pas régner que de régner sur des hérétiques. » Il disait encore : « Si mon fils n'était pas catholique, j'allumerais moi-même le bûcher pour le brûler vivant. » Aussi Philippe II fit-il partout la guerre aux nations protestantes. Il fut l'ennemi d'Élisabeth d'Angleterre, du roi de France, Henri IV, des Turcs. Il épuisa l'Espagne par son ambition et par ses guerres continuelles.

Un grand poète, Michel Cervantès, l'auteur du célèbre roman de don Quichotte, vécut sous le règne de Philippe II.

Cervantès, qui naquit en 1547, mena l'existence la plus aventureuse. A vingt-quatre ans il fut blessé au combat de Lépante contre les Turcs et perdit la main droite. Plus tard il fut fait prisonnier par les Turcs et conduit en captivité à Alger. Il essaya, avec ses compagnons, de s'évader. Mais le projet fut découvert et il fut condamné à mourir. Au moment où Cervantès et ses compagnons allaient au supplice, le dey, d'Alger promit la vie sauve à ceux qui révéleraient le nom du prisonnier qui avait été assez audacieux pour préparer le projet d'évasion : « C'est moi, s'écria Cervantès, faismoi mourir et épargne mes compagnons.» Le dey d'Alger, admirant ce beau dévouement, fit grâce à tous les prisonniers.

Cervantès put alors revenir en Espagne où il écrivit dans le repos de ses dernières années l'histoire fabuleuse de don Quichotte.

Don Quichotte est un brave gentilhomme qui court le monde, avec son compagnon *Sancho*

Fig. 84. — Don Quichotte.

Pança, à la recherche de toutes les aventures. Il se bat contre des moulins à vent qu'il prend, dans sa folie imagination, pour des ennemis. Les deux compagnons ont toutes sortes de mésaventures désagréables ou comiques et ils finissent par revenir dans leur village, où, guéris de leur ambition funeste, ils vivent simplement, travaillant à leur petit champ, ce qu'ils auraient toujours dû faire.

Rien n'est amusant comme cette histoire de don Quichotte; rien aussi n'est plus instructif. C'est la plus aimable satire de tous les hommes et de tous les peuples qui ne sont pas contents de leur sort et qui, poussés par l'ambition, se jettent dans les aventures les plus funestes. Mais le roi d'Espagne ne comprit pas la leçon; il fit comme don Quichotte, il voulut pourfendre tout le monde et il finit par conduire l'Espagne à sa ruine.

EXERCICES ORAUX ET ÉCRITS.

1. Explication des mots. — *Luthérien*, vient de Luther; *calviniste*, de Calvin; *huguenot* vient du mot *hidgenosen* qui veut dire confédéré; *protestants*, parce qu'ils avaient protesté contre la religion catholique. — *Chancelier*, le premier magistrat, chef de la justice. — *Édit*, ordonnance du roi. — *Fanatisme*, zèle excessif pour la religion.

2. Explication des noms géographiques. — *Pau*, chef-lieu des Basses-Pyrénées. — *Arques*, Seine-Inférieure. — *Ivry*, Eure.

3. Questionnaire. — Qu'est-ce qui provoqua les guerres religieuses au seizième siècle? — Qu'est-ce que la réforme? — Qui la prêcha en Allemagne et en France? — Quel nom donna-t-on à ceux qui avaient adopté la réforme? — Où éclatèrent les guerres de religion? — Quel en est l'épisode le plus odieux en France? — Racontez-le? — Quel est le chancelier qui désirait la tolérance? — Quel roi mit fin aux guerres religieuses? — Racontez la jeunesse de Henri IV? — Quelle éducation reçut-il? — Donnez quelques preuves de la vaillance et de la générosité de Henri IV. — Que dit-il en se convertissant? — Comment pacifia-t-il la France? — Quel était le ministre de Henri IV? — Que fit-il? Quels furent les résultats de son gouvernement? — Comment est mort Henri IV? — Que faut-il penser de lui?

4. Devoir à rédiger. — Racontez les principaux événements de la vie de Henri IV.

CHAPITRE VII

LE DIX-SEPTIÈME SIÈCLE

PREMIER RÉCIT. — **RICHELIEU.**

LEÇON.

1. Le cardinal de Richelieu, ministre de Louis XIII, releva l'autorité royale affaiblie par les révoltes des protestants, par les conspirations de la noblesse et par les menaces de la maison d'Autriche.

2· Il vainquit les protestants et leur imposa la

paix d'Alais, après le siège mémorable de la Rochelle. Il châtia avec rigueur les révoltes des grands et fit mettre à mort leurs chefs les plus illustres.

3. A l'extérieur, il vainquit l'Autriche et l'Espagne et prépara l'annexion de l'Alsace à la France.

4. Richelieu encouragea les écrivains et les artistes, et fonda l'Académie française. Il mourut en 1642.

RÉCIT.

1. Richelieu. — Après la mort de Henri IV la France retomba dans les désordres et dans les périls. Le nouveau roi, Louis XIII, était trop jeune pour régner ; et la reine, Marie de Médicis, qui prit le gouvernement, manqua d'énergie. Aussi les seigneurs se révoltaient sans cesse et troublaient le pays par les guerres civiles ; les protestants avaient repris les armes. Enfin l'Autriche toute-puissante nous menaçait.

Il était temps qu'un homme habile prît la direction des affaires ; cet homme fut le cardinal Richelieu.

2. Richelieu ministre. — Armand Duplessis, duc de Richelieu, naquit à Paris, en 1585, d'une famille noble, originaire de Poitou. Il fut d'abord destiné à la carrière des armes, puis, il entra dans les ordres, et fut sacré évêque, à l'âge de vingt-deux ans. Député aux états généraux, en 1614, il

Fig. 85. — Richelieu.

se fit remarquer par son éloquence. La reine le nomma son aumônier ; et, plus tard, Louis XIII l'appela au ministère (1624).

Richelieu avait l'âme grande, le caractère inflexible. Il ne pouvait tolérer aucune désobéissance ni aucune révolte. Il voulait que tous, grands et petits, courbassent la tête devant l'autorité royale. Enfin il avait l'ambition de donner à la France le premier rang en Europe. Il réussit, parce qu'il marcha résolument à son but.

3. Richelieu et les protestants. — Richelieu se tourna d'abord contre les protestants qui cherchaient à se rendre indépendants du pouvoir royal. Il assiégea leur capitale, La Rochelle. Cette ville fut héroïquement défendue par son maire, le corsaire Guiton, qui avait juré de se tuer plutôt que de se rendre. Richelieu bloqua la place par terre et par mer, et ferma le port par une vaste digue. La Rochelle, réduite par la famine, capitula.

Le ministre fut généreux après la victoire; il accorda aux protestants la paix religieuse d'Alais (1629).

4. Richelieu et la noblesse. — Richelieu fut impitoyable avec les seigneurs qui, par leurs révoltes, troublaient l'Etat. Il fit démolir leurs châteaux. Le ministre, dans sa rigueur, n'épargna même pas les membres de la famille royale. La mère et la sœur du roi furent condamnées à l'exil.

Les têtes les plus illustres tombèrent sur l'échafaud. Le dernier descendant d'une noble et ancienne famille, le duc de Montmorency, s'était révolté contre l'autorité royale. Il fut vaincu, fait prisonnier et décapité sur la place du Capitole, à Toulouse. Ce malheureux n'avait que trente-deux ans.

5. Richelieu et l'Autriche. — Richelieu, après avoir fortifié le pouvoir royal par ces terribles exemples, releva la France en Europe. Il fit à l'Autriche et à l'Espagne une guerre glorieuse. Il n'eut pas le temps de la terminer; mais, avant de mourir, il eut la joie patriotique de voir la conquête de l'Alsace, de l'Artois et du Roussillon.

6. Richelieu et les lettres. — Richelieu encouragea les lettres ; il fut lui-même un grand écrivain. Il fonda l'Académie française, créa le Jardin des Plantes, fit bâtir le Palais-Royal et l'église de la Sorbonne qui renferme son tombeau.

7. Mort de Richelieu (1642). — Ce grand ministre se montra ferme devant la mort. On lui demanda s'il pardonnait à ses ennemis. « Je n'en ai jamais eu d'autres que ceux de l'Etat, » répondit-il.

Louis XIII suivit de près dans la tombe celui qui avait fait la gloire de son règne.

LECTURE. — **Mort du duc de Montmorency.**

La mort du duc de Montmorency fut résolue dans un conseil tenu entre le roi, le cardinal et son confident, le célèbre père Joseph. Le duc fut remis aux juges du parlement de Toulouse.

La princesse de Condé, sœur de Montmorency, n'épargna aucune démarche pour venir au secours de son frère. Elle lui fit remettre un mémoire pour sa défense. Mais le duc refusa de le lire, disant « qu'il ne voulait pas chicaner sa vie. » La princesse tenta vainement de venir jusqu'à Toulouse pour demander grâce ; l'entrée de cette ville lui fut interdite de la part du roi.

Le duc de Montmorency fut condamné par la commission du Parlement comme criminel de lèse-majesté. Louis XIII était à Toulouse même quand la sentence de mort fut prononcée ; le peuple se porta en foule sous ses fenêtres en criant grâce et miséricorde. Le roi demeura inflexible ; il signa la condamnation à mort, en ordonnant que l'exécution aurait lieu à l'intérieur du palais, mesure de précaution contre le peuple plutôt que de miséricorde. Montmorency fut décapité au pied même de la statue d'Henri IV, son parrain, après avoir demandé pardon au roi de sa révolte. Ses blessures n'étaient pas encore fermées quand sa tête tomba. Ainsi périt à l'âge de trente-deux ans Henri de Montmorency, duc et pair, maréchal et autrefois amiral, petit-fils de quatre connétables et de six maréchaux de France, et dernier rejeton d'une maison féconde en héros.

EXERCICES ORAUX ET ÉCRITS.

1. **Explication des mots.** — *Cardinal*, grand dignitaire de l'Eglise. Ce sont les cardinaux qui élisent le pape. — *Corsaire*, pirate des mers, qui attaque les vaisseaux marchands. — *Académie*, compagnie de savants, d'artistes, de littérateurs.

2. **Explication des noms géographiques.** — *Poitou*, ancienne province, chef-lieu Poitiers. — *La Rochelle*, ville de la Charente-Inférieure. — *Alais*, sous-préfecture du Gard. — *Alsace*, ancienne province, aujourd'hui allemande. — *Artois*, ancienne province, chef-lieu Arras. — *Roussillon*, ancienne province, chef-lieu Perpignan.

3. **Questionnaire.** — Qu'est-ce que Richelieu ? — Que fit-il contre les protestants ? — Quelle ville leur prit-il ? — Que fit-il contre les grands ? — Citez le nom d'un grand seigneur condamné par le ministre ? — Que

fit-il contre l'Autriche ? — Quelles provinces a-t-il conquises ? — Quelles sont les créations de Richelieu ? — Racontez sa mort.

4. **Devoir à rédiger.** — Dites ce que vous savez du cardinal de Richelieu.

DEUXIÈME RÉCIT. — LOUIS XIV.

LEÇON.

1. L'œuvre de Richelieu fut continuée par le cardinal de Mazarin, habile ministre, qui gouverna pendant la minorité de Louis XIV.

2. Louis XIV prit ensuite le gouvernement. La première partie de son règne fut remarquable par les victoires de ses généraux, par d'importantes conquêtes, par les réformes utiles de deux ministres, Colbert et Louvois, et par l'éclat des lettres et des arts. Aussi Louis XIV fut surnommé le Grand.

3. Mais Louis XIV commit des fautes graves dans la seconde partie de son règne. Il persécuta les protestants et fit de nombreuses guerres, injustes ou inutiles. Aussi il ruina la France par son ambition; et à sa mort, le pays, accablé de revers, était tombé dans une extrême misère.

RÉCIT.

1. Mazarin. — L'œuvre de Richelieu fut continuée par le cardinal Mazarin, qui gouverna la France pendant la minorité de Louis XIV. C'était un Italien de beau-

Fig. 86. — Mazarin.

coup d'esprit et qui avait montré, sous Richelieu, une grande habileté dans les négociations. Il était souple et insinuant; il savait tourner les difficultés. Il fut plusieurs fois vaincu ; mais on disait de lui que, comme le liège, il revenait toujours sur l'eau.

Richelieu, au pouvoir, avait représenté la force et la puissance ; Mazarin représenta l'habileté et la ruse.

Cet habile ministre rendit deux grands services à notre pays : il pacifia la France troublée par une guerre civile appelée *la Fronde;* et, il mit fin à la guerre qui durait depuis trente ans avec l'Autriche et l'Espagne, par les deux glorieux traités de Westphalie (1648) et des Pyrénées (1659).

Le premier donnait à la France l'Alsace ; le second, l'Artois et le Roussillon.

En mourant, Mazarin avait le droit de dire que, si son langage n'était pas français, son cœur l'était.

2. Louis XIV. — Après la mort de Mazarin, Louis XIV prit le gouvernement. Il résolut de se passer de premier ministre. Les courtisans étant venus demander à qui désormais ils devraient s'adresser : « A moi seul, » répondit-il.

Ce roi avait une haute idée de son pouvoir ; il voulait tout voir et tout faire par lui-même. Mais il justifia son ambition par un travail assidu et une grande application aux affaires. Pendant

Fig. 87. — Louis XIV.

tout son règne, il travailla huit heures par jour. Mazarin le connaissait bien quand il disait : « Il y a en lui l'étoffe de quatre rois ! »

3. Grandeur de ce règne. — La première partie de ce règne eut un éclat extraordinaire. Louis XIV eut le mérite de choisir de bons ministres. Les deux principaux furent Colbert et Louvois. Le premier développa les richesses de la France, par son habile administration des finances et par les encouragements qu'il accorda à l'agriculture, à l'industrie, au commerce et à la marine; il fut le grand ministre de la paix. Le second réorganisa les forces militaires : c'est un de nos plus célèbres ministres de la guerre.

Nos armées, commandées par les plus illustres capitaines de l'époque, Turenne et Condé, furent toujours victorieuses. Deux guerres heureuses, l'une contre l'Espagne, l'autre contre la Hollande et l'Europe coalisée contre nous se terminèrent par les traités d'Aix-la-Chapelle et de Nimègue, qui donnaient à la France la Flandre et la Franche-Comté.

Enfin Louis XIV protégeait les écrivains, les savants et les artistes qui ne furent, à aucune époque, plus nombreux et plus illustres. Aussi a-t-il donné, comme Périclès, Auguste et Léon X, son nom à son siècle. Le dix-septième siècle est le siècle de Louis XIV.

Lui-même reçut de ses contemporains le nom de Louis le Grand.

4. Orgueil de Louis XIV. — Le roi, au milieu de tant de gloire, conçut un orgueil démesuré. Il s'attribuait le mérite de tout ce qui se faisait de grand sous son règne. « La France, disait-il, c'est moi! » Il avait pris pour emblème le soleil qui éclaire le monde de ses rayons ; il était adoré comme une sorte de dieu. Son pouvoir fut celui d'un despote qui ne connaît d'autre volonté que la sienne ; et, comme il était trompé par les coupables flatteries de ses courtisans, il se crut infaillible.

5. Fautes de Louis XIV. — Cet orgueil fit commettre à Louis XIV bien des fautes. Aussi la seconde partie de son règne fut attristée par les revers. La France, après quelques années de prospérité, tomba dans une extrême misère.

6. Révocation de l'édit de Nantes (1685).— La plus grande faute de ce règne fut la révocation de l'édit de Nantes qui avait accordé aux protestants la liberté de conscience.

Louis XIV ne voulait tolérer qu'une religion, la religion catholique ; il persécuta les malheureux protestants. Ses soldats furent chargés de presser les conversions ; ils commirent mille cruautés. Environ cent mille protestants quittèrent leur patrie et s'établirent en Hollande, en Angleterre et en Prusse. C'étaient nos meilleurs ouvriers ; ils emportèrent à l'étranger le secret de nos industries. La capitale de la Prusse, Berlin, profita surtout de cette émigration française.

Cette inique violation de la liberté de conscience eut donc les plus déplorables conséquences.

7. Les guerres. — Louis XIV mourant avouait qu'il avait trop aimé la guerre. Son ambition souleva contre lui l'Europe entière, et la France s'épuisa à combattre des coalitions toujours renaissantes. Après la révocation de l'édit de Nantes, l'Europe prit les armes contre nous. Le puissant roi d'Angleterre, Guillaume III, fut le chef de cette coalition. La France avait encore à ce moment d'immenses ressources. Les armées étaient commandées par d'excellents généraux, Luxembourg et Catinat, dignes élèves de Condé et de Turenne. Les flottes étaient dirigées par d'illustres marins : Tourville et Duguay-Trouin. Aussi la France fut-elle encore victorieuse. Mais ses victoires même l'épuisaient. Le vertueux archevêque de Cambrai, Fénelon, écrivait au roi : « Sire, la France n'est plus qu'un vaste hôpital désolé et sans provisions. »

8. Revers et misère. — C'est à ce moment, où la France épuisée avait tant besoin de la paix, que

Louis XIV conçut l'ambition de donner la couronne d'Espagne à son petit-fils, le duc d'Anjou. L'Europe se tourna tout entière contre nous. Elle nous opposa les deux meilleurs généraux de l'époque : l'Anglais Marlborough et le prince Eugène.

La France fit des efforts inouïs pour tenir tête à ses ennemis. Elle retrouva quelquefois ses beaux succès des premières années du règne. Villars en Allemagne, Vendôme en Italie, remportèrent d'éclatantes victoires. Mais bientôt le pays fut à bout de forces. Des généraux incapables, tels que Villeroi et la Feuillade, conduisirent nos armées à d'épouvantables désastres.

La nature elle-même semblait s'être associée aux ennemis de la France pour la détruire. L'hiver de 1709 fut terrible. Il brûla les blés, fit périr les oliviers, les vignes, les arbres fruitiers, et jusqu'aux chênes des forêts. A Paris, il fallut faire rentrer les factionnaires qui mouraient de froid pendant la nuit. Les pauvres s'entassaient dans les hôpitaux ; mais on les expulsa, faute de place, et, désormais sans asile, ils erraient par troupes dans les rues. Trente mille personnes succombèrent.

9. Grandeur d'âme du roi. — Louis XIV sut mieux résister aux rudes épreuves de l'adversité qu'aux entraînements de l'orgueil. Le malheureux roi avait vu périr, dans l'espace d'une semaine, son petit-fils, sa petite-fille et son arrière-petit-fils. Cependant, il fit taire ses douleurs paternelles. « Ne pensons, dit-il au maréchal Villars, qu'aux malheurs du royaume. » Puis il ajouta : « Je vous confie ma dernière armée ; si la bataille est perdue, vous l'écrirez à moi seul ; je monterai à cheval, je passerai par Paris, votre lettre à la main ; je connais les Français ; je vous mènerai deux cent mille hommes, et je m'ensevelirai avec vous sous les ruines de la monarchie. »

Villars sauva la France par sa belle victoire de Denain. Les ennemis consentirent enfin à traiter. Louis XIV put mourir en paix (1715).

10. Résultats de ce règne. — Le règne de Louis XIV avait donné à la France l'Artois, la Flandre, l'Alsace, la Franche-Comté et le Roussillon, conquêtes importantes qui agrandissaient notre territoire.

Mais aussi il ne faut pas oublier que Louis XIV laissait le pays appauvri par tant de guerres. La misère était grande dans les campagnes. Le peuple commençait à se plaindre de ce pouvoir despotique des rois. L'avenir était gros d'orages.

LECTURE. — Colbert et Louvois.

Les deux plus grands ministres du règne de Louis XIV furent Colbert et Louvois.

Colbert naquit à Reims d'une famille de marchands de draps. Nommé intendant de Mazarin, il se fit remarquer par sa probité et par son application au travail. Aussi le ministre en mourant dit à Louis XIV : « Sire, je vous dois tout, mais je crois m'acquitter en vous donnant Colbert. »

Colbert réforma les finances, en diminuant les impôts qui pesaient uniquement sur le peuple et en augmentant ceux qui pesaient sur tout le monde. Il encouragea l'agriculture, en ordonnant aux percepteurs de traiter les paysans avec humanité, en défendant de saisir les bestiaux, en continuant les travaux d'utilité publique commencés par Sully : il donna à l'industrie et au commerce une grande prospérité, en distribuant des récompenses aux manufacturiers et en créant cinq grandes compagnies de commerce. Il racheta des colonies, augmenta la marine marchande, et créa la marine militaire, qu'il porta à trois cents vaisseaux.

Et cependant ce grand ministre mourut dans la disgrâce. A son lit de mort, il s'écria : « Si j'a-

Fig. 88. — Colbert.

vais fait pour Dieu ce que j'ai fait pour mon roi, je serais sauvé mille fois et je ne sais ce que je vais devenir. »

Le peuple même avait méconnu ses services. Il fallut, pour éviter les insultes de la populace, enterrer de nuit celui qui n'avait travaillé que pour le bonheur de la France. Agriculteurs, industriels, marchands, tous doivent bénir la mémoire de cet homme qui fut, pour ainsi dire, le génie de la paix.

Si Colbert fut le ministre de la paix, Louvois fut celui de la guerre. François-Michel Le Tellier, marquis de Louvois, était le fils du ministre Le Tellier. Dès l'âge de quinze ans, il fut employé dans les bureaux de son père; à vingt-cinq ans, il eut le titre de ministre, et le garda jusqu'à sa mort.

Il s'attribua toute l'autorité militaire, améliora le corps des officiers, disciplina les soldats, modifia l'armement en remplaçant le mousquet par le fusil et en plaçant la baïonnette au bout de l'arme à feu.

Comme il était sévère pour lui-même, il avait le droit d'imposer à tous l'obéissance. Il était d'une rudesse excessive avec les officiers. Aussi on l'appelait le *plus brutal des commis.*

Louvois, qui fut un grand administrateur, exerça quelquefois une influence mauvaise sur les conseils de Louis XIV. Il poussa trop

Fig. 89. — Louvois.

souvent le roi à faire la guerre et il fut l'agent le plus impitoyable de la persécution contre les protestants. Colbert au contraire fut toujours le conseiller de la paix et de la tolérance religieuse.

EXERCICES ORAUX ET ÉCRITS.

1. Explication des mots.—*Fronde*, nom donné à la guerre civile, parce qu'elle fut comparée à un jeu d'enfants. — *Coalition*, réunion de plusieurs puissances contre une autre puissance.

2. Explication des noms géographiques. — *Westphalie*, province de l'Allemagne.—Le traité fut signé dans les deux villes de Munster et d'Osnabruck. — *Aix-la-Chapelle*, ville de l'Allemagne. — *Nimègue*, en Hollande. — *Flandre*, ancienne province, chef-lieu Lille. — *Franche-Comté*, ancienne province, chef-lieu Besançon. — *Denain*, ville du département du Nord.

3. Questionnaire. — Quel fut le ministre qui succéda à Richelieu ? — Quel était son caractère ? — Quels services rendit-il à la France ? — Louis XIV prit-il ensuite un premier ministre ? — Pourquoi ? — Quels furent les deux ministres principaux de ce règne ? — Quelle est la partie la plus belle du règne de Louis XIV ? — Par quoi fut-elle célèbre ? — Quel titre lui a-t-on donné ? — La seconde partie est-elle aussi brillante ? — Quel était le défaut de Louis XIV ? — A quel astre se comparait-il ? — Quelles fautes commit-il ? — Que fit-il contre les protestants ? — Louis XIV n'aima-t-il pas trop la guerre ? — Quelles furent les conséquences pour la France ? — Donnez une idée des misères de cette époque. — Louis XIV ne montra-t-il pas dans les revers beaucoup de grandeur d'âme ? — Qui sauva la France ? — En quel état Louis XIV laissat-il la France ?

4. **Devoir à rédiger.** —Dites ce que vous savez du gouvernement de Louis XIV.

TROISIÈME RÉCIT. — **LES GRANDS GÉNÉRAUX : CONDÉ et TURENNE.**

LEÇON.

1. Le règne de Louis XIV fut illustré par les victoires de ses hommes de guerre. Les deux plus célèbres furent Turenne et Condé.

2. Condé mérita par ses victoires de Rocroi, de Lens et de Senef, le nom de *Grand*. **Il ternit sa gloire en combattant pendant la Fronde contre sa patrie.**

3. Turenne, plus habile tacticien que Condé, s'immortalisa par sa belle campagne d'Alsace. Il mourut à Salzbach, sur le champ de bataille.

4. D'autres généraux furent aussi célèbres. Il faut citer au premier rang Luxembourg, Catinat, Vauban et Villars.

RÉCIT.

1. Les grands généraux. — Le dix-septième siècle a produit des hommes de guerre remarquables. La découverte de la poudre, l'usage des armes à feu et surtout les progrès de l'artillerie avaient fait de la guerre une science véritable. Il ne suffisait plus à un général d'être brave de sa personne ; il devait savoir faire manœuvrer ses armées, connaître le terrain sur lequel il opérait, disposer habilement ses soldats ; il devait être, en un mot, bon stratégiste et bon tacticien.

La plupart des armées européennes ont été commandées, à cette époque, par d'illustres capitaines. Les Suédois ont eu Gustave-Adolphe ; les Anglais, Marlborough ; les Autrichiens, le prince Eugène.

Mais la France a été surtout riche en hommes de guerre. Turenne, Condé, Vauban, Luxembourg, Catinat, Villars brillent au premier rang par leur bravoure, leur science militaire et par l'éclat de leurs victoires.

8.

Entre tous, Condé et Turenne sont restés populaires.

2. Les premières victoires de Condé. — Louis de Bourbon naquit à Paris en 1621. Appelé duc d'Enghien, ou Monsieur le duc, du vivant de son père, il prit plus tard le nom de prince de Condé, qu'il devait rendre si célèbre.

Il n'avait que vingt-deux ans quand il remporta sur les Espagnols la grande victoire de Rocroi, l'année même où Louis XIV montait sur le trône (1643). Son impétuosité enfonça la vieille infanterie espagnole qui était solide comme une forteresse. Il fut encore vainqueur à Fribourg, à Nordlingen et à Lens. L'Autriche dut signer la paix de Westphalie (1648).

3. Condé pendant la Fronde. — Le grand Condé ternit sa gloire en prenant les armes contre l'autorité royale et contre la France. Cette insurrection ne lui porta pas bonheur. Aussi bien il avait à lutter contre Turenne. Un jour, les deux grands généraux furent en présence devant la ville de Dunkerque. La bataille allait s'engager. Les dispositions de l'armée de Turenne étaient très habilement prises.

Fig. 90. — Condé.

Condé en fut frappé. Il s'adressa à un jeune seigneur anglais qui était dans son camp : « Avez-vous jamais vu une bataille ? lui demanda-t-il. — Non. — Eh bien, dans une heure, vous verrez comment on en perd une. » Il fut en effet vaincu.

4. Dernières victoires de Condé. — Condé

fit sa soumission à Louis XIV, et, à partir de ce moment, il fut continuellement vainqueur. En trois semaines, il s'empara de la Franche-Comté sur les Espagnols. Sa réputation seule lui ouvrait les villes. Il gagna plus tard la bataille de Senef sur le prince d'Orange, et délivra l'Alsace envahie par les Allemands.

5. Mort de Condé. — Ce fut son dernier exploit. Il se retira dans sa délicieuse résidence de Chantilly, au milieu d'une société d'amis et de poètes, et se prépara à la mort, entre les mains de Bossuet, qui prononça son oraison funèbre (1687).

Condé était remarquable par son impétuosité et son élan. On raconte qu'à Fribourg il lança son bâton de maréchal au milieu des retranchements ennemis, pour mieux enlever ses troupes. Il ne gagnait pas les batailles par la science et le calcul, mais par des inspirations soudaines qui étaient comme les éclairs de son génie.

6. Turenne. — Le maréchal de Turenne gagna autant de batailles que Condé, mais il avait une autre manière de combattre. Il était calculateur ; il ne laissait rien au hasard. Il était toujours ménager du sang de ses soldats. Il savait éviter une action quand elle ne lui paraissait pas offrir des chances très grandes de

Fig. 91. — Turenne.

succès. Il faisait des marches et des contre-marches nombreuses, pour surprendre les ennemis. Il était d'une modestie charmante ; ses soldats le considéraient comme leur père.

7. Jeunesse de Turenne. — Henri de la Tour d'Auvergne, vicomte de Turenne, naquit à Sedan, en 1611. Enfant, il aimait à vivre avec les soldats. On raconte qu'une nuit ses parents le trouvèrent endormi sur l'affût d'un canon. A quinze ans, il fit ses premières armes sous un des plus grands capitaines de cette époque, Guillaume de Nassau. Mais bientôt il revint au service de la France, et se distingua si bien qu'à l'âge de trente-deux ans il était fait maréchal.

8. Les victoires de Turenne. — Turenne prit alors une part active à toutes les guerres du règne de Louis XIV. Il contribua, avec Condé, par ses belles campagnes en Allemagne, à imposer à l'Autriche le traité de Westphalie.

Pendant la Fronde, Turenne oublia un moment son devoir et il combattit contre la cour. Mais il remit bientôt son épée au service de sa patrie. C'est lui qui vainquit Condé à Dunkerque, et qui fit les deux plus importantes conquêtes du règne : celle de l'Artois et de la Flandre.

9. Campagne d'Alsace. — Mais la plus belle campagne de Turenne, celle qui rendra à jamais son nom populaire, fut celle d'Alsace. Il avait dit cette mémorable parole : « Tant qu'il y aura un Allemand en Alsace, les officiers français ne sauraient avoir de repos. »

L'Alsace était envahie par une armée allemande de 60,000 hommes. Turenne, avec 25,000 hommes, se cantonna dans la Lorraine, derrière les Vosges, prêt à prendre l'offensive. Louis XIV lui conseillait la prudence. « Je connais, dit Turenne, les forces ennemies et les miennes, je prends tout sur moi. »

Au cœur de l'hiver, quand toutes les routes étaient couvertes de neige, pendant que les Allemands étaient répandus sans méfiance dans toutes les villes de l'Alsace, il franchit tout à coup les montagnes, tombe sur les ennemis épouvantés, les culbute dans trois combats et délivre l'Alsace.

Le sauveur de l'Alsace fut reçu à Versailles, au milieu des acclamations de la cour. Turenne y parut plus modeste encore que de coutume.

10. Mort de Turenne (1675). — Turenne se déroba à ces ovations pour recommencer la campagne. Il passa le Rhin et porta la guerre en Allemagne même. Il rencontra les Allemands près du village de Salzbach. C'est là qu'il devait trouver une mort glorieuse.

Il observait la position de l'ennemi, lorsque Saint-Hilaire, un de ses lieutenants, le pria d'examiner une batterie qu'il venait de mettre en place. Turenne se tourna vers lui, au même moment un boulet le frappa et emporta le bras de Saint-Hilaire.

Le fils de ce dernier se jeta en larmes sur son père : « Ce n'est pas moi, lui dit Saint-Hilaire, c'est ce grand homme qu'il faut pleurer. »

La mort de Turenne fut une calamité publique. Louis XIV, pour honorer le meilleur capitaine de son siècle, le fit enterrer à Saint-Denis, dans la sépulture des rois.

LECTURE. — **Luxembourg, Catinat, Vauban, Villars.**

Condé et Turenne occupent le premier rang parmi les hommes de guerre que la France a produits au dix-septième siècle. Mais beaucoup d'autres généraux ont aussi contribué à la gloire du règne de Louis XIV et méritent de rester populaires.

Luxembourg, le vainqueur de Fleurus, de Steinkerque et de Nerwinde avait pris une si grande quantité de drapeaux ennemis qu'il en avait tapissé les murs de l'église de Notre-Dame ; de là son surnom de *tapissier de Notre-Dame.* Il rappelait les qualités de Condé, son maître : c'était la même impétuosité, le même coup d'œil rapide et sûr, le même bonheur d'inspiration.

Catinat fit revivre les vertus de Turenne. Comme lui, il était remarquable par la prudence, la méthode, le sang-froid ; comme lui aussi, il était ménager du sang des soldats, qu'il aimait comme ses enfants. Son air méditatif lui avait fait donner par ses soldats le surnom de *Père la Pensée.* Il se signala surtout en Italie par ses victoires de Staffarde et de la Marsaille, remportées sur le duc de Savoie.

Vauban, le plus grand ingénieur de ce siècle, couvrit de forteresses les frontières de la France ; il fut aussi un homme de cœur, sensible aux souffrances du peuple. Il écrivit un livre pour la réforme des impôts :

Louis XIV, qui n'aimait pas les remontrances, fit brûler le livre. Vauban en mourut de douleur.

Enfin *Villars*, le dernier venu de cette génération si brillante, se signala par une bravoure extraordinaire : Ses soldats le proclamèrent maréchal de France sur le champ de bataille. L'audace de Villars était bien connue : « Sire, disait-il à Louis XIV, j'ai appris de Condé à craindre les ennemis quand ils sont loin et à les mépriser quand ils sont près. » Ce général avait aussi une grande confiance en lui-même. Lorsque la France envahie par les ennemis n'avait plus qu'une armée pour se défendre, Villars dità Louis XIV : « Sire, donnez le commandement de cette armée au général qui a toujours été heureux; je gagnerai encore une bataille. » Il ne se trompait pas : Quelques jours après, il remportait sur le prince Eugène la belle victoire de Denain qui sauva l'honneur de la France.

EXERCICES ORAUX ET ÉCRITS.

1. Explication des mots. — *Stratégiste*, celui qui connaît bien les opérations de la guerre. — *Tacticien*, celui qui sait faire manœuvrer les troupes et les ranger en bataille.

2. Explication des noms géographiques. — *Rocroi*, sous-préfecture des Ardennes. — *Fribourg*, ville du grand-duché de Bade. — *Nordlingen*, ville de Bavière (Allemagne). — *Lens*, chef-lieu de canton du Pas-de-Calais. — *Dunkerque*, sous-préfecture du Nord. — *Senef*, ville de Belgique. — *Chantilly*, dans l'Oise. — *Sedan*, sous-préfecture des Ardennes. — *Salzbach*, dans le grand-duché de Bade (Allemagne).

3. Questionnaire. — Quels furent les deux généraux les plus célèbres du règne de Louis XIV ? — Quelles sont les principales victoires de Condé ? — Quelle fut sa conduite pendant la Fronde ? — De quelle province s'est-il emparé ? — Quelle différence remarquez-vous entre Turenne et Condé ? — Quelles sont les premières victoires de Turenne ? — Quelle est sa plus belle campagne ? — Racontez sa campagne d'Alsace ? — Où est-il mort ? — Racontez sa mort.

4. Devoir à rédiger. — Racontez la vie de Condé et de Turenne.

QUATRIÈME RÉCIT. — **LE SIÈCLE DE LOUIS XIV. —**
LES GRANDS ÉCRIVAINS.

LEÇON.

1. Le siècle de Louis XIV est une des plus grandes époques littéraires de l'humanité.

2. Descartes, Pascal et Corneille illustrèrent les ministères de Richelieu et de Mazarin.

3. Sous Louis XIV, Molière composa ses comédies; la Fontaine, ses fables; Racine, ses tragédies; Boileau, ses satires et son art poétique.

4. Parmi les écrivains en prose, les plus grands furent Bossuet, Fénelon, la Bruyère, Saint-Simon et Mme de Sévigné.

RÉCIT.

1. Le siècle de Louis XIV. — Louis XIV a mérité de donner son nom à son siècle ; sous son règne, la France a acquis par les lettres et les arts une renommée plus durable et plus pure que par les victoires et les conquêtes.

Dans la première partie du dix-septième siècle, sous le ministère de Richelieu, trois grands écrivains s'illustrèrent au premier rang : Descartes, qui établit les principes de la philosophie dans son *Discours de la méthode*; Pascal, qui fut à la fois savant et écrivain; son livre des *Provinciales* et ses *Pensées* sont un chef-d'œuvre de la langue française ; enfin Corneille, le plus grand de nos poètes tragiques.

2. Les poètes. — La seconde partie du dix-septième siècle, celle qui fut remplie par le règne de Louis XIV, fut plus féconde encore en écrivains remarquables. Molière a raillé les vices et les travers des hommes dans des *comédies* immortelles. La Fontaine a écrit ses *fables* qui sont restées si populaires. Racine prit au théâtre la place qu'avait laissée Corneille et il l'égala dans ses belles *tragédies d'Andromaque, Britannicus, Phèdre, Esther et Athalie*. Boileau écrivit des *satires* contre les mauvais poètes et donna de précieux conseils aux écrivains dans son *Art poétique*.

3. Les prosateurs. — Les écrivains en prose sont aussi célèbres que les poètes. Les principaux furent : Bossuet, génie universel, à la fois historien, orateur et théologien, dont les ouvrages les plus renommés sont le *Discours sur l'histoire universelle*, les *Oraisons funèbres*, les *Sermons;* Fénelon, dont le style est si élégant et si correct dans son *Télémaque;* La Bruyère qui a jugé ses contemporains dans une série de portraits appelés les *caractères;* La Rochefoucauld qui a écrit des *Maximes;* Saint-Simon qui a laissé des *Mémoires* sur le règne de Louis XIV ; enfin

Mme de Sévigné dont les *Lettres* sont restées le modèle du genre épistolaire.

LECTURES.

PREMIÈRE LECTURE. — **Corneille.**

Pierre Corneille, né à Rouen en 1606, fut destiné au barreau par son père, qui était maître des eaux et forêts. Mais, malgré la supériorité de son intelligence et son rare savoir, il n'obtint que de médiocres succès

Fig. 92. — Corneille.

devant le parlement de Normandie. Une timidité excessive nuisait au talent du jeune avocat. Il était d'ailleurs entraîné vers le théâtre par une vocation secrète. Il était encore au palais lorsqu'il écrivit la comédie du *Menteur*. Cette pièce qu'il fit jouer à Rouen attira l'attention sur lui; et ses amis lui conseillèrent d'aller à Paris.

Richelieu prit d'abord sous sa protection le jeune poète; mais Corneille était trop indépendant pour payer cette faveur par des complaisances indignes de lui. La tragédie du *Cid* qu'il fit paraître en 1636 rompit leurs relations. Corneille, en prenant un sujet espagnol et en représentant un duel dans sa pièce, mécontenta le tout-puissant ministre qui faisait alors la guerre à l'Espagne et qui avait fait paraître un édit sévère contre les duels. Richelieu voulut même faire échouer la tragédie et il ordonna à l'Académie française d'en faire la critique. Mais l'opinion publique fut plus forte que le ministre. Elle déclara que le *Cid* était un chef-d'œuvre, et c'était comme un proverbe de dire : « *Beau comme le Cid.* » Richelieu eut le bon sens de revenir sur ses premiers sentiments; et il fit donner au poète une pension.

Corneille continua alors ses admirables travaux : il représenta surtout dans ses tragédies les sentiments élevés, généreux, héroïques. Aussi dit-on de ses créations: « *les héros de Corneille.* » Dans le *Cid* il avait peint la noblesse castillane, dans *Horace* l'énergie et le patriotisme des Romains, dans *Cinna* la clémence de l'empereur Auguste, dans *Polyeucte* le martyre des premiers chrétiens. Le poète a créé, pour exprimer ces grandes idées, une poésie vigoureuse, forte, souvent sublime. On disait de lui le *grand Corneille* comme on disait le *grand Condé*.

Cependant cet homme de génie vécut humble, presque pauvre. Les pièces de théâtre se vendaient peu alors et elles étaient pour Corneille toute sa fortune. On raconte que Louis XIV ayant oublié de lui payer sa pension, il fut réduit presque à la misère. Boileau s'honora en offrant au roi le sacrifice de sa pension pour que Corneille ne fût pas privé de la sienne. Personne plus que ce grand poète ne méritait l'es-

time et l'affection : bon, humain, généreux envers ceux qui souffraient.
s'oubliant lui-même pour ne songer qu'aux autres, il avait toutes les
qualités du cœur. Il mourut en 1684 dans cette petite maison de Rouen
qui l'avait vu naître. Corneille est le père de la tragédie française.

DEUXIÈME LECTURE. — Molière.

Molière naquit à Paris en 1622. Son véritable nom était Poquelin. Il
prit le nom de Molière quand il commença à jouer la comédie et c'est
celui qu'il a rendu immortel.

Molière, fils d'un tapissier et valet de chambre de Louis XIV, fut destiné à remplacer son père dans cette charge. Toutefois un de ses parents
qui avait remarqué sa vive intelligence, voulut qu'il reçût une instruction très soignée. Molière fit donc ses études au collège de Clermont
(Louis-le-Grand) et plus tard à l'école de droit d'Orléans où il fut reçu
avocat. Mais son goût le porta de bonne heure vers le théâtre. Il recruta
une troupe de jeunes gens et résolut de jouer la comédie. Il commença
par être acteur avant d'être auteur lui-même.

Molière avait observé tous les vices et les travers de la société dans
laquelle il vivait: on l'avait surnommé, à cause de son esprit attentif, le
contemplateur. Dans la boutique de son père et à la cour il avait vu les
prétentions ridicules des marquis, à l'école la pédanterie des faux savants, dans ses voyages en province la vanité ignorante des bourgeois.
Il résolut de mettre sur la scène toutes ces faiblesses humaines. Aussi
les personnages de Molière sont bien vivants, naturels; ils ont été vus et
observés par l'auteur; ils ont été, comme on dit, pris sur le vif.

La première comédie qu'il fit jouer à Paris en 1659 obtint un grand
succès. Il y attaquait la manie, alors fort à la mode, d'affecter le beau
langage, de parler avec prétention et emphase. Les *Précieuses ridicules*
furent son premier chef-d'œuvre. Il revint plus tard sur ce sujet et se
moqua des prétentions de certaines femmes qui, voulant être ou plutôt
paraître savantes, affectaient le plus profond mépris pour les choses or-
dinaires de la vie. Il fit sa comédie des *Femmes savantes*. Désormais Molière, en pleine possession de son génie et de la célébrité, fit jouer devant la cour de nouvelles comédies qui toutes sont des chefs-d'œuvre.
Il se moqua des bourgeois qui veulent être nobles dans le *Bourgeois
gentilhomme;* des médecins ignorants dans le *Malade imaginaire.* Il attaqua
aussi les vices qui n'étaient pas seulement ceux de son époque mais qui
sont les vices de tous les temps. Il flétrit la fausse dévotion et l'hypo-
crisie dans le *Tartufe* et l'avarice dans l'*Avare*.

Les courtisans, tournés en ridicule, étaient irrités contre Molière, et
affectaient de lui témoigner du dédain. Mais Louis XIV le soutenait de
son estime et l'encourageait de ses faveurs. Un jour il le fit asseoir à sa
table et dit aux courtisans qui entraient : « Messieurs, vous me voyez
occupé à faire manger Molière, que mes officiers ne trouvent pas d'assez
bonne compagnie pour eux. »

Molière était simple et bon dans sa vie privée. On assure que quand il
avait composé une pièce, il la lisait à sa vieille servante Laforêt, qui
riait aux larmes aux passages comiques; si Laforêt ne riait pas, c'est que
les passages étaient mauvais, et Molière les recommençait.

Un jour Molière rencontra un mendiant et il lui donna une pièce de
monnaie. Il n'avait pas fait dix pas que le pauvre courut après lui.
« Qu'y a-t-il ? demanda Molière. — Il y a que vous vous êtes trompé ;
vous m'avez donné une pièce d'or ; la voilà. — Tiens, mon ami, en voilà
une seconde pour ton honnêteté. »

Le dernier acte de sa vie fut encore un trait de bonté. On devait jouer le *Malade imaginaire*. Molière était malade et ses amis lui conseillèrent de ne pas jouer. « Non, dit-il, je ne peux pas ; si on ne joue pas, les ouvriers qui n'ont que leur journée pour vivre manqueraient peut-être de pain. » Molière alla donc au théâtre : mais il fut pris de convulsion et voulut par un rire forcé cacher sa maladie aux spectateurs. Cet effort le tua. Il fut pris d'un crachement de sang et, à peine ramené chez lui, il expira.

Un jour Louis XIV demandait à Boileau quel était le plus grand écrivain de son temps : « Sire, c'est Molière ! » La postérité pense comme Boileau.

TROISIÈME LECTURE. — La Fontaine.

Jean de La Fontaine naquit en 1621 à Château-Thierry, où son père était maître des eaux et forêts. Il montra dans sa jeunesse peu d'application à l'étude et une grande insouciance de caractère. Son père le

maria et lui transmit sa charge ; mais bientôt, ennuyé des soins du ménage et des fonctions administratives, La Fontaine abandonna sa femme et se démit de ses fonctions. Il ignorait à vingt-deux ans qu'il était poète. La lecture d'une ode de Malherbe lui révéla son génie. Il étudia les poètes contemporains, lut les anciens et se passionna pour leurs œuvres. Il fut présenté au surintendant des finances Fouquet, qui lui assura une pension. Ce fut alors qu'il commença à publier ses fables, en 1668. Quoique les sujets soient empruntés pour la plupart à des auteurs anciens, elles

Fig. 93. — La Fontaine.

n'en sont pas moins, par le charme des détails, la naïveté et quelquefois le sublime, l'ouvrage le plus original de toute la littérature française ; aussi chacun les sait par cœur.

La Fontaine avait d'excellentes qualités et surtout un bon cœur ; l'arrestation de son protecteur Fouquet lui inspira une poésie célèbre, *les Nymphes de Vaux*, œuvre à la fois de reconnaissance et de courage. Il s'exposa par là à la disgrâce du grand roi et à la haine de Colbert. La Fontaine trouva un asile chez Mme de la Sablière. Cette amie dévouée sut le soustraire pendant vingt ans aux tracas de la vie : une telle amitié unit à jamais le souvenir de la bienfaitrice à celui du poète. A la mort de Mme de la Sablière, le fabuliste dut quitter cette maison hospitalière. Il rencontra un de ses amis : « Mon cher La Fontaine, lui dit celui-ci, je vous cherchais pour vous prier de venir loger chez moi. — J'y allais, » répondit La Fontaine.

La Fontaine mourut en 1695, il avait été aussi original dans sa vie que dans ses œuvres, aussi est-il resté *inimitable*.

EXERCICES ORAUX ET ÉCRITS.

1. **Explication des mots.** — *Poète tragique*, qui écrit des tragédies, pièces de théâtre. — *Satire*, écrit qui tourne en ridicule les vices ou les défauts de quelqu'un.

2. **Explication des noms géographiques.** — *Rouen*, chef-lieu de la Seine-Inférieure. — *Château-Thierry*, sous-préfecture de l'Aisne.

3. **Questionnaire.** — Pourquoi Louis XIV a-t-il donné son nom à son siècle?—Rappelez les trois grands siècles littéraires avant le dix-septième? — Quels sont les écrivains remarquables, sous le ministère de Richelieu? — Énumérez les principaux poètes? — Dites par quels ouvrages chacun d'eux est célèbre? — Énumérez les principaux écrivains en prose.

4. **Devoir à rédiger.** Racontez la vie de Corneille ; — celle de Molière; — celle de La Fontaine.

CINQUIÈME RÉCIT. — **LE SIÈCLE DE LOUIS XIV. — LES GRANDS ARTISTES.**

LEÇON.

1. Les artistes furent aussi célébres, au dix-septième siécle, que les poètes et les écrivains.

2. La peinture fut illustrée par Nicolas Poussin, Claude Lorrain, Philippe de Champagne, Lebrun et Mignard.

3. La sculpture, par Sarrazin, Puget, Girardon, Coysevox et Guillaume Coustou.

RÉCIT.

1. Les artistes. — La France du dix-septième siècle a produit des artistes qu'elle peut mettre à côté de ses poètes et de ses écrivains. Peintres, sculpteurs, architectes ont rivalisé de génie pour élever de magnifiques monuments. Le palais de Versailles, résidence de Louis XIV, le Louvre avec sa belle colonnade, l'hôtel des Invalides, les portes triomphales de Saint-Denis et de Saint-Martin attestent encore à nos yeux la grandeur de cette époque.

2. Les peintres. — Au siècle précédent la peinture italienne avait brillé au premier rang avec les noms de Michel-Ange et Raphaël. Au dix-septième siècle, c'est la France qui l'emporte par la beauté du style et la grandeur de l'inspiration. Nicolas Poussin fut le créateur de l'école française : On admire surtout de lui son *Déluge* et son *Triomphe de Flore.* Claude

Fig. 94. — Le palais de Versailles.

Lorrain fut le peintre de la nature. Lesueur mérita

Fig. 95. — Colonnade du Louvre.

par ses belles compositions de la *Vie de saint Bruno* et de *saint Paul à Éphèse,* le surnom de Raphaël français. Philippe de Champagne n'eut pas d'égal dans le portrait. Lebrun chef de l'école française de peinture fondée à Rome par Colbert, fut le peintre favori de Louis XIV, à cause de l'éclat de son talent. Enfin Pierre Mignard décora de ses peintures, peut-être un peu trop raffinées, la belle église du Val-de-Grâce.

3. Les sculpteurs. — La sculpture atteignait peut-être à une perfection plus grande encore et était sans rivale en Europe. Sarrazin s'illus-

Fig. 96. — Claude Lorrain peignant un tableau.

trait par ses *Cariatides* de l'horloge du Louvre ; Puget, par son *Andromède* et son *Milon* de Crotone ; Girardon, par le *Tombeau du cardinal Richelieu* ; Coysevox, par son *Neptune ;* Guillaume Coustou, par les *Chevaux de Marly*.

4. Les architectes. — D'illustres architectes construisaient des palais grandioses pour recevoir tous ces chefs-d'œuvre de peinture et de sculpture. Claude Perrault ornait le Louvre de sa belle colonnade ; François Mansard élevait le Val-de-Grâce ; son neveu Hardouin Mansard bâtissait les châteaux de Versailles et de Marly, le dôme de l'hôtel des Invalides, les places Vendôme et des Victoires ; enfin Lenôtre dessinait ces magnifiques jardins des Tuileries, de Versailles, de Saint-Cloud et de la belle terrasse de Saint-Germain.

Cependant il ne faut pas oublier que ces magnifiques constructions, élevées pour l'orgueil du grand roi, épuisèrent la France. Ce luxe de la paix a été presque aussi fatal au peuple que les ambitions de la guerre.

LECTURE. — Un grand peintre, Nicolas Poussin.

Nicolas Poussin, le plus grand peintre français, naquit le 16 juin 1594, au château de Villiers, près des Andelys. A l'âge de dix-huit ans il alla à Paris, sans le consentement de son père, pour y étudier la peinture. Dénué de ressources, le jeune peintre endura toutes sortes de privations. Ses premiers travaux étaient peu estimés et lui donnaient à peine de quoi vivre. Il résolut alors de partir pour Rome, la ville des arts, où il pourrait se perfectionner dans son talent.

Poussin fut recueilli à Rome avec faveur par le poète Marini et le cardinal Barberini : grâce à leur recommandation, il put vivre dans une certaine aisance avec la vente de ses tableaux. Mais bientôt ses protecteurs moururent et le peintre retomba dans une extrême misère. Une grave maladie aurait achevé de le décourager s'il n'avait été relevé par les soins du Français Dughet et de sa fille qu'il épousa en 1629.

Fig. 97. — Nicolas Poussin.

Le peintre se remit alors avec courage à son œuvre. Il étudiait avec passion les chefs-d'œuvre de l'antiquité et surtout les belles toiles de Raphaël. Il cherchait aussi dans la lecture de la Bible et dans l'histoire des temps anciens des inspirations personnelles. Bientôt la réputation de son talent commença à se répandre ; les Italiens, admirateurs de ses œuvres, le comparaient à Raphaël. Aussi Richelieu qui protégeait tous les talents résolut de l'attirer à Paris.

Poussin fut reçu en France avec les plus grands égards. Le roi le fit conduire à Fontainebleau dans un de ses carrosses ; il le logea dans un pavillon du jardin des Tuileries avec une pension de mille écus et il le chargea de la décoration de la grande galerie du Louvre.

Mais Poussin ne fut pas heureux en France : il était secrètement attaqué par la jalousie de tous ceux qui enviaient son talent. Bientôt il regretta la vie tranquille et studieuse qu'il avait menée en Italie et, malgré le roi, il revint à Rome.

C'est là qu'il passa le reste de sa vie, travaillant jusqu'au dernier jour et, cherchant dans l'étude de la nature, de nouveaux perfectionnements à son art. Malgré sa réputation et le nombre considérable de tableaux qu'il avait peints, il mourut presque pauvre. C'est que ce peintre désintéressé n'avait jamais cherché la fortune ; le plaisir que lui procurait l'étude de son art suffisait à cette âme douce et bonne. Quand il avait terminé un tableau, il inscrivait le prix, toujours très modéré, et jamais il n'acceptait rien de plus, quelque insistance qu'on pût y mettre.

Notre musée du Louvre possède quelques-uns des chefs-d'œuvre qui ont placé Nicolas Poussin à la tête de l'école française. Il faut citer entre tous la *Peste des Philistins*, l'*Enlèvement des Sabines*, le *Massacre*

Fig. 98. — Un tableau de Poussin : *La peste des Philistins.*

des Innocents, les *Aveugles de Jéricho*, les *Quatre saisons*. Nul peintre ne fut plus fécond que lui : il a laissé plus de trois cents tableaux qui sont précieusement conservés dans les musées de l'Europe.

Les Italiens déclarent Poussin comme un des leurs ; mais ce grand peintre est bien Français, non seulement de naissance, mais encore et surtout de talent.

EXERCICES ORAUX ET ÉCRITS.

1. **Explication des mots.** — *Hôtel des Invalides*, a été construit par ordre de Louvois pour recevoir les soldats blessés pendant les guerres.

2. **Explication des noms géographiques.** — *Versailles*, chef-lieu du département de Seine-et-Oise.

3. **Questionnaire.** — Quels sont les monuments les plus remarquables construits sous le règne de Louis XIV ? — Citez les noms des principaux peintres, des principaux sculpteurs, des principaux architectes.

4. **Devoir à rédiger.** — Racontez la vie de Nicolas Poussin.

SIXIÈME RÉCIT. — **UN GRAND POÈTE ANGLAIS : MILTON.**

LEÇON.

1. Au dix-septième siècle l'Europe posséda, comme la France, des hommes remarquables dans les lettres, les sciences et les arts.

2. Le plus célèbre fut le poète anglais, Milton.

3. Milton passa une jeunesse studieuse à l'université de Cambridge, puis voyagea en Italie où il composa ses premières poésies.

4. A son retour, il prit une part active à la révolution qui agitait l'Angleterre, et fut secrétaire de Cromwell.

5. Dans sa vieillesse, Milton était devenu aveugle, et c'est alors qu'il composa son beau poème du *Paradis perdu*.

RÉCIT.

1. Les hommes célèbres de l'étranger. — La France domine en Europe au dix-septième siècle, par la gloire des armes, des lettres et des arts. Mais les autres nations ont aussi produit des hommes remarquables dont les noms sont restés justement populaires. L'école de peinture hollandaise avec Rembrandt, et l'école flamande avec Rubens et Théniers, rivalisait d'éclat avec notre école française. L'Espagne, bien déchue de son ancienne splendeur, citait avec orgueil ses deux grands peintres, Velasquez et Murillo.

Les sciences étaient représentées par des hommes de génie. Le Hollandais Huygens inventait les horloges à pendule ; l'Italien Cassini découvrait les quatre satellites de Saturne ; les Allemands Keppler et Leibnitz enrichissaient de leurs travaux les sciences mathématiques ; enfin, l'Anglais Newton expliquait le système du monde par les lois de la gravitation universelle.

Dans les lettres un poète anglais, Milton, se plaçait par son beau poème du *Paradis perdu*, à côté de Virgile et du Dante.

2. Milton. — Jean Milton naquit à Londres en 1608. Son père qui était très savant et passionné pour les arts lui fit donner l'éducation la plus brillante. Pendant sept ans le jeune Milton étudia les lettres et les sciences au collège du Christ, à l'université de Cambridge. Puis il compléta son instruction par des voyages. Il traversa la France et séjourna longtemps en Italie. A Florence, il obtint la permission de visiter Galilée qui expiait alors dans la captivité le tort d'avoir affirmé cette vérité que la terre tourne autour du soleil ; il eut avec ce célèbre savant plusieurs conférences.

Mais Milton, tout en cultivant les sciences, s'était épris d'un goût très vif pour la poésie italienne. Il lisait avec passion le poème du Dante et les poésies d'un autre grand poète, le Tasse. Il s'essayait lui-même à composer des vers ; et ces premiers essais indiquaient déjà les qualités qu'il devait révéler plus tard. Il allait partir pour la Grèce, cette autre patrie de la poésie, lorsqu'il fut rappelé en Angleterre.

Fig. 99. — Milton.

3. Milton et la révolution anglaise. — Rentré à Londres, Milton parut oublier la poésie et il prit une part active à la révolution qui devait précipiter du trône et conduire à l'échafaud le roi Charles Ier. Les écrits remarquables qu'il publia à cette occasion, son ardent dévouement à la république le désignèrent à l'amitié de l'homme qui avait été le principal acteur de cette révolution. Cromwell le nomma secrétaire du Conseil d'Etat. Il y défendit avec un rare talent la cause de la liberté. Mais ses infatigables travaux avaient usé sa santé. Sa vue qui avait toujours été faible disparut complètement. Milton devint aveugle.

Lorsque la république fut renversée, le roi Charles II le fit jeter en prison et Milton ne dut la vie qu'à l'intervention généreuse d'un poète ami du roi. Mais, triste et déçu, abreuvé de dégoût, il se réfugia dans la culture des lettres.

4. Le paradis perdu. — Milton vécut désormais dans la solitude qu'il avait plus d'une fois regrettée. Il était entouré de ses trois filles, auxquelles il fit apprendre à lire le grec et l'hébreu, afin que, leurs jeunes yeux remplaçant les siens, il ne fût pas privé de ses deux plus chères lectures : Homère et l'Ecriture sainte. C'est alors qu'il s'occupa de la composition du poème qu'il méditait depuis longtemps, le *Paradis perdu*. Il faisait ses vers, les corrigeait de mémoire, puis il les dictait à ses filles. Il passait à ce travail toutes ses journées et une partie de ses nuits. Quand le poème fut terminé, il trouva avec peine un éditeur qui consentît à lui payer 30 livres. Milton comptait sur la gloire, à défaut de la fortune. Mais le *Paradis perdu*, signé d'un nom trop connu pendant la révolution, n'obtint qu'un médiocre succès. Ce n'est que plus tard qu'on admira les beautés sublimes de cet admirable poème qui rappelle les grandes conceptions d'Homère et de Virgile.

Milton mourut en 1674, à l'âge de soixante-cinq ans.

Fig. 100. — Cromwell.

LECTURE. — **Olivier Cromwell.**

La république anglaise, qui avait compté Milton parmi ses serviteurs les plus dévoués, avait été fondée par un des hommes les plus remarquables de ce temps, Olivier Cromwell. Olivier Cromwell naquit en 1599. Après une jeunesse déréglée, il changea tout à coup de conduite, et affecta la plus grande austérité. Il se lia avec tous ceux qui voulaient réformer l'Église anglicane et qui

protestaient contre le despotisme des rois. Aussi lorsque Charles Ier entra en lutte contre le Parlement, Cromwell fut un des pemiers à organiser la résistance contre le roi. Il recruta des régiments qu'il animait de
sa passion religieuse et de son courage. Aussi appelait-on ses soldats les
saints et les *côtes de fer* de Cromwell. Avec eux il remporta de nombreuses
victoires; le roi fut fait prisonnier; et il dut comparaître devan un tribu
nal. Cromwell demanda contre lui la peine de mort : « Nous lui coupe-
rons la tête avec la couronne dessus, disait-il. » Charles Ier monta en
effet sur l'échafaud le 9 février 1649. On proclama alors la république
anglaise.

Cromwell fit reconnaître la république en Irlande et en Ecosse où il
noya dans le sang toutes les insurrections. Mais bientôt il voulut être
seul maître ; et, dans une ambition coupable, il mit fin par un coup d'Etat
à la république. Il renvoya le Parlement et se fit nommer *Protecteur*.

Il gouverna avec habileté et rendit de grands services à l'Angleterre.
Mais on ne peut oublier les violences qui l'ont porté au pouvoir et sa
trahison envers la république.

Cromwell mourut en 1658.

EXERCICES ORAUX ET ÉCRITS.

1. Explication des mots. — *Gravitation*, loi en vertu de laquelle les
corps s'attirent les uns vers les autres. — *Le Tasse*, célèbre poète
italien, auteur du poème de la *Jérusalem délivrée*, vivait au seizième
siècle.

2. Explication des noms géographiques. — *Londres*, capitale de
l'Angleterre. — *Cambridge*, célèbre université anglaise.

3. Questionnaire. — Quels sont les hommes célèbres, au dix-septième
siècle, des pays étrangers? — Citez les noms des grands peintres
hollandais, flamands, espagnols? des savants hollandais, italiens, allemands, anglais? — Quel est le plus grand poète de l'Angleterre ?
— Où fit-il son instruction? — Où voyagea-t-il ? — Que vit-il à Florence ? — Pourquoi revint-il en Angleterre? — De quel homme
d'Etat fut-il le secrétaire ? — Comment vécut-il dans sa vieillesse ?—
Comment composait-il ses vers? — A qui les dictait-il ? — Pourquoi?
— Quel est son poème si célèbre ?

4. Devoir à rédiger. — Racontez la vie de Milton.

CHAPITRE VIII

LE DIX-HUITIÈME SIÈCLE

PREMIER RÉCIT. — **LA RUSSIE. — PIERRE LE GRAND.**

LEÇON.

1. Pierre le Grand est le fondateur de la Russie
moderne.

2. C'est lui qui a introduit dans la Russie encore
barbare les mœurs et les institutions de l'Europe.

3. Il avait appris à connaître la civilisation en

accueillant les étrangers et en visitant deux fois les principaux pays de l'Europe.

4. Créateur de l'armée et de la marine, il fit une guerre heureuse au roi de Suède, Charles XII, qu'il vainquit à Pultava.

5. Il s'empara des provinces de la mer Baltique et y bâtit la capitale de Saint-Pétersbourg.

6. Pierre mourut en 1725. Les Russes l'ont surnommé le *Père de la Patrie*.

RÉCIT.

1. Le dix-huitième siècle. — Trois grands États, la Russie, la Prusse et les États-Unis d'Amérique ont fait leur apparition, au dix-huitième siècle. Et tous les trois doivent leur formation au génie de trois hommes remarquables.

Pierre le Grand fut le fondateur de la puissance russe, Frédéric II fut le créateur de la Prusse, et Washington fut le premier président de la République américaine.

2. La Russie. — La Russie, ce vaste empire qui occupe plus de la moitié de l'Europe, était encore, au dix-huitième siècle, un pays aussi inconnu que les pays de l'Asie. Elle n'avait alors aucun accès ni sur la mer Baltique qui appartenait à la Suède, ni sur la mer Noire qui était sous la dépendance de la Turquie. Etant isolée de l'Europe, elle était restée barbare. Elle n'avait ni marine, ni commerce, ni industrie. Les Russes, ignorants et grossiers, n'avaient pas les mœurs et les usages des peuples civilisés. Ce fut l'œuvre de Pierre le Grand de réformer la Russie et de lui donner une place parmi les nations de l'Europe.

3. La jeunesse de Pierre le Grand. — Pierre appartenait à l'illustre famille des Romanoff. Il était fils du tzar Alexis. A dix ans, il succéda à son père. Mais trop jeune pour régner, il fut placé sous la tutelle de sa sœur, la princesse Sophie. Pierre se développa en toute liberté ; il préféra au séjour énervant du palais la vie indépendante et vagabonde des rues de Moscou. Il y organisait avec ses jeunes amis de

petites armées qui se livraient de véritables batailles.
Il apprenait aussi avec curiosité par tous les aventuriers étrangers qui étaient venus à Moscou la langue
et les institutions des pays de l'Europe. A dix-sept
ans, il était déjà grand, fort, courageux ; il avait l'esprit ouvert à toutes les idées nouvelles : il résolut de
régner par lui-même.
Sophie fut enfermée
dans un monastère,
Pierre gouverna la
Russie.

**4. Premières
réformes.** — Pierre
voulut d'abord créer
une armée. Il organisa
dans une de ses mai-
sons de campagne un
régiment dont les sol-
dats furent recrutés
parmi ses domestiques
ou ses anciens compa-

Fig. 101. — Pierre le Grand.

gnons de plaisir ; il donna à chacun des grades selon
ses talents. Lui-même, pour donner l'exemple de la
discipline et de la soumission, commença par être
tambour. Il s'imposa tous les rudes travaux d'un
simple soldat.

Pierre voulut aussi avoir une marine. Il fit construire des barques et des chaloupes sur le Volga.
C'est avec cette petite flotte et avec son armée nais-
sante qu'il enleva la ville d'Azow aux Turcs. Ce fut
le premier port que les Russes possédèrent sur la
mer Noire.

5. Premier voyage de Pierre le Grand.
— Après ces premières réformes, Pierre résolut de
voyager en Europe pour connaître tous les arts qui
manquaient à son peuple. Ce voyage ne fut pas celui
d'un prince qui veut jouir des honneurs, mais d'un
simple particulier qui veut tout voir. En Hollande, il

travailla dans les chantiers du port de Saardam, vêtu comme les ouvriers, la hache à la main. Ses compagnons l'appelaient *Maître Pierre*. Après plusieurs mois de séjour à Amsterdam, il alla en Angleterre où le roi Guillaume lit fit présent du vaisseau, *le Royal-Transport*. Puis il désira connaître l'organisation militaire de l'Allemagne et il se rendit à Vienne. Mais là, apprenant que les soldats de sa garde, les Strélitz, s'étaient révoltés, il retourna dans ses États.

6. Sévérité de Pierre le Grand. — Cette insurrection fut réprimée avec la dernière rigueur. Plus de cinq mille Strélitz furent pendus ou eurent la tête tranchée. L'empereur était impitoyable contre tous ceux qui voulaient s'opposer à son œuvre de réforme. Il brisait tous les obstacles. Son fils même, son héritier qui avait critiqué les réformes, n'évita pas sa colère redoutable. Il le fit arrêter, jeter en prison et condamner à mort. Au moment où la sentence allait être exécutée, le jeune prince fut trouvé mort dans sa prison. On prétendit qu'il avait été empoisonné par ordre de son père.

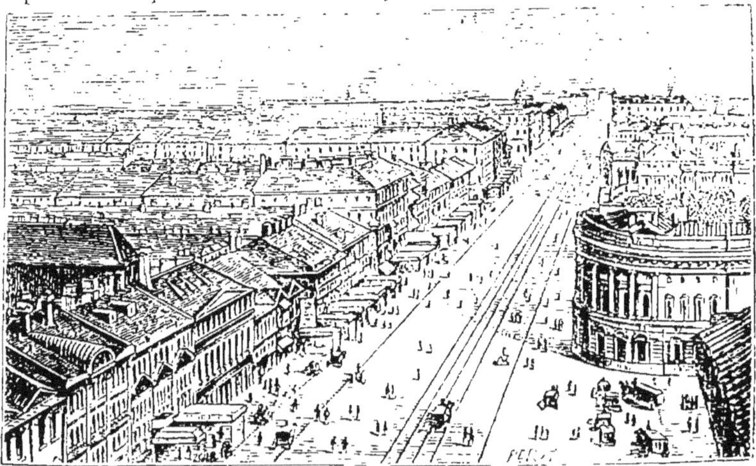

Fig. 102. — La perspective Newski à Saint-Pétersbourg.

7. Fondation de Saint-Pétersbourg. — Pierre faisait plier la nature elle-même à sa volonté indomptable. Moscou, la capitale de la Russie, lui paraissait trop éloignée de l'Europe. Il voulut avoir une capitale nouvelle. Il choisit sur la Baltique, à l'embouchure de la Néva, un emplacement et y jeta les fondements d'une ville. Le sol était marécageux. Des milliers d'ouvriers périrent de la fièvre. Rien n'arrêta Pierre le Grand. En quelques années il bâtit sur cette terre ingrate la belle ville de Saint-Pétersbourg.

8. Pierre le Grand et Charles XII. — Ce littoral de la Baltique où s'éleva la ville nouvelle, Pierre le Grand l'avait conquis sur les Suédois, après une longue guerre contre le roi Charles XII.

Charles XII fut un des plus grands hommes de guerre de la Suède; il n'aimait que le plaisir des combats. Il était dur pour lui-même; il avait une table des plus frugales et il ne buvait jamais que de l'eau. Il commença par vaincre Pierre le Grand. Mais celui-ci ne se découragea pas. « Les Suédois, disait-il, nous apprendront à les vaincre, à force de nous battre. » En effet, Pierre le Grand sortit vainqueur de cette lutte. A la bataille de Pultava, il mit les Suédois en dé-

Fig. 103. — Charles XII.

route et força Charles XII à se réfugier en Turquie. Plus tard, il conquit et annexa à son empire tout le littoral de la Baltique. La Russie put ainsi avoir des ports et une marine.

9. Dernier voyage de Pierre le Grand. — En 1717, Pierre le Grand voulut visiter une seconde fois l'Europe. Il vint en France où le successeur de

Louis XIV lui fit un brillant accueil. Mais Pierre se déroba aux plaisirs de la cour pour voir les choses utiles. Il visita la Sorbonne où il admira la statue de Richelieu : « Grand homme, dit-il, je donnerais la moitié de mes États pour apprendre de toi à gouverner le reste ! » A l'hôtel des Monnaies, on frappa en sa présence une médaille à son effigie. A l'hôtel des Invalides, il interrogeait les soldats, buvait avec eux et les appelait « ses camarades. » Partout il étonnait par son air simple et naturel, la vivacité de son esprit et par son désir de tout connaître.

10. Mort de Pierre le Grand. — L'empereur ne survécut que peu d'années à ce voyage. Il mourut en 1725. Il avait créé un peuple, à force d'énergie. Les Russes lui donnèrent le titre de *Grand* et de *Père de la Patrie.*

Pierre le Grand fut en effet le véritable fondateur de la Russie moderne.

LECTURE. — **Pierre le Grand.**

« C'était un fort grand homme, très bien fait, assez maigre, le visage assez de forme ronde, un grand front, de beaux sourcils, le nez assez court, sans rien de trop, gros par le bout ; les lèvres assez grosses ; le teint rougeâtre et brun ; de beaux yeux noirs, grands, vifs, perçants, bien fendus ; le regard majestueux et gracieux quand il y prenait garde, sinon sévère et farouche, avec un tic qui ne revenait pas souvent, mais qui lui démontait les yeux et toute la physionomie et qui donnait de la frayeur. Cela durait un moment avec un regard égaré et terrible, et se remettait aussitôt. Tout son air marquait son esprit, sa réflexion et sa grandeur, et ne manquait pas d'une certaine grâce. Il ne portait qu'un col de toile, une perruque ronde, brune, comme sans poudre, qui ne touchait pas ses épaules ; un habit brun juste au corps, uni, à boutons d'or ; veste, culottes, bas, point de gants, ni de manchettes ; l'étoile de son ordre sur son habit et le cordon par dessous, son habit souvent déboutonné tout à fait, son chapeau sur une table et jamais sur sa tête, même dehors. Dans cette simplicité, quelque mal voituré et accompagné qu'il pût être, on ne pouvait s'y méprendre à l'air de grandeur qui lui était naturel. »   SAINT-SIMON.

EXERCICES ORAUX ET ÉCRITS.

1. Explication des mots. — *Tsar,* c'est le nom qu'on donne aux empereurs de Russie. — *Mœurs,* manière de vivre d'un peuple ou d'un individu. On dit que les mœurs sont barbares ou civilisées.

2. Explication des noms géographiques. — *Russie,* la plus grande contrée de l'Europe, a pour capitale Saint-Pétersbourg. — *Moscou,* ancienne capitale et résidence des tsars. C'est encore aujourd'hui la ville sainte des Russes. — *Azow*, port de la Russie, sur la mer d'Azow. — *Saardam*, port de la Hollande. — *Pultava*, ville située au sud de la Russie.

3. **Questionnaire.** — Quels sont les trois grands États qui se sont formés au dix-huitième siècle? — Quels sont les trois hommes qui les ont fondés? — Quel était l'état de la Russie avant Pierre le Grand? — A quelle famille appartenait-il? — Comment passa-t-il sa jeunesse? — Que fit-il quand il voulut gouverner? — Comment créa-t-il l'armée et la marine? — Quels pays visita-t-il dans son premier voyage en Europe? — Que fit-il à son retour en Russie? — Qu'est-ce que les Strélitz? — Comment les punit-il? — Pierre le Grand était-il sévère? — Donnez un exemple de sa rigueur? — Quelle capitale a-t-il fondée? — Où? — Pourquoi? — A quel roi de Suède a-t-il fait la guerre? — Où l'a-t-il vaincu? — Quel est le second voyage de Pierre en Europe? — Quels monuments a-t-il visités en France? — En quelle année est-il mort? — Quel nom les Russes lui ont-ils donné.

4. **Devoir à rédiger.** — Résumer les principaux faits de la vie de Pierre le Grand.

Deuxième récit. — **LA PRUSSE. — FRÉDÉRIC LE GRAND.**

Leçon.

1. **Frédéric II, roi de Prusse, créa la puissance militaire de son royaume.**

2. **Homme de guerre habile, il vainquit l'Autriche dans deux grandes guerres et s'empara de la province appelée la Silésie.**

3. **Ambitieux sans scrupules, il provoqua le partage de la Pologne pour agrandir ses États.**

4. **Administrateur intelligent, il développa la prospérité de la Prusse par d'utiles institutions.**

5. **Littérateur, il a écrit des ouvrages importants pour l'histoire de son règne; il a entretenu une correspondance avec nos grands écrivains français et surtout avec Voltaire.**

6. **Frédéric II est mort en 1786, après avoir mis son pays au premier rang des puissances européennes.**

Récit.

1. La Prusse. — La Prusse, dont la puissance militaire est aujourd'hui si formidable, n'était encore au dix-huitième siècle qu'un des plus petits États de l'Europe. Ses souverains, qui appartenaient à la famille des Hohenzollern, avaient longtemps porté le titre modeste d'*électeurs de Brandebourg*. Ce n'est qu'en 1701 que l'électeur Frédéric prit la couronne royale et le titre de roi de Prusse.

Son fils Frédéric-Guillaume commença la grandeur militaire de la Prusse. Il ne s'occupait que de son armée. Il recrutait partout les plus beaux hommes pour le régiment de ses gardes, les *grenadiers de Potsdam,* dont le plus petit avait plus de six pieds. Ce goût exclusif pour l'armée fit donner à Frédéric-Guillaume le surnom de *roi-sergent.*

2. Jeunesse de Frédéric II. — Mais le véritable fondateur de la puissance prussienne fut Frédéric II. Ce prince n'avait pas fait prévoir dans son enfance ce qu'il serait plus tard. Il était petit, d'une complexion maladive et paraissait peu fait pour les exercices militaires. Il ne montrait du goût que pour les lettres et les arts. Il écrivait des poésies et jouait de la flûte. Son père, qui n'aimait que les colosses et les sol-

Fig. 104. — Frédéric II.

dats, n'avait pour lui aucune affection; il songea même à le déshériter : « Mon fils, disait-il avec colère, n'est qu'un bel esprit français qui gâtera toute ma besogne. »

3. Guerres de Frédéric II. — Cependant ce prince que le roi-sergent dédaignait a été, avec Turenne et Napoléon, un des hommes de guerre les plus remarquables des temps modernes. L'année même de son avènement, 1740, il entreprit contre l'Autriche une guerre qui fut signalée par de nombreuses victoires et qui lui valut la conquête d'une importante province, la Silésie. Mais bientôt la reine d'Autriche, Marie-Thérèse, forma contre Frédéric une puissante coalition. C'est dans cette guerre, qui dura sept ans, que le roi de Prusse fit preuve de la plus grande habileté militaire. Seul il tint tête aux armées de la France, de l'Autriche et de la Russie. Plusieurs fois il parut accablé par tant d'ennemis. Son énergie lui permit de supporter toutes ces épreuves. Il écrivait ces beaux vers :

> Pour moi, menacé du naufrage
> Je dois, en affrontant l'orage
> Penser, vivre et mourir en roi.

Il remporta de nombreuses victoires ; la plus célèbre est celle de Rosbach où les Français, commandés par Soubise, éprouvèrent un désastre. Il est vrai que ce général français était d'une grande incapacité. Aussi les Français, qui aiment à rire de tout même de leurs malheurs, se moquèrent de Soubise et firent ces vers célèbres :

> Soubise dit, la lanterne à la main :
> J'ai beau cherché où diable est mon armée ;
> Elle était là pourtant hier matin.
> Me l'a-t-on prise ou l'aurais-je égarée?

Frédéric II vainquit aussi les Autrichiens. A la bataille de Lissa, qui fut, selon Napoléon, un chef-d'œuvre de tactique, il leur enleva presque tous leurs drapeaux.

Grâce à son courage et à ses victoires, Frédéric II put conserver toutes ses conquêtes.

4. Duplicité de Frédéric. — Le roi de Prusse n'avait aucun scrupule pour satisfaire son ambition. C'est ainsi qu'il profita des malheurs de la Pologne pour agrandir ses États. Il fut le véritable inspirateur de ces funestes traités qui partagèrent les dépouilles de la Pologne entre la Prusse, la Russie et l'Autriche. Il agrandit ses États de tout le territoire situé à l'embouchure de la Vistule.

5. Administration de Frédéric. — Frédéric

assura la prospérité de son royaume par une habile administration. Il entreprit d'immenses travaux pour réparer les maux de la guerre et pour enrichir les provinces. Il reconstruisit à ses frais des villes et des villages ; fit dessécher les marais stériles et encouragea l'agriculture. Le roi se préoccupa beaucoup de l'instruction publique ; il créa des écoles et des collèges et rouvrit l'académie de Berlin que son père avait fermée.

6. Frédéric et les écrivains français. — Frédéric était un admirateur de notre littérature française. Il protégea les savants et entretint des relations suivies avec les écrivains français, et les attira dans son royaume. Voltaire vécut trois ans à la cour du roi de Prusse. Enfin Frédéric a écrit lui-même un certain nombre d'ouvrages en langue française qui sont précieux pour l'histoire du dix-huitième siècle.

7. Mort de Frédéric II. — Les contemporains de Frédéric II lui décernèrent le titre de *Grand*. Ce titre est bien justifié si on ne tient compte que des services qu'il a rendus à son pays. Mais il ne faut pas oublier que Frédéric employa trop souvent la ruse et le mensonge pour arriver à son but. Il croyait, comme tous les ambitieux, qu'il vaut mieux avoir pour soi la force que le droit.

Il mourut en 1786.

LECTURE. — Le colonel Chevert et le chevalier d'Assas.

Dans les guerres que les Français ont faites en Allemagne, sous le règne de Frédéric II, tous nos généraux n'ont pas été incapables comme Soubise à Rosbach. L'histoire raconte des traits de bravoure qui font honneur aux soldats français.

En 1741 le colonel Chevert assiégeait la ville de Prague, en Bohême. Au moment de monter à l'assaut, il réunit ses sergents : « Mes amis, dit-il, il me faut un homme de bonne volonté. » Puis, s'adressant à l'un d'eux, nommé Pascal : « Ce brave, c'est toi. Tu monteras le premier. — Bien, mon colonel. — La sentinelle criera : Qui va là ? — Bien, mon colonel. — Tu ne répondras rien. — Bien, mon colonel. — Elle tirera sur toi et te manquera. — Bien, mon colonel. — Tu la tueras. — Bien, mon colonel. » Le sergent obéit, tue la sentinelle et Chevert s'empare de Prague.

Quelques mois après, les Français étaient obligés d'abandonner la ville. Mais Chevert ne voulut partir qu'avec les honneurs de la guerre.

« Dites à votre général, répondit-il aux menaces des ennemis, que s'il ne m'accorde pas les honneurs de la guerre, je mets le feu aux quatre coins de Prague et m'ensevelis sous les ruines. » Les ennemis accédèrent à sa fière demande.

En 1760 un officier français, le chevalier d'Assas, capitaine au régiment d'Auvergne faisait une reconnaissance avec ses soldats. Tout à coup il est entouré par les Allemands qui voulaient surprendre notre armée. « Si vous criez, disent-ils, vous êtes mort! » D'Assas pouvait sauver sa vie; mais notre armée était perdue. Il n'hésita pas. « A moi, Auvergne, ce sont les ennemis! » cria-t-il de toutes ses forces. Il tomba aussitôt percé de coups. Mais les Français étaient avertis et ils remportèrent la victoire.

EXERCICES ORAUX ET ÉCRITS.

1. Explication des mots. — *Electeurs*, on donnait ce nom aux princes allemands qui avaient le droit d'élire l'empereur d'Allemagne. — *Bel esprit français*, Frédéric II lisait surtout les ouvrages de notre littérature française.

2. Explication des noms géographiques. — *Brandebourg*, est une province de la Prusse; elle a pour villes principales Berlin et Potsdam. — *Silésie*, province prussienne dans la belle vallée de l'Oder, capitale Breslau. — *Rosbach* et *Lissa*, villes de l'Allemagne. — *Pologne*, ancien royaume, capitale Varsovie, a été partagée entre la Prusse, l'Autriche et la Russie.

3. Questionnaire. — Qu'est-ce que la Prusse? — Qui en a été le premier roi? — A quelle famille appartenait-il? —Qu'est-ce que le *roi-sergent*? — Quelle fut la jeunesse de Frédéric II? — Dans quelles guerres révéla-t-il ses talents militaires? — Citez le nom de deux victoires? — Frédéric était-il ambitieux? — Quel pays a-t-il partagé et dépouillé? — A-t-il bien gouverné ses États? — Parlez de son administration? — Aimait-il la littérature française? — Avec quel écrivain était-il en correspondance? — Quel titre les Prussiens lui ont-ils donné? — Ce titre était-il mérité?

4. Devoir à rédiger. — Dites ce que vous savez de la vie de Frédéric II, roi de Prusse. Racontez le dévouement du colonel Chevert et du chevalier d'Assas.

TROISIÈME RÉCIT. — LA RÉPUBLIQUE DES ÉTATS-UNIS. — WASHINGTON.

LEÇON.

1. Georges Washington a été le fondateur et le premier président de la république américaine.

2. Nommé général en chef par les Américains qui s'étaient révoltés contre l'Angleterre, il fit triompher par son courage la cause de l'indépendance.

3. La France prit une part glorieuse à la guerre d'Amérique et fit reconnaître par le traité de Versailles la république américaine.

4. Washington fut nommé deux fois président de la république; puis se retira modestement dans son domaine où il mourut en 1799.

5. L'Amérique prit le deuil à la mort de cet homme de bien, qui avait été le modèle de toutes les vertus civiques et militaires.

RÉCIT.

1. Les États-Unis d'Amérique. — La grande république américaine, qui possède aujourd'hui un territoire aussi vaste que l'Europe et une population de plus de quarante millions d'habitants, n'était, au dix-huitième siècle, qu'une colonie anglaise. Cette colonie était divisée en treize provinces et n'était peuplée que de trois millions d'habitants.

Les colons américains avaient toujours été fidèles et soumis à l'Angleterre, leur mère-patrie. Mais en 1763 ils protestèrent contre les impôts que les Anglais voulaient illégalement leur faire payer. Ils se réunirent en 1774 en un congrès à Philadelphie et rédigèrent la déclaration de leurs droits. L'Angleterre n'ayant tenu aucun compte de leur réclamation, ils prirent les armes ; et bientôt, le 4 juillet 1776 ils firent paraître la proclamation d'indépendance qui constituait la république américaine, sous le nom d'*États-Unis d'Amérique*.

Fig. 105. — Washington.

2. Le général Washington. — Les Américains, pour défendre leur indépendance contre toutes les forces de l'Angleterre, confièrent la direction de la guerre à Georges Washington, qui fut nommé général en chef.

Washington était né le 22 février 1732, sur les bords du Potomac dans la Virginie.

Enfant, il reçut une éducation élémentaire. Il apprit

la lecture, l'écriture et les premières notions des mathématiques. Puis il mena la vie libre et entreprenante des planteurs américains qui convenait si bien à son caractère. Dans la guerre que les Anglais firent aux Français, Washington avait défendu la cause de ses compatriotes avec tant d'énergie qu'il parut le général le plus capable d'assurer la liberté de son pays.

Mais que de difficultés il eut à vaincre! Ses soldats étaient mal armés, mal exercés, sans discipline. Il dut organiser son armée. Il fut souvent vaincu par les troupes anglaises aguerries et bien commandées; mais il répara toujours ses défaites, à force de prudence et d'énergie.

3. Intervention de la France. — La cause de l'indépendance américaine avait excité en France une sympathie générale. Quelques jeunes nobles français tels que La Fayette, étaient partis pour l'Amérique et avaient offert leur épée à Washington. Bientôt même le roi Louis XVI, entraîné par l'opinion publique, se déclara l'allié des Américains. Une armée, sous le commandement de Rochambeau et de La Fayette se joignit aux soldats de Washington et fit capituler les Anglais à la grande victoire de York-Town. L'Angleterre reconnut l'indépendance de l'Amérique.

4. Le président Washington. — Washington avait conquis la liberté de son pays; il avait une œuvre encore plus difficile à accomplir, celle de lui donner un gouvernement régulier. Les soldats offrirent à leur général de le nommer roi. Il répondit avec une noble indignation. Il préféra rester le premier citoyen d'une république libre.

Les Américains, reconnaissants pour tant de glorieux services, le nommèrent deux fois président de la république. Washington ne voulut pas consentir à une troisième élection parce qu'elle n'était pas autorisée par la constitution américaine.

5. Mort de Washington. — Le héros de l'indépendance américaine se retira dans ses domaines,

Il y vécut dans la plus grande simplicité, reprenant cette vie de colon qu'il avait menée pendant toute sa jeunesse. Il n'avait pas voulu qu'on lui rendît aucun honneur ; il se contentait de cette douce satisfaction qu'éprouve l'honnête homme, celle d'avoir accompli son devoir.

Aussi, quand il mourut en 1799, la république entière prit le deuil. Le Congrès lui fit cette simple et magnifique oraison funèbre : « Il fut le premier dans la guerre, le premier dans la paix, le premier dans le cœur de ses concitoyens. »

Washington restera l'éternel exemple de tous les hommes d'État qui pensent qu'on peut faire de grandes choses par le respect du droit et la pratique de l'honnêteté.

LECTURE. — La mère de Washington.

Washington avait perdu son père, à l'âge de onze ans. Dès lors il resta sous la conduite de sa mère, femme d'un esprit élevé et pratique, d'un cœur chaud et ferme, qui savait inspirer à tous les siens un respect à la fois craintif et affectueux. Elle donna à son fils une éducation libre, simple et rude qui développa dans son âme le sentiment de la responsabilité. Elle ne redoutait pour lui ni les fatigues ni les dangers de cette vie aventureuse. Un jour, apprenant que son fils conduisait une expédition périlleuse, elle n'en montra aucune émotion ; elle ne se préoccupa que des devoirs qu'il avait à accomplir. « Georges, dit-elle noblement, ne s'oubliera pas lui-même. »

Quand La Fayette vint en Amérique, il voulut voir la mère de Washington. Il fut frappé de la noble figure de cette femme, de l'air de grandeur et de simplicité avec lequel elle recevait les marques de sa vénération et les soins empressés de ce fils qui faisait reculer la puissance de l'Angleterre.

Combien d'hommes célèbres doivent la meilleure part de leur gloire à l'éducation de leur mère !

EXERCICES ORAUX ET ÉCRITS.

1. **Explication des mots.** — *Congrès*, réunion ou assemblée. — *Planteur*, c'est le nom qu'on donne en Amérique aux cultivateurs qui ont de grandes plantations de tabac ou de cannes à sucre.

2. **Explication des noms géographiques.** — *États-Unis*, république de l'Amérique du Nord peuplée de 40 millions d'habitants, capitale Washington. — *Philadelphie*, ville des États-Unis. — *Virginie*, un des États de la République américaine. — *York-Town*, village des États-Unis, célèbre par la victoire des Américains et des Français sur les Anglais.

3. **Questionnaire.** — Qu'est-ce que Washington ? — Qu'était la République des États-Unis d'Amérique au dix-huitième siècle ? — Pourquoi révolta-t-elle contre l'Angleterre ? — En quelle année ? — Qui fut

général des Américains ? — Quelles difficultés eut-il à vaincre ? — Quel pays fut son allié ? — Quels Français se distinguèrent en Amérique ? — Qui était alors roi de France ? — Quelle victoire assura le triomphe de l'Amérique ? — A quelle dignité Washington fut-il deux fois élevé ? — Était-il ambitieux ? — Les Américains ont-ils pleuré sa mort ? Pourquoi ?

4. **Devoir à rédiger.** — Racontez la vie de Washington.

QUATRIÈME RÉCIT. **LES GRANDS ÉCRIVAINS. — VOLTAIRE.**

LEÇON.

1. Le dix-huitième siècle compte un grand nombre d'écrivains remarquables : Rousseau, Montesquieu, Diderot, et surtout Voltaire.

2. Voltaire naquit à Paris en 1694. Historien, philosophe, poète, il a traité tous les genres de littérature.

3. Il a été par l'étendue de ses connaissances, par la verve de ses écrits, par son amour du progrès le représentant le plus complet de son époque.

4. Voltaire est mort à Paris en 1778.

RÉCIT.

1. La France au dix-huitième siècle. — La royauté française, qui avait eu une grande force sous Louis XIV, s'affaiblit sous ses successeurs. Elle fut compromise par l'insouciance égoïste de Louis XV et perdue par la faiblesse de Louis XVI. Nos armées, mal commandées, furent trop souvent vaincues, et notre politique, autrefois souveraine, perdit peu à peu son influence.

2. Les écrivains. — Mais la France conserva toute sa supériorité dans les lettres et les sciences. Des écrivains aussi célèbres que ceux du siècle de Louis XIV attaquèrent avec une grande vivacité les abus du gouvernement et les vices de la société. Le peuple, qui avait si longtemps souffert, demandait alors des réformes ; il voulait détruire les privilèges des nobles et établir l'égalité de tous devant la loi et devant l'impôt. Ses demandes furent défendues par tous nos grands écrivains.

Montesquieu attaqua le pouvoir absolu de la royauté ; Rousseau établit que tous les citoyens étaient égaux ;

Diderot enseigna l'amour de l'humanité. C'est lui qui disait cette belle parole : « Celui qui blesse l'espèce humaine me blesse. »

Mais de tous les écrivains de ce temps celui dont le nom est resté le plus célèbre, c'est Voltaire.

3. Voltaire. — Fils d'un notaire au Parlement, Voltaire naquit à Paris en 1694. Elevé au collège Louis-le-Grand, alors dirigé par les jésuites, il les effraya par l'audace de ses idées. Une satire sur Louis XIV, publiée l'année même de la mort du roi,

Fig. 106. — Voltaire.

et faussement attribuée à Voltaire, le fit mettre à la Bastille. Il n'avait alors que vingt et un ans. C'est dans cette prison qu'il écrivit sa tragédie d'*OEdipe* qui commença sa réputation. Bientôt son poème de la *Henriade*, qui célébrait la tolérance religieuse de Henri IV, lui valut un succès plus grand encore. En 1726, il rentrait de nouveau à la Bastille pour avoir provoqué en duel le chevalier de Rohan qui s'était vengé d'une épigramme de Voltaire en le faisant frapper par ses laquais. A peine délivré, il fut exilé en Angleterre.

Voltaire habita tour à tour le château de Cirey, en Champagne, Paris, Berlin où le roi Frédéric le retint trois ans, et enfin le village de Ferney, dans le Jura. C'est dans cette dernière résidence qu'il passa les vingt dernières années de sa vieillesse ; c'est là aussi qu'il écrivit la plupart de ses ouvrages et qu'il exerça, par sa correspondance avec tous les hommes remarquables de son temps, une telle influence sur son siècle qu'on ne l'appelait plus que le *patriarche de Ferney*.

En 1778, il quitta sa retraite pour assister à Paris à la représentation de sa tragédie d'*Irène*. Ce fut un triomphe. « Parisiens, disait Voltaire, vous me ferez mourir de joie. » Il mourut quelques jours après.

4. Les ouvrages de Voltaire. — Aucun écrivain n'a été aussi heureusement doué que Voltaire. Son imagination si vive, sa verve intarissable, son esprit toujours pétillant et alerte, son bon sens mêlé de passion lui ont permis d'essayer tous les genres littéraires et d'obtenir dans tous une supériorité facile. Historien, il a écrit le *Siècle de Louis XIV*, l'*Histoire de Charles XII* et de *Pierre le Grand;* poète épique, il a écrit la *Henriade;* poète tragique, il a composé de nombreuses tragédies dont les plus connues sont *Alzire, Mérope, Mahomet, Zaïre;* philosophe, il nous a laissé son *Dictionnaire philosophique* et son *Essai sur les mœurs*. Enfin nous avons de lui une volumineuse correspondance où il a traité tous les sujets et où il a dépensé à pleines mains cet esprit aimable ou mordant qui lui a valu une réputation proverbiale.

LECTURE. — La célébrité de Voltaire.

Le nom de Voltaire est celui de tous les écrivains du dix-huitième siècle qui est resté le plus célèbre. Cette grande célébrité tient autant aux attaques dont sa mémoire a été l'objet qu'à l'admiration que ses œuvres ont soulevée. Beaucoup n'ont pas pardonné à Voltaire ses attaques si vives contre l'autorité religieuse, et cette mordante ironie qui ne respectait pas les anciennes croyances. D'autres ont vanté en lui sa passion de la vérité et son amour de l'humanité. Ils ont rappelé son éloquence et ses efforts pour faire réhabiliter la malheureuse famille Calas, dont le chef innocent avait été condamné au supplice de la roue. Ils n'ont pas oublié que Voltaire avait demandé l'affranchissement des serfs, l'égalité devant la loi, la suppression de la torture, une justice plus équitable et plus humaine, des retraites honorables pour les vieillards et les infirmes.

On peut dire que Voltaire, par ses qualités comme par ses défauts, a été le représentant le plus complet du dix-huitième siècle.

EXERCICES ORAUX ET ÉCRITS.

1. Explication des mots. — *Privilége*, droits dont jouissent certains hommes. La loi doit être égale pour tous. — *Satire*, écrit dans lequel on tourne quelqu'un en ridicule. — *Bastille*, forteresse et prison d'État.

2. Explication des noms géographiques. — *Berlin*, capitale de la

Prusse. — *Ferney*, village du département de l'Ain, appelé aujourd'hui *Ferney-Voltaire*.

3. **Questionnaire.** — Quels sont les hommes de guerre ou ministres les plus remarquables du dix-huitième siècle en France? — Citez les noms des principaux écrivains? — Le plus célèbre? — Où est né Voltaire? — Quels furent ses premiers ouvrages? — Pourquoi fut-il enfermé à la Bastille? — Où a-t-il vécu? — Où a-t-il résidé le plus longtemps? — Citez quelques-uns de ses ouvrages? — A quoi est due la grande célébrité de Voltaire?

4. **Devoir à rédiger.** — Citez les noms des principaux écrivains du dix-huitième siècle et des principaux ouvrages de Voltaire.

CINQUIÈME RÉCIT. — **LES SAVANTS. — BUFFON. — LAVOISIER. — FRANKLIN.**

LEÇON.

1. Le dix-huitième siècle a été surtout remarquable par les grandes découvertes scientifiques.

2. Buffon, né à Montbard, a révélé l'histoire naturelle par ses études sur l'homme et les animaux, et par son beau livre des *Époques de la nature*.

3. Lavoisier, né à Paris, a créé la science de la chimie par ses expériences sur la composition de l'eau et de l'air.

4. L'Américain Franklin a fait faire de grands progrès à la physique. C'est à lui que nous devons les premières expériences sur l'électricité.

RÉCIT.

1. Les sciences au dix-huitième siècle. — Aucune époque n'a été plus remarquable que le dix-huitième siècle par les découvertes scientifiques. L'histoire naturelle était révélée par Buffon; la chimie était créée par Lavoisier; la physique faisait ses premiers progrès avec Franklin.

2. Buffon et l'histoire naturelle. — Buffon naquit à Montbard, en 1707. Bien qu'appartenant à une famille noble et riche, il se déroba aux plaisirs pour se consacrer à l'étude des sciences. Ses premiers travaux le rendirent bientôt célèbre et, jeune encore, il fut nommé membre de l'Académie des sciences, puis directeur du Jardin des plantes.

C'est là qu'il conçut l'idée d'écrire l'histoire de la

nature. Il associa à ses travaux des savants renommés, tels que Daubenton ; et, après dix ans de
recherches, il publia ses trois premiers volumes qui
excitèrent une admiration générale.

Il compléta son œuvre par toute une vie de travail;
et, après avoir exposé dans son *Histoire naturelle*,
l'histoire de l'homme
et des animaux, il
chercha à expliquer,
dans son beau livre
des *Époques de la na-
ture*, comment la terre
s'était formée. Toutes
les idées de Buffon
n'ont pas été acceptées
par la science moderne
qui est plus rigoureuse
et plus précise ; mais
il a eu le mérite de

Fig. 107. — Buffon.

poser le premier ces grands problèmes de la science
et de nous intéresser à ses belles descriptions par la
noblesse et l'éclat de son style.

3. La vie de Buffon. — Ce qui nous frappe
dans la vie de Buffon, c'est l'opiniâtreté de son travail. « Le génie, disait-il, n'est qu'une longue patience. » Lui-même fut un exemple de ce que peut la
volonté pour faire de grandes choses. Pendant cinquante ans il vécut retiré dans son château de
Montbard, tout entier à son étude. Il recopia, dit-on,
quatorze fois son livre des *Époques de la nature*,
n'étant jamais satisfait de lui-même et corrigeant
avec soin toutes les erreurs qui lui étaient si-
gnalées.

Ce savant fut, comme tous les grands hommes du
dix-huitième siècle, bon et humain. Il consacrait sa
fortune à soulager les misères et il faisait la charité
avec délicatesse. Il faisait souvent travailler des ouvriers à ses terres, bien que le travail ne fût pas tou-

jours utile. « Mes jardins, disait-il, sont un prétexte à faire l'aumône. »

4. Célébrité de Buffon. — La renommée de Buffon s'était répandue dans l'Europe entière. L'empereur d'Allemagne vint le visiter à Montbard; le roi de Prusse lui envoyait ses ouvrages, et l'impératrice de Russie lui offrait des objets rares pour ses collections. Les Français lui élevèrent une statue de son vivant et ils y gravèrent cette belle inscription: « Son génie fut égal à la grandeur de la nature. »

Buffon mourut en 1788, à l'âge de quatre-vingt-un ans.

5. Lavoisier. — Comme Buffon, Lavoisier consacra sa vie et sa fortune, qui était considérable, aux progrès de la science.

Lavoisier naquit à Paris en 1743. Il était fils d'un riche commerçant. Jeune encore, il montra de grandes dispositions pour l'étude des sciences; à l'âge de vingt-trois ans, il recevait une médaille d'or de l'Académie.

Fig. 108. — Lavoisier.

Il accrut la fortune que son père lui avait laissée, par sa charge de *fermier général* qui lui permettait de recueillir tous les impôts d'une province, moyennant une somme fixe à payer à l'État.

Mais ces richesses ne furent pour lui qu'un instrument de travail. Il fit construire un magnifique laboratoire et y installa tout ce qui était nécessaire à ses expériences. Tous les savants qui voulaient faire des recherches trouvaient là d'admirables ressources pour

leurs études. Aujourd'hui nos grandes écoles sont
toutes pourvues de laboratoires ; mais, à cette époque, il fallait être riche comme Lavoisier pour se
procurer les matières et les instruments nécessaires
aux recherches scientifiques.

6. Travaux de Lavoisier. — C'est alors que
Lavoisier fit ses remarquables expériences sur la
composition de l'air. Il démontra par l'analyse que
l'air est formé de deux gaz,
l'un qu'il appela *oxygène*,
l'autre qu'il appela *azote*. Il
put alors expliquer la respira-
tion qui n'est qu'un phénomène
de combustion. Bientôt il dé-
composa l'eau comme l'air et
y découvrit aussi deux éléments, l'oxygène et l'hydro-
gène.

L'illustre savant, poursui-
vant ses travaux, put alors
constituer la chimie, cette
science vraiment française ; il

Fig. 109.
Lavoisier dans son laboratoire.

rangea à leur place les phénomènes physiques, et
donna l'explication et la théorie des actions que les
corps exercent les uns sur les autres.

7. Mort de Lavoisier. — Une mort préma-
turée et injuste arrêta ces beaux travaux. La Convention avait décrété la peine de mort contre tous les
fermiers généraux. Beaucoup, en effet, s'étaient rendus odieux par les abus qu'ils avaient commis dans
la perception des impôts. Lavoisier, au contraire, avait
signalé son administration par d'utiles réformes. Il
avait fait abolir un impôt inique qui frappait les Juifs
de Metz ; il avait généreusement secouru la ville de
Blois dans une année de disette.

Mais le tribunal révolutionnaire ne se laissa toucher ni par la bienfaisance de Lavoisier ni par les services qu'il avait rendus à la France. Condamné à la

peine de mort, l'illustre savant demanda quelques jours de sursis pour terminer ses travaux. « Je ferai ensuite, dit-il, le sacrifice de ma vie à la patrie. » Ce sursis lui fut refusé. Il monta sur l'échafaud le 8 mai 1794. Il n'avait que cinquante-trois ans.

8. Franklin. — Le célèbre Américain Benjamin Franklin est un exemple mémorable de ce que peuvent l'intelligence et le travail pour accomplir les plus grandes choses.

Il naquit en 1706, à Boston. Son père, qui était un modeste fabricant de chandelles, devait par son travail suffire aux besoins d'une famille qui comptait dix-sept enfants. Aussi ne put-il leur procurer une éducation bien coûteuse. Benjamin Franklin ne resta à l'école qu'une année.

Fig. 110 — Franklin.

Dès l'âge de dix ans, il fut employé à la fabrication de chandelles ; pendant deux années, il fut occupé à couper des mèches. Ce métier était peu de son goût. Son père le conduisit tour à tour chez des menuisiers, des maçons, des vitriers, des tourneurs afin de reconnaître la profession qui lui conviendrait le mieux. Enfin on décida de le faire imprimeur.

9. Travaux de Franklin. — Tout en travaillant à son métier Franklin s'instruisit ; il lisait avec passion et il apprit à peu près seul tout ce qu'on savait à son époque des découvertes scientifiques. Il compléta son instruction par un voyage en Angleterre. A son retour il fonda une imprimerie à Philadelphie

et acquit bientôt par son travail une grande fortune.
Il en fit le plus noble usage. Il fonda une bibliothèque
publique, la première qui ait existé en Amérique ; il
organisa une société pour l'étude des questions
de morale ou de politique ; enfin il écrivit pour les
classes populaires, son *Almanach* du *bonhomme
Richard*. Il aimait à y donner des préceptes qui
frappaient les esprits par leur forme vive et précise.
Ainsi il disait : *Ne prodiguez pas le temps, car c'est
l'étoffe dont la vie est faite ; la paresse va si lente-
ment que la pauvreté l'atteint bientôt ; l'orgueil dé-
jeune avec l'abondance, dîne avec la pauvreté, et
soupe avec la honte.*

10. Franklin et l'expérience du cerf-volant.

—Mais Franklin ne négligeait pas, en accom-
plissant toutes ces œuvres utiles, ses études scientifiques. Il avait un goût
prononcé pour la phy-
sique. Il cherchait sur-
tout à expliquer le phé-
nomène de l'électricité.
Convaincu que la fou-
dre n'était que l'élec-
tricité qui se dégageait
des nuages il voulut
vérifier l'exactitude de
ce fait.

Par un temps d'orage
il lance dans les airs un
cerf-volant dont l'ex-
trémité était munie
d'une pointe de fer. Il
attache au cerf-volant
une corde terminée par
une clef en fer. Bientôt
les fils de la corde se

Fig. 111. — Paratonnerre.

raidissent. C'est l'électricité qui descend. Il présente
son doigt à la clef et éprouve une forte commotion.

Franklin avait démontré la conductibilité du fluide électrique; il fit aussitôt l'application de sa découverte; il construisit les *paratonnerres*.

11. Franklin et la République américaine. — Franklin ne fut pas seulement un savant; il fut aussi un grand patriote. Au moment où les colonies d'Amérique se soulevaient contre l'Angleterre, il fut envoyé en France pour négocier une alliance avec notre pays. La noblesse et la simplicité de son caractère, ses découvertes sur l'électricité l'y firent accueillir par les plus célèbres personnages. Il fut bien vite aussi populaire à Paris qu'à Philadelphie. Voltaire bénit son petit-fils en disant: « Dieu et liberté, voilà la bénédiction qui convient au fils de Franklin. » Le roi le reçut à la cour et signa, à sa demande, l'alliance de la France avec la République américaine.

12. Mort de Franklin. — Après le traité de Versailles qui reconnaissait l'indépendance de son pays, Franklin retourna en Amérique. Ses conseils furent souvent précieux pour la jeune République.

La dernière pensée de cet homme de bien fut encore pour ses concitoyens. Il légua une partie de sa fortune aux écoles gratuites, aux jeunes apprentis de Boston, et à l'hôpital de Philadelphie. Il laissa sa canne à pomme d'or à Washington, à son ami, à celui qu'il appelait « l'ami du genre humain. »

Franklin mourut en 1790. La République décréta que tous les citoyens porteraient pendant deux mois le deuil de sa mort. La France, par une pensée pieuse, s'associa au deuil de l'Amérique.

LECTURES

PREMIÈRE LECTURE. — **Éloge de Franklin.**

Peu de carrières ont été aussi pleinement, aussi vertueusement, aussi glorieusement remplies que celle de ce fils d'un teinturier de Boston, qui commença par couler du suif dans des moules de chandelles, se fit ensuite imprimeur, rédigea les premiers journaux américains, fonda les premières manufactures de papier dans ces colonies, dont il accrut la civilisation matérielle et les lumières: découvrit l'identité du fluide électrique et de la foudre; devint membre de l'Académie

des sciences de Paris et de presque tous les corps savants de l'Europe ;
fut auprès de la métropole le courageux agent des colonies soumises ;
auprès de la France et de l'Espagne le négociateur heureux des colonies
insurgées, et se plaça à côté de Washington comme fondateur de leur
indépendance ; enfin, après avoir fait le bien pendant vingt-quatre ans,
mourut environné des respects des deux mondes comme un sage qui
avait étendu la connaissance des lois de l'univers, comme un grand
homme qui avait contribué à l'affranchissement et à la prospérité de sa
patrie, et mérita non seulement que l'Amérique tout entière portât son
deuil, mais que l'Assemblée nationale de France s'y associât par un
décret public.   MIGNET.

DEUXIÈME LECTURE. — **Le sifflet de Franklin.**

Franklin apprit de bonne heure à réfléchir et à se régler. La première leçon qu'il reçut à cet égard, et qui fit sur lui une impression
ineffaçable, lui fut donnée à l'âge de six ans. Un jour de fête il avait
quelque monnaie dans sa poche, et il allait acheter des jouets d'enfant.
Sur son chemin, il rencontra un petit garçon qui avait un sifflet, et qui
en tirait des sons dont le bruit pressé et vif le charma. Il offrit tout ce
qu'il avait d'argent pour acquérir ce sifflet qui lui faisait envie. Le
marché fut accepté ; et dès qu'il en fut devenu le joyeux possesseur, il
rentra chez lui en sifflant à étourdir tout le monde dans la maison. Ses
frères, ses sœurs, ses cousines lui demandèrent combien il avait payé cet
incommode amusement. Il leur répondit qu'il avait donné tout ce qu'il
avait dans sa poche. Ils se récrièrent, en lui disant que ce sifflet valait
dix fois moins, et ils énumérèrent malicieusement tous les jolis objets
qu'il aurait pu acheter avec le surplus de ce qu'il devait en payer. Il
devint alors tout pensif, et le regret qu'il éprouva dissipa tout son
plaisir. Il se promit bien, lorsqu'il souhaiterait vivement quelque chose,
de savoir auparavant combien cela coûtait, et de résister à ses entraînements par le souvenir du *sifflet*.

Cette histoire, qu'il racontait souvent et avec grâce, lui fut utile en
bien des rencontres. Jeune et vieux, dans ses sentiments et dans ses
affaires, avant de conclure ses opérations commerciales et d'arrêter ses
déterminations politiques, il ne manqua jamais de se rappeler l'achat du
sifflet. Quoi qu'il désirât, qu'il achetât ou qu'il entreprît, il se disait :
Ne donnons pas trop pour le sifflet.   MIGNET.

EXERCICES ORAUX ET ÉCRITS.

1. Explication des mots. — *Sciences naturelles*, ont pour objet l'étude
de la nature. Elles comprennent la *géologie* (science de la terre), la
zoologie (étude des animaux), l'*anthropologie* (étude de l'homme), la
botanique (étude des plantes), la *physique* (étude des forces qui agissent
dans la nature), la *chimie* (qui nous enseigne la composition des corps).
— *Fermier général*, financier qui prenait à ferme les revenus d'une province.

2. Explication des noms géographiques. — *Montbard*, ville de la
Côte-d'Or (Bourgogne). — *Blois*, chef-lieu du département de Loir-et-
Cher. — *Boston*, ville d'Amérique.

3. Questionnaire. — Où est né Buffon ? — Quels furent ses premiers
travaux ? — Où conçut-il l'idée d'écrire l'histoire de la nature ? — Quels
sont ses deux principaux ouvrages ? — Quel en est le mérite ? — Quelle
était la principale qualité de Buffon ? — Combien de fois a-t-il relu son

livre des *Époques de la nature ?* — Pourquoi? — Quelles étaient les qualités personnelles de Buffon? — Fut-il célèbre de son temps? — Montrez-le par quelques exemples?

Qu'est-ce que Lavoisier? — Où est-il né? — Était-il riche? — Pourquoi? — A quoi consacrait-il ses richesses? — Quelles sont les plus remarquables expériences de Lavoisier? — Comment est-il mort? — Racontez sa mort?

Où est né Franklin? — Était-il d'une famille riche? — Que fit-il dans sa jeunesse? — Comment gagna-t-il une grande fortune? — Quel journal fonda-t-il? — Quelle expérience fit-il sur l'électricité? — Racontez cette expérience? — Quelle part a-t-il prise à la guerre de l'indépendance américaine? — Où était-il ambassadeur? — Quel homme célèbre y vit-il? — A qui légua-t-il une partie de sa fortune? — Que fit la République à sa mort?

4. **Devoir à rédiger.** — Racontez la vie de Buffon, de Lavoisier et de Franklin.

SIXIÈME RÉCIT. — **LES EXPLORATEURS. — COOK. — LA PÉROUSE. — BOUGAINVILLE.**

LEÇON.

1. Le dix-huitième siècle fut une époque de voyages et de grandes découvertes maritimes.

2. Trois voyageurs se sont distingués entre tous, l'Anglais Cook et les Français La Pérouse et Bougainville.

3. Cook, fils d'un ouvrier, engagé sur la marine à l'âge de dix-neuf ans, se forma lui-même dans l'étude des sciences.

4. Il fit trois voyages dans l'océan Pacifique et explora la Nouvelle-Zélande, l'Australie, la Nouvelle-Calédonie, les îles Hawaï.

5. C'est là qu'il trouva la mort. Il fut massacré à l'âge de cinquante et un ans par les Insulaires.

RÉCIT.

1. Les voyages. — Le dix-huitième siècle fut, comme le quinzième, une époque de voyages et de grandes découvertes maritimes. L'océan Pacifique fut exploré par de hardis navigateurs parmi lesquels il faut citer au premier rang l'Anglais Cook et les Français Bougainville et Lapérouse.

2. Cook. — James Cook naquit en 1728 à Marton, dans le comté d'York, en Angleterre.

Fils d'un pauvre journalier qui avait neuf enfants à élever, il ne put recevoir qu'une instruction élémentaire à l'école primaire d'Ayton où il apprit à lire et à écrire.

Il travailla d'abord chez un mercier ; mais, comme il avait beaucoup de goût pour la marine, il s'engagea à dix-neuf ans, comme novice sur un navire marchand employé au transport de la houille. Plus tard il fut enrôlé sur un vaisseau de l'État et prit une part glorieuse aux combats des Anglais dans le Canada. Mais en même temps il se perfectionnait dans l'étude des sciences et apprenait les éléments de la géométrie et de l'astronomie. Il rédigea sur ses voyages plusieurs mémoires qui attirèrent sur lui l'attention de la société royale de Londres.

3. Premier voyage d'exploration. — Aussi, quand les Anglais organisèrent une grande expédition scientifique pour l'île Taïti, c'est à Cook, déjà célèbre, qu'ils en confièrent la direction. Il partit accompagné des naturalistes Banks et Solander et de l'astronome Green.

Ce voyage qui dura deux ans (1769-1771) eut les plus heureux résultats, non seulement pour la science, mais pour les découvertes géographiques. Cook traversa l'Atlantique, doubla le cap *Horn*, parcourut l'archipel *Pomotou*, exploré l'année précédente, par l'illustre navigateur français, Bougainville, et arriva à *Taïti* où il séjourna six mois.

Puis, continuant ses voyages d'exploration, Cook découvrit un grand nombre des îles de l'Océanie ; il fit le tour de la *Nouvelle-Zélande* dont le voyageur hollandais, Tasman, n'avait reconnu que quelques points. Le premier il traversa le détroit qui sépare en deux parties cette grande île : ce détroit porte le nom de détroit de *Cook*.

Cook explora ensuite les côtes de la *Nouvelle-Galles du Sud ;* il séjourna longtemps dans une vaste rade où il reconnut une grande quantité de plantes rares ; il nomma cette baie, baie de la botanique, *Botany-Bey*. L'année suivante il revint en Europe par le cap de Bonne-Espérance.

4. Deuxième voyage. — Dans son second voyage Cook avait résolu d'explorer les terres australes vers le pôle nord. Mais son navire fut arrêté par les glaces et il revint dans l'océan Pacifique. Il y compléta ses observations sur l'île Taïti et découvrit de nouveaux

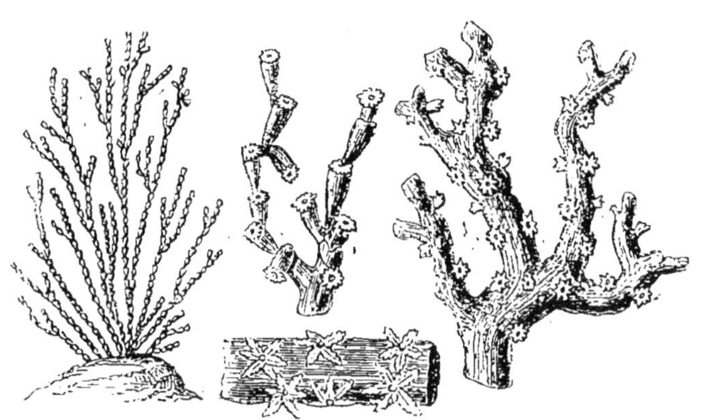

Fig. 112. — Plantes sous la mer.

archipels parmi lesquels il faut citer les îles *Sandwich* et de la *Nouvelle-Calédonie*.

Son retour en Angleterre fut salué par l'admiration de ses concitoyens. Il fut nommé capitaine de vaisseau et membre de la société royale de Londres.

5. Troisième voyage. — Le hardi explorateur se déroba aux honneurs qu'il avait si bien mérités et partit pour un troisième voyage. Il tenta encore inutilement de pénétrer dans l'océan Glacial mais il ne put franchir les glaces au delà du *détroit de Behring*. Il voulut alors compléter, dans l'océan Pacifique, l'exploration des îles *Hawaï*. C'est là qu'il finit sa glorieuse vie. Il avait débarqué dans l'île avec quelques hommes seulement pour réclamer aux indigènes quelques objets qu'ils avaient volés. Il voulut s'emparer de leur chef; mais les insulaires arrivèrent en foule, se jetèrent sur lui et le massacrèrent. Il n'avait que cinquante et un ans.

La réputation de ce célèbre explorateur était aussi

grande en France qu'en Angleterre. Le roi Louis XVI avait ordonné, pendant la guerre des Français contre les Anglais, que les navires de Cook fussent traités comme des navires neutres. Cet homme, disait-il, ne faisait pas seulement honneur à l'Angleterre, mais à l'humanité.

LECTURES.

PREMIÈRE LECTURE. — **Bougainville.**

Deux voyageurs français, Bougainville et Lapérouse, se signalèrent comme Cook, par leurs belles découvertes dans ce nouveau continent de l'océan Pacifique, appelé l'Océanie.

Bougainville naquit à Paris en 1729. Ses parents avaient voulu en faire un avocat; il préféra être soldat. Il se distingua dans les armées françaises et fit, comme colonel, les campagnes du Canada. Mais quand la paix fut signée, il ne put se résoudre à vivre dans le repos et il devint marin.

Les connaissances profondes que Bougainville avait acquises dans les sciences mathématiques et en astronomie le désignèrent pour diriger un voyage d'exploration autour du monde.

Ce voyage commencé en 1766 dura trois ans. Bougain-

Fig. 113. — Sauvages de l'Océanie.

ville explora successivement les îles *Pomotou*, appelées archipel dangereux, à cause de leurs récifs, *Taïti*, les îles *Hamoa* habitées par une population de marins, ce qui leur fit donner le nom d'*île des Navigateurs*, les nouvelles *Hébrides* et l'archipel des îles *Salomon*.

A son retour, Bougainville écrivit une relation de son voyage. Ce livre, plein de récits émouvants et de descriptions charmantes, obtint le plus vif succès et fut traduit dans toutes les langues.

Le savant explorateur vécut désormais à Paris entouré de l'estime de ses concitoyens. Nommé membre de l'Institut et sénateur, il consacra à la science le repos de sa vieillesse. Il mourut en 1811 à quatre-vingt-deux ans.

DEUXIÈME LECTURE. — **La Pérouse.**

Le voyageur français, La Pérouse, mourut comme l'Anglais Cook, victime de son dévouement à la science.

La Pérouse était né à Albi en 1741. Dans sa jeunesse il lisait avec avidité les récits de voyage et il résolut de se faire marin. Admis à l'école de marine, il devint un des officiers les plus distingués de la marine royale.

Le roi Louis XVI, qui aimait beaucoup la géographie, encourageait les voyages d'exploration. Il confia à la Pérouse la direction d'une grande expédition autour du monde et écrivit lui-même les instructions pour le voyage.

Le voyage de La Pérouse dura trois ans. Le navigateur envoyait régulièrement des nouvelles de ses explorations, lorsque tout à coup ses correspondances cessèrent. Le roi inquiet envoya des marins à sa découverte. On ne découvrit rien. La Pérouse était-il prisonnier dans quelque île inconnue? Avait-il fait naufrage? Malgré toutes les recherches on ne put se procurer aucun renseignement.

Fig. 114. — La Pérouse.

Ce n'est que quarante ans plus tard, en 1828, qu'un célèbre marin normand, Dumont d'Urville, découvrit dans une île de l'Océanie les débris de deux navires naufragés. Les insulaires lui apprirent qu'une tempête avait brisé ces navires. Mais il ne put savoir ce qu'étaient devenus La Pérouse et ses compagnons. Peut-être avaient-ils péri dans le naufrage? Peut-être avaient-ils été tués par les sauvages? Quoi qu'il en soit, d'Urville recueillit pieusement tous les débris de l'expédition et les rapporta en France où ils sont encore conservés dans le musée de la marine. Il fit élever aussi sur les bords de l'île un tombeau pour rappeler le souvenir du courageux navigateur.

EXERCICES ORAUX ET ÉCRITS.

1. **Explication des mots.** — *Novice*, c'est-à-dire nouveau, apprenti. — *Houille*, charbon. L'Angleterre est le pays qui en exporte le plus.

2. **Explication des noms géographiques.** — *Marton, Ayton,* villes d'Angleterre.—*Taïti, Pomotou, Nouvelle-Zélande, Nouvelle-Galles du Sud, Nouvelle-Calédonie, îles Sandwich,* dans l'Océanie. — *Cap Horn,* à l'extrémité sud de l'Amérique. — *Détroit de Behring,* fait communiquer l'océan Atlantique avec l'océan Glacial du nord.

3. **Questionnaire.** — Quels sont les grands navigateurs du dix-huitième siècle? — Où est né Cook? — Comment a-t-il passé sa jeunesse? — Comment s'est-il formé? — Combien de voyages a-t-il faits?— Dans quel océan? — Quels pays a-t-il explorés? — Où est-il mort? — Comment?

4. **Devoir à rédiger.** — Racontez les voyages de Cook, de Bougainville et de La Pérouse.

CHAPITRE IX
LA RÉVOLUTION FRANÇAISE

PREMIER RÉCIT. — UN GRAND ORATEUR. — MIRABEAU.

LEÇON.

1. La Révolution française de 1789, qui a fondé l'égalité des citoyens, est le plus grand événement de l'histoire contemporaine.

2. Mirabeau fut l'orateur le plus célèbre de la Révolution.

3. Né près de Nemours en 1749, député de la Provence aux états généraux, il prit part à toutes les grandes discussions dans l'Assemblée constituante.

4. Après avoir défendu avec éloquence les droits du peuple, il voulut sauver la royauté. Mais ses forces étaient épuisées par la lutte.

5. Mirabeau mourut le 2 avril 1791. La nation lui fit de magnifiques funérailles.

RÉCIT.

1. La Révolution française. — A la fin du dix-huitième siècle un grand changement s'est produit dans la société française. Le peuple qui n'était rien a détruit les privilèges de la noblesse et du clergé; et l'égalité de tous les Français devant la loi a été reconnue. Le roi, qui était le souverain maître, a dû partager son pouvoir avec les représentants de la nation. Les hautes charges et les dignités de l'Etat n'ont plus été réservées aux nobles, mais sont devenues accessibles à tous les citoyens qui s'en montraient dignes.

Ce changement a été accompli par la révolution française de 1789, l'événement le plus mémorable de notre histoire contemporaine.

2. L'Assemblée constituante. — Les députés de la Nation, que le roi avait convoqués pour obtenir de nouveaux impôts, exigèrent des réformes. Ils déclarèrent qu'ils ne se sépareraient pas avant d'avoir donné à la France de nouvelles lois, c'est-à-dire une *constitution*. Les états généraux prirent alors le titre d'*Assemblée constituante*.

Parmi les orateurs de l'assemblée, qui défendirent avec le plus d'éloquence les droits du peuple, il faut citer Mirabeau.

3. Mirabeau. — Mirabeau naquit en 1749 au château de Bignon, près de Nemours, Seine-et-Marne. Cet enfant, qui devait être un si grand orateur, était né avec la langue liée, un pied tordu, et deux grosses dents déjà formées dans sa bouche. Une petite vérole l'avait défiguré dès l'âge de trois ans. Mais sous sa laideur apparente on remarquait en lui une grande force et une intelligence très vive.

Fig. 115. — Mirabeau.

Il apprit de ses précepteurs avec une égale facilité les langues étrangères, les sciences, la musique. Il montra aussi une grande habileté pour les exercices du corps. Il n'avait pas son pareil pour l'équitation, l'escrime, la natation et la danse. Mais, ce qui était remarquable en lui, c'était sa disposition naturelle à s'exprimer avec passion. Il n'avait encore que neuf ans que son père disait déjà de lui: « C'est un péroreur à perte de vue. »

4. Mirabeau député. — La vie de Mirabeau jusqu'en 1789 ne fut qu'une suite d'aventures et de scandales. Tour à tour prisonnier ou exilé, il étonna toujours par la grandeur de son talent, et par la passion fougueuse de sa nature qui l'entraîna aussi facilement vers le mal que vers le bien.

En 1789, quand le roi convoqua les états généraux, Mirabeau se présenta en Provence, pour être élu député. Quoique noble par la naissance, il défendit la cause du peuple. Aix et Marseille le nommèrent député.

5. Mirabeau orateur. — A l'Assemblée constituante, Mirabeau occupa bien vite la première place par la puissance de sa parole. Quand il était à la tribune, son extérieur étonnait tout d'abord. Sa taille moyenne et massive lui donnait une apparence lourde. Sa tête, posée sur un col étroit, était énorme. Il avait le visage pâle et couvert des taches de la petite vérole. Ses traits durs, ses yeux enfoncés sous le sourcil, sa chevelure épaisse et hérissée ajoutaient à sa laideur. Mais il tirait parti de sa laideur même contre ses adversaires : « Je vais, disait-il, leur montrer la hure. »

On ne peut se faire une idée de l'impression que cet orateur produisait à la tribune. Son début était d'abord lourd et embarrassé; sa voix âpre et dure était longtemps traînante. Mais bientôt Mirabeau éclatait dans un mouvement d'impatience ou de colère, et alors ses paroles jaillissaient énergiques et mordantes. Il méprisait, il menaçait, il insultait ses adversaires, et l'assemblée, étonnée de son audace et de son éloquence, subissait l'empire de son génie.

6. Les discours de Mirabeau. — Il est peu de discussions auxquelles Mirabeau n'ait pris une part brillante. Dans les circonstances graves il était toujours prêt à exposer par un mot juste ou terrible les sentiments de tous. Le roi, irrité de l'audace de l'assemblée, avait voulu forcer ses membres à se retirer. Le grand maître des cérémonies apporta les ordres du roi. L'assemblée était muette et consternée. Alors Mirabeau se lève tout à coup : « Allez dire à votre maître, s'écria-t-il, que nous sommes ici par la volonté du peuple et que nous n'en sortirons que par la puissance des baïonnettes. »

7. Mirabeau et la Cour. — Mirabeau, après avoir défendu si éloquemment la révolution, se rapprocha de la cour. Le peuple avait révélé sa force par la prise de la Bastille, le 14 juillet 1789 ; il avait adopté, comme symbole des idées nouvelles, le drapeau tricolore ; il avait enfin obtenu l'égalité de tous les droits par l'abolition de tous les privilèges, dans la fameuse nuit du 4 août. C'est alors que Mirabeau pensa que la révolution ne devait pas aller plus loin. Il crut que la royauté était encore nécessaire. On l'accusa de trahison. « Je sais, dit-il, qu'il y a peu de distance du Capitole à la roche Tarpéienne. »

8. Mort de Mirabeau. — Le puissant orateur ne réussit pas dans cette dernière partie de son œuvre. Il usa dans une lutte stérile les restes d'une énergie que le travail et la débauche avaient déjà brisée. Il mourut le 2 avril 1791. « J'emporte avec moi, dit-il, le deuil de la monarchie ; les factions s'en disputeront les lambeaux. »

L'Assemblée et le peuple pleurèrent la mort d'un tel homme. Les funérailles de Mirabeau furent imposantes. Ses restes furent ensevelis dans l'église de Sainte-Geneviève érigée en *Panthéon français* à cette occasion, et destinée désormais à la sépulture des grands hommes.

LECTURE. — **Le 14 juillet 1789.**

Un des événements les plus célèbres de l'histoire de la Révolution est la prise de la Bastille.

Dans la journée du 14 juillet, la foule envahit l'Hôtel-des-Invalides, y enleva des fusils et des canons, puis marcha sur la Bastille. La forteresse, défendue par le gouverneur de Launay et 114 Suisses, se rendit après quatre heures de résistance. Le gouverneur et le prévôt des marchands, Fléselles, furent tués.

Le roi, effrayé, rappela Necker et éloigna les troupes. Bailly fut nommé maire de Paris et Lafayette commandant de la garde nationale.

La garde nationale adopta les deux couleurs de Paris, bleu et rouge, et, comme signe de réconciliation avec la royauté, le blanc, couleur de la maison de Bourbon. « La cocarde tricolore, dit Lafayette, fera le tour du monde. » Le roi voulut marquer sa confiance aux Parisiens en venant les visiter. Bailly offrit les clefs de la ville. « Sire, dit-il, ce sont les mêmes qui furent présentées à Henri IV : il avait reconquis son peuple ; aujourd'hui, c'est le peuple qui a reconquis son roi. »

Le 14 juillet, anniversaire de la prise de la Bastille, est la fête nationale de la France.

Fig. 116. — La Bastille.

EXERCICES ORAUX ET ÉCRITS.

1. Explication des mots. — *Constitution*, ensemble de lois qui régissent un pays. Avant 1789, il n'y avait pas de constitution, parce que le roi faisait ce qu'il voulait. — *Assemblée constituante*, assemblée qui est chargée de rédiger une constitution. — *Etats généraux*, on appelait ainsi la réunion des députés de la noblesse, du clergé et du tiers-état ou bourgeoisie. — *Drapeau tricolore*, drapeau français aux trois couleurs : le rouge et bleu, couleur de Paris, le blanc, couleur de la royauté.

2. Explication des noms géographiques. — *Nemours*, ville du département de Seine-et-Marne. — *Provence*, ancienne province française, capitale Aix. — *Aix*, aujourd'hui sous-préfecture des Bouches-du-Rhône. — *Marseille*, chef-lieu des Bouches-du-Rhône, notre grand port sur la Méditerranée.

3. Questionnaire. — Qu'est-ce que la Révolution française? — Que demandaient en 1789 les députés de la nation? — Quel est le nom de la grande assemblée de 1789? — Quel en était l'orateur le plus remarquable? — Où est né Mirabeau? — Que savez-vous de particulier sur son enfance? — Par qui fut-il nommé député? — Quel était son aspect à la tribune? — Citez une réponse éloquente de Mirabeau? — N'a-t-il pas cherché à sauver le roi? — Après quels événements a-t-il tourné au parti du roi? — A-t-il réussi? — Quand est-il mort? — Où ses restes ont-ils été déposés?

4. Devoir à rédiger. — Racontez ce que vous savez de la vie de Mirabeau.

LEÇON.

1. La France, à l'époque de la Révolution, a lutté glorieusement contre toutes les armées de l'Europe.

2. Un homme se distingua entre tous par l'habile direction qu'il donna aux armées de la République. Ce fut Carnot, qui mérita d'être appelé *l'organisateur de la victoire*.

3. Carnot a été un grand patriote. Sa vie entière fut consacrée à la défense de la France. Cependant il mourut dans l'exil en 1823.

RÉCIT.

1. La patrie en danger. — La révolution qui avait eu à lutter contre tant de résistances intérieures fut menacée par la coalition européenne. Tous les rois de l'Europe s'étaient réunis pour venger la mort de Louis XVI et pour détruire la république française. La patrie fut en danger.

Le peuple se leva avec un élan généreux pour repousser les attaques des ennemis. Dans toutes les villes des bureaux improvisés recevaient les enrôlements volontaires. A Paris, le canon retentissait d'heure en heure pour avertir les citoyens que l'ennemi approchait. Huit am-

Fig. 117. — La patrie en danger.

phithéâtres étaient dressés sur plusieurs points ; les officiers municipaux s'y tenaient en permanence ; et, en deux jours, cinq mille hommes y vinrent se faire inscrire comme soldats.

La victoire répondit d'abord à nos efforts. Nos volontaires, commandés par Dumouriez, culbutèrent les Prussiens au combat de *Valmy*, en se précipitant la baïonnette en avant, au cri de « Vive la nation ! » Bientôt même ils remportèrent la grande victoire de *Jemmapes* et ils s'emparèrent de toute la Belgique.

2. La Convention. — Les ennemis firent alors un effort suprême et ils envoyèrent sur nos frontières de nombreuses armées. En même temps des révoltes éclataient en France. Les habitants de la Vendée et de la Bretagne prenaient les armes contre la République; Lyon et Marseille étaient en insurrection; Toulon était livré par des traîtres aux Anglais.

Le gouvernement de la République, représenté par l'assemblée appelée la *Convention*, fit face à ces périls en déployant une énergie extraordinaire. Il condamna à mort tous ceux qui conspiraient contre la République; pendant plusieurs mois la guillotine resta en permanence. Ce fut le régime de la terreur. En même temps il décréta que tous les citoyens capables de porter les armes seraient envoyés à la frontière, contre les ennemis de la patrie.

3. Carnot. — Mais il ne suffisait pas de lever ces masses d'hommes; il fallait les armer, les équiper, les organiser. Il fallait enfin en faire des soldats disciplinés et des armées solides.

Ce fut l'œuvre d'un homme de génie, d'un grand patriote, de Carnot, membre du comité de salut public, le ministre de la guerre le plus célèbre que la France ait eu, après Louvois.

4. Carnot organise la victoire. — Carnot naquit à Nolay, dans la Côte-d'Or, en 1753.

Dans sa jeunesse Carnot montra une grande aptitude pour les mathématiques, passa de brillants examens après ses études et fut nommé à vingt ans lieutenant du génie.

Quand la révolution éclata, il en défendit les principes avec enthousiasme. Élu député à la Convention, il vota la peine de mort contre Louis XVI et la proclamation de la République.

Fig. 118. — Carnot.

Ses connaissances militaires le firent envoyer en mission aux armées; il y déploya beaucoup d'habileté et de bravoure. A son retour, il fut nommé membre du comité de salut public et, en cette qualité, fut chargé d'organiser les armées.

Carnot suppléa à tout avec une activité extraordinaire. Il fit incorporer les jeunes soldats parmi les anciens pour donner à nos régiments plus de force; et, au lieu d'éparpiller les armées en petits corps, il les réunit en masses énormes; car, disait-il, ce sont les gros bataillons qui remportent les victoires.

Aussi les armées républicaines, animées du plus pur patriotisme, commandées par d'habiles généraux furent partout victorieuses. Après la bataille de *Fleurus*, gagnée au chant de la *Marseillaise*, tout le pays fut conquis jusqu'au Rhin. La République donna à la France ses frontières naturelles. Carnot reçut le titre glorieux d'*organisateur de la victoire*.

5. Patriotisme de Carnot. — Au milieu des orages de la révolution, Carnot se montra toujours courageux et ferme. Il défendit dans la Convention ses amis accusés, au risque d'être condamné à mort. « Je ne sais qu'une chose, dit-il, c'est que quand ils sont entrés au comité de salut public la France était perdue, et qu'elle était sauvée quand ils en sont sortis. » Plus tard, quand le premier consul voulut substituer l'Empire à la République, il vota seul contre l'abolition de la République. Sous l'Empire, il se tint à l'écart, loin des honneurs. Mais, quand la France fut de nouveau menacée, il ne songea qu'à sa patrie, et il vint offrir son épée à l'empereur. Il fut nommé commandant de la citadelle d'Anvers, et ensuite ministre.

Après la chute de l'empire, Carnot fut exilé. Il mourut en 1823 à Magdebourg, où il s'était retiré, entouré de l'estime de tous.

Carnot est un de ces citoyens qui par leur vertu, leur patriotisme et leur honnêteté ont fait honneur à la République.

LECTURE. — **Un trait de la jeunesse de Carnot.**

Carnot avait été destiné par ses parents à l'état ecclésiastique. Mais il montra peu de dispositions et révéla au contraire de fort bonne heure son goût pour l'armée. On raconte qu'il n'avait encore que dix ans quand sa mère le conduisit à un spectacle où on jouait une pièce militaire. L'enfant voyait avec plaisir les soldats défiler sur la scène, puis livrer entre eux la bataille, lorsque tout à coup il se leva et interpella l'acteur qui jouait le rôle de général. « Vous avez mal placé votre artillerie, dit-il ; vos soldats sont exposés au feu ; abritez vos canons derrière ce rocher ! » Turenne enfant dormait sur un canon ; Carnot à dix ans dressait des plans de bataille. Tous deux se distinguèrent parmi les plus grands hommes de guerre de leur temps.

EXERCICES ORAUX ET ÉCRITS.

1. **Explication des mots.** — *Enrôlement*, engagement comme soldat. — *Comité de salut public*, ce comité nommé par la Convention gouvernait la France. — *Frontières naturelles*, celles qui sont formées par un obstacle naturel tel qu'une montagne ou un fleuve.

2. **Explication des noms géographiques.** — *Valmy*, village de la Marne. — *Jemmapes*, village de la Belgique. — *Vendée*, ancienne province, a formé le département de la Vendée. — *Bretagne*, ancienne province, chef-lieu Rennes. — *Toulon*, port militaire sur la Méditerranée, Var. — *Fleurus*, ville de la Belgique. — *Anvers*, sur l'Escaut, ville de la Belgique. — *Magdebourg*, sur l'Elbe, en Prusse.

3. **Questionnaire.** — Pourquoi l'Europe fit-elle la guerre à la Révolution ? — La France résista-t-elle avec énergie ? — Quelles furent les victoires des Français ? — Qui organisa, à l'époque de la Convention, les armées de la République ? — Où est né Carnot ? — Que fit-il à la Convention ? — De quel comité faisait-il partie ? — Quel titre lui a-t-on donné ? — Pourquoi ? — Dans quelles circonstances s'est-il montré grand patriote ? — Où est-il mort ?

4. **Devoir à rédiger.** — Racontez la vie de Carnot.

LEÇON.

1. Les armées de la République étaient animées de l'amour de la liberté et de la patrie.

2. Les généraux étaient dignes de commander à de tels soldats. Marceau, Jourdan, Kléber, Masséna et surtout Hoche, donnèrent l'exemple des plus nobles vertus militaires.

3. Hoche, soldat à seize ans, général en chef à vingt-quatre ans, se signala en Alsace, pacifia la Vendée, gagna cinq batailles à la tête de l'armée de Sambre-et-Meuse, et mourut à vingt-neuf ans.

4. Soldat désintéressé, Hoche n'avait d'autre pensée que le salut et la gloire de la République.

RÉCIT.

1. Les armées de la République. — Jamais le génie militaire de la France ne brilla avec plus d'éclat qu'à l'époque de la révolution. Nos soldats

Fig. 119. — Marceau.

marchaient aux combats soutenus par l'amour de la liberté et de la patrie. La détresse du gouvernement était telle que souvent ils manquaient de pain. Combien de fois pieds nus, à peine vêtus ils allèrent en chantant à la victoire ! Aussi, quand ils étaient revenus dans leurs foyers, ils étaient fiers de dire : Nous étions de l'armée du Rhin, de l'armée de Sambre-et-Meuse, de l'armée des Alpes !

Les généraux étaient dignes de commander à de tels soldats. C'étaient : *Marceau,* la bravoure et la générosité mêmes, soldat à quinze ans, général à vingt-cinq ans, mort à vingt-sept ans ; *Jourdan*, le général en chef de la glorieuse armée de Sambre-et-Meuse, le vainqueur de Fleurus ; *Kléber*, le héros des guerres de la Vendée, célèbre par son courage et par sa mort en Egypte ; *Masséna*, que ses nombreux succès avaient fait surnommer *l'enfant chéri de la victoire*.

Mais celui qui entre tous se fit remarquer par ses vertus républicaines, ce fut Lazare Hoche.

2. Hoche. — Lazare Hoche, né en 1768 à Versailles, était le fils d'un garde du chenil de Louis XV. A seize ans, il s'engagea dans les gardes françaises. Il résolut alors de consacrer à son instruction tout le temps que lui laisseraient les exercices militaires. Il acheta des livres avec le peu d'argent qu'il se procurait par son travail et il se montra bientôt digne par ses connaissances d'arriver aux grades les plus élevés de l'armée.

En 1789, Hoche était sergent. Il ne serait pas arrivé plus haut, car il fallait être noble pour devenir officier. Mais la révolution détruisit cette injustice ; elle ne tint plus aucun compte de ce qu'on appelait les droits de la naissance. Désormais Hoche voyait la carrière ouverte devant lui.

Fig. 120. — Hoche.

Sa belle conduite dans les guerres de Belgique lui valut le grade de général. Il n'avait alors que vingt-quatre ans. Cette jeunesse frappa l'esprit des soldats.

« J'ai vu notre nouveau général, disait l'un d'eux. Son regard est celui de l'aigle, fier et vaste. Il est fort comme le peuple et jeune comme la révolution. »

3. Les campagnes de Hoche. — Le jeune général se signala aussitôt par ses brillants services. En 1793 il défendit héroïquement la ville de Dunkerque ; et, la même année, il sauva l'Alsace par sa belle victoire de *Wissembourg* sur les Autrichiens.

Une accusation injuste le fit arrêter et jeter en prison. Il aurait été victime de la *Terreur*, si ses ennemis n'avaient été condamnés avant lui. Mis en liberté, Hoche fut chargé de soumettre l'insurrection de la Vendée. Il se montra habile et humain dans cette difficile. Après avoir battu les insurgés, il chercha à pacifier les esprits et usa de douceur et de générosité.

Hoche reçut en 1797 le commandement de l'armée de Sambre-et-Meuse. En quelques jours il gagna deux batailles, trois combats et força les Autrichiens à battre en retraite.

4. Mort de Hoche. — Mais ce fut le terme de ses succès. Depuis quelque temps sa santé était ébranlée ; on ne savait quelle était la cause des douleurs horribles dont il souffrait. Il expira à l'âge de vingt-neuf ans. Cette mort si rapide émut les contemporains ; et le bruit se répandit qu'il avait été empoisonné.

La République porta le deuil de ce grand citoyen. Bon, humain, désintéressé, il n'eut jamais d'autre pensée que le salut et la gloire de sa patrie. Il fut le modèle des soldats de la République. « Je vaincrai les ennemis de la République, disait-il, et quand j'aurai sauvé la patrie, je briserai mon épée. » La ville de Versailles lui a fait élever une statue avec cette simple inscription :

HOCHE

Soldat à 16 ans, Général en chef à 24, mort à 29.

LECTURE. — **Le dévouement à la patrie.**

A aucune époque la France n'a produit plus de patriotes et ne compta plus d'actes de dévouement qu'à l'époque de la Révolution. Généraux et soldats, enfants et vieillards, tous affrontaient courageusement la mort pour le salut de la patrie.

C'est Kléber qui, sommé par l'amiral anglais de se rendre prisonnier, fait paraître cet ordre du jour héroïque :

« Soldats! on ne répond à de telles insolences que par des victoires! Préparez-vous! »

Ce sont les soldats du vaisseau le *Vengeur* qui, menacés d'être engloutis par les flots, refusent cependant de se rendre; et qui, au moment de disparaître dans les abîmes de la mer, font entendre le cri de *Vive la nation! Vive la République!*

C'est un enfant de treize ans, le jeune Viala, qui se précipite au milieu des balles pour couper un pont de bateaux et ainsi empêche les royalistes de passer la Durance. Il est atteint mortellement et s'écrie : « Ils ne m'ont pas manqué, mais je suis content, je meurs pour la liberté! »

C'est un autre enfant de treize ans, le jeune Barra, qui s'engage comme volontaire dans les guerres de la Vendée. Pris par les Vendéens, il peut sauver sa vie s'il crie « Vive le roi! » Mais l'enfant se redresse fièrement, crie : « Vive la République! » et tombe percé de coups.

C'est un vieillard, La Tour d'Auvergne qui, après avoir fait toutes les guerres de la République, s'engage de nouveau à l'âge de soixante ans et est surnommé le *premier grenadier de la République*. La Tour d'Auvergne fut tué dans un combat en Bavière ; mais son régiment conserva le souvenir de son courage et de sa mort. Dans toutes les revues l'officier qui faisait l'appel prononçait son nom le premier, et le porte-drapeau répondait : « Mort au champ d'honneur! »

EXERCICES ORAUX ET ÉCRITS.

1. Explication des mots. — *Garde du chenil*, garde des chiens de chasse de la cour. — *Terreur*, on a donné ce nom à l'époque la plus sanglante de la Révolution.

2. Explication des noms géographiques. — *Versailles*, chef-lieu du département de Seine-et-Oise. — *Dunkerque*, port de mer et sous-préfecture du Nord. — *Wissembourg*, Alsace. — *Alsace*, ancienne province française que les Prussiens nous ont enlevée à la suite de la guerre de 1870.

3. Questionnaire. — Quelles étaient les vertus des armées républicaines? — Citez le nom de quelques généraux de la République? — Où est né Hoche? — Que fit-il dans sa jeunesse? — A quel âge était-il soldat? — Quel grade avait-il en 1789? — A quel âge fut-il général? — Quelles furent ses principales campagnes? — A quel âge est-il mort? — Où lui a-t-on élevé une statue?

4. Devoir à rédiger. — Racontez la vie du général Hoche.

QUATRIÈME RÉCIT. — NAPOLÉON BONAPARTE.

LEÇON.

1. Napoléon Bonaparte, né en Corse en 1769, fut général à vingt-quatre ans.

2. A vingt-sept ans, il fit la glorieuse campagne d'Italie signalée par les victoires de Lodi, d'Arcole et de Rivoli.

3. Deux ans plus tard, il dirigea l'expédition d'Égypte illustrée par la victoire des Pyramides et la fondation de l'Institut du Caire.

4. A son retour, il renversa le gouvernement du Directoire, et fut nommé premier consul. La victoire de Marengo en Italie, et les institutions célèbres qu'il fonda en France augmentèrent sa gloire. En 1804, il fut proclamé empereur des Français sous le nom de Napoléon Ier.

5. Empereur, Napoléon continua ses conquêtes. Il vainquit les Autrichiens à Austerlitz; les Prussiens à Iéna; les Russes à Friedland; les Autrichiens à Wagram. Il fonda ainsi un vaste empire.

6. Mais les revers commencèrent. Repoussé en Russie, vaincu à Leipsig en Allemagne, épuisé par sa campagne de France, Napoléon abdiqua et se retira à l'île d'Elbe.

7. Revenu en France, il fut définitivement vaincu à la grande bataille de Waterloo, et alla mourir dans la captivité de l'île de Sainte-Hélène (1821).

RÉCIT.

1. Le général Bonaparte. — A l'époque de la Révolution un homme se distingua entre tous, parmi tant de remarquables généraux, par l'audace de son génie, par la rapidité de ses conquêtes, par ses éclatantes victoires, par sa profonde ambition. Ce fut le général Bonaparte.

Bonaparte était né à Ajaccio, le 15 août 1769, d'une des plus anciennes familles de la Corse. Il avait été élevé à l'école militaire de Brienne. A vingt-trois ans, il avait enlevé la ville de Toulon aux Anglais; à vingt-quatre ans, il était général et sauvait la Convention, menacée par l'insurrection. A vingt-sept ans, il commandait en chef l'armée d'Italie.

2. Bonaparte en Italie. — Cette guerre d'Italie

fut faite par ce jeune général avec une surprenante rapidité. En six mois Bonaparte défit trois armées formidables : avec 50,000 Français il vainquit plus de 200,000 Autrichiens. Il fut secondé par d'habiles généraux, tels que Masséna et Augereau.

Dans douze batailles et soixante combats, à *Lodi*, à *Arcole*, à *Rivoli*, à *Mantoue*, partout les soldats de la République se couvrirent de gloire.

3. Bonaparte en Egypte. — Les ennemis de la France avaient demandé la paix. L'Angleterre seule continuait à nous faire la guerre. Bonaparte résolut de détruire sa puissance maritime et de diriger une expédition contre l'Egypte. Il partit de Toulon avec une flotte qui portait des soldats et des savants. Il débarqua à *Alexandrie*, gagna la

Fig. 121. — Bonaparte.

bataille des *Pyramides* et s'empara du *Caire*, où il fonda le célèbre *Institut* d'Egypte.

Malheureusement notre flotte fut entièrement détruite par les Anglais dans la rade d'*Aboukir*. Bonaparte retourna en France.

4. Bonaparte premier consul. — A son retour, Bonaparte trouva le gouvernement de la République menacé par une coalition européenne et par les discordes intérieures. Il tourna ses armes contre le gouvernement légal de son pays et, après le coup d'Etat du 18 brumaire, il prit lui-même le pouvoir avec le titre de premier consul.

5. Le consulat. — Le gouvernement du premier consul, appelé le *Consulat*, donna à la France quelques années de prospérité et de gloire. Il assura les principes de la révolution par le *Code civil;* il rétablit la paix religieuse par le *Concordat;* enfin il récompensa tous les services publics par la *Légion d'honneur*.

A l'extérieur Bonaparte prit lui-même le commandement des armées contre l'Autriche. Il franchit les Alpes au col de Saint-Bernard et remporta la brillante victoire de *Marengo* qui força les ennemis à signer la paix.

6. Napoléon empereur. — Après ces nouvelles victoires, le consul Bonaparte fut proclamé empereur, sous le nom de Napoléon Ier.

7. Les succès de l'empire. — La première partie du règne de Napoléon fut marquée par d'éclatants succès. L'empereur vainquit toutes les coalitions que l'Europe forma contre la France. Les Autrichiens et les Russes furent battus à Austerlitz (1805), les Prussiens à *Iéna* (1806), les Russes à *Eylau* et à *Friedland* (1807), les Autrichiens à *Wagram* (1809). Les Français étaient entrés, portés par la victoire, dans toutes les capitales de l'Europe et ils étendaient leur domination au delà du Rhin et des Alpes.

Napoléon, qui avait fait de ses anciens compagnons d'armes, des maréchaux de France, fit de ses frères des rois. Joseph Bonaparte régna en Espagne, Louis Bonaparte en Hollande, Eugène Beauharnais, fils adoptif de l'empereur, fut vice-roi d'Italie; Murat, son beau-frère, fut roi de Naples, et Jérôme Bonaparte, roi de Westphalie.

Ainsi, en 1810, Napoléon paraissait être le dominateur de l'Europe.

8. Les revers de l'Empire. — Mais bientôt la France, après avoir connu toutes les gloires, allait subir les humiliations de la défaite et les malheurs de l'invasion.

Poussé par son ambition, Napoléon voulut conquérir *l'Espagne*; mais ce pays nous opposa une indomptable résistance et épuisa nos armées. L'*expédition de Russie* fut encore plus désastreuse. Notre armée périt presque tout entière dans cette lugubre retraite, au milieu de champs couverts de neige. Au passage de la *Bérésina*, une grande partie des soldats fut engloutie dans le fleuve.

L'Empereur essaya de résister à la mauvaise fortune : il lutta pendant trois jours à la grande bataille de *Leipsig* contre l'Europe tout entière. Il fut vaincu et la France fut envahie par des milliers d'ennemis. Malgré les combats glorieux qui signalèrent la défense de la patrie, Paris capitula; et l'empereur vaincu fut forcé d'abdiquer son pouvoir.

9. L'île d'Elbe. — Napoléon, après avoir fait ses adieux à la vieille garde dans le palais de Fontainebleau, se retira dans l'île d'Elbe, dont la souveraineté lui avait été donnée.

Un frère de Louis XVI fut alors reconnu comme roi de France, sous le nom de Louis XVIII. Mais ce nouveau gouvernement commit des fautes et Napoléon en profita pour revenir en France. Sa popularité était encore si grande qu'il fut accueilli avec empressement par l'armée et le peuple; et de nouveau il disposa du pouvoir.

10. Waterloo (1815). — Mais l'Europe se montra inquiète de son avènement et elle forma contre la France une nouvelle coalition.

C'est dans les plaines de *Waterloo*, en Belgique, que se décidèrent les destinées de la France. Malgré l'héroïsme du maréchal Ney et de la garde impériale, la bataille fut perdue. La garde, avec son brave général Cambronne, préféra mourir plutôt que de se rendre.

11. Sainte-Hélène. — Napoléon, forcé d'abdiquer une seconde fois, demanda asile à l'Angleterre. Mais il fut traité par les Anglais comme un prisonnier de guerre. Il fut envoyé dans l'île de Sainte-Hélène, au milieu de l'Océan, sous un climat meurtrier. Il y mourut en 1821.

Fig. 122. — Bataille de Waterloo.

Napoléon a été le plus grand homme de guerre des temps modernes. Comme Alexandre et César, il a marqué sa vie par les conquêtes les plus étonnantes et les victoires les plus glorieuses. Les qualités de son génie en firent aussi un administrateur et un écrivain remarquable.

Mais Napoléon poussé par une ambition que les succès mêmes avaient surexcitée, conduisit, dans la seconde partie de son règne, la France aux aventures les plus funestes ; et, malgré ses victoires, il la laissa plus petite qu'il ne l'avait reçue.

Aussi notre patrie paya bien cher la gloire de l'empire !

LECTURES.

PREMIÈRE LECTURE. — Desaix à Marengo.

Le général Desaix, le héros de la bataille de Marengo, naquit en 1768, près de Riom, dans le Puy-de-Dôme. A vingt-six ans il était déjà général, et se distingua dans toutes les guerres de la Révolution. Comme tous les généraux de la première République, il se montra désintéressé et humain. Bien qu'il fût pauvre il ne voulut jamais rien prendre pour lui dans les contributions de guerre. Aussi les ennemis eux-mêmes l'aimaient. En Allemagne les paysans l'appelaient le *bon général* ; et en Egypte les Musulmans lui avaient donné le nom de *sultan juste*.

A la bataille de Marengo les Français avaient commencé par être battus. Au début de l'action, les généraux Victor et Lannes avaient été repoussés; Bonaparte lui-même avec sa garde consulaire n'avait pas pu arrêter la déroute. Les Autrichiens croyaient tenir la victoire. Tout à coup le général Desaix arriva sur le champ de bataille avec de nouvelles troupes. « Général, lui dit Bonaparte, nous avons perdu deux batailles, mais il n'est que trois heures et nous avons le temps d'en gagner une troisième. »

Aussitôt Desaix se précipite à la tête de ses troupes. Mais il est blessé mortellement par une balle ennemie. Il tombe de cheval, et en voyant fuir les Autrichiens il s'écrie : « Je meurs content, puisque je meurs pour la patrie. »

Fig. 123. — Desaix.

La veille de la bataille, Napoléon, après avoir pris ses dernières mesures, étudia les mouvements de l'armée ennemie. « Avant demain au soir, dit-il, cette armée est à moi! »

Le soir, il voulut visiter à pied et incognito tous les bivouacs; mais à peine eut-il fait quelques pas qu'il fut reconnu. Il serait impossible de peindre l'enthousiasme des soldats en le voyant. Des fanaux de paille furent mis en un instant au haut de milliers de perches, et quatre-vingt mille hommes se présentèrent au-devant de l'empereur, en le saluant par des acclamations; les uns pour fêter l'anniversaire de son couronnement, les autres disant que l'armée donnerait le lendemain son bouquet à l'empereur. Un des plus vieux grenadiers s'approcha de lui et lui dit : « Sire, tu n'auras pas besoin de t'exposer. Je te promets, au nom des grenadiers de l'armée, que tu n'auras à combattre que des yeux et que nous t'amènerons demain les drapeaux de l'artillerie russe pour célébrer l'anniversaire de ton couronnement. »

L'empereur dit en entrant dans son bivouac, qui consistait en une méchante cabane de paille sans toit, que lui avaient faite les grenadiers : « Voilà la plus belle soirée de ma vie. »

L'attaque commença à midi. A cinq heures les Anglais commençaient à plier; on pouvait compter sur la victoire. L'arrivée de 30,000 hommes permit au général anglais Wellington de tenir encore. Cependant les magnifiques charges de la garde impériale firent fléchir les Anglais sur le mont Saint-Jean. Il était sept heures; Wellington, qui a mérité dans cette journée par sa ténacité le nom de duc de fer, croyait la journée perdue et ne songeait plus qu'à mourir. Mais une nouvelle armée prussienne, commandée par Blücher, arrive sur le champ de bataille. Nos soldats épuisés par une lutte héroïque commencent à reculer. Seule, la garde impériale, immobile, résiste toujours, décimée, meurtrie, écrasée. La nuit est venue. Un seul carré est encore debout; Cambronne le commande. Sommé de se rendre, il ne répond que par la légendaire parole : « La garde meurt et ne se rend pas. »

EXERCICES ORAUX ET ÉCRITS.

1. Explication des mots. — *Institut*, réunion de savants. — *Coup d'Etat*, acte violent et illégal contre le gouvernement d'un pays. — *Brumaire*, nom donné au mois de novembre. — *Code civil*, ensemble de lois qui régissent la société civile. — *Concordat*, traité avec le Pape.

2. Explication des noms géographiques. — *Ajaccio*, chef-lieu de la Corse. — *Lodi, Arcole, Rivoli, Marengo, Mantoue*, villes d'Italie.— *Alexandrie, Le Caire*, villes d'Egypte. — *Austerlitz, Wagram*, villes d'Autriche.— *Iéna, Eylau, Friedland*, villes de Prusse.— *Naples*, grande ville d'Italie.— *Westphalie*, contrée de l'Allemagne.— *Bérésina*, rivière de la Russie. — *Leipsig*, ville de l'Allemagne. — *Ile d'Elbe*, dans la Méditerranée. — *Ile Sainte-Hélène*, dans l'Atlantique, en face des côtes occidentales de l'Afrique. — *Waterloo*, ville de la Belgique.

3. Questionnaire. — Où est né Bonaparte? — A quel âge était-il général ? — Quelles victoires a-t-il remportées dans ses campagnes d'Italie et d'Egypte? — Quand fut-il nommé premier consul? — Après quel coup d'Etat ? — Quelles sont les institutions du Consulat? — Quelle est la grande victoire du premier Consul en Italie ? — Quel titre prit ensuite Bonaparte? — Quelles furent les principales victoires de Napoléon, empereur? — Fonda-t-il un vaste empire? — Quelles royautés avait-il données à ses frères? — Quelles furent les expéditions malheureuses de Napoléon 1er? — Qu'est-ce que la Bérésina? — Où fut-il vaincu en Allemagne? — Quand abdiqua-t-il son pouvoir?— Dans quelle île fut-il envoyé? — Revint-il en France? — Que fit-il? — Où fut-il vaincu? — Où fut-il envoyé comme prisonnier? — Quand est-il mort?

4. Devoir à rédiger. — Quelles sont les principales batailles livrées par Napoléon 1er. Racontez Marengo, Austerlitz, Waterloo.

CHAPITRE X

L'HISTOIRE CONTEMPORAINE

PREMIER RÉCIT. — LA TÉLÉGRAPHIE ÉLECTRIQUE. — AMPÈRE ET ARAGO.

LEÇON.

1. Le dix-neuvième siècle est surtout remarquable par les grandes découvertes scientifiques.

2. Deux savants français, Ampère et Arago, ont attaché leur nom à la belle découverte des télégraphes électriques.

3. Ampère, né à Lyon en 1775, se livra à l'étude des mathématiques et eut le premier l'idée d'appliquer l'électricité à la transmission rapide des dépêches. Il mourut en 1836.

4. Arago, né à Estagel (Pyrénées-Orientales), élève, puis professeur à l'école polytechnique, directeur de l'Observatoire, perfectionna les travaux d'Ampère et fit d'importantes découvertes en astronomie.

5. Ce savant fut aussi un homme politique, et il se montra dévoué aux idées républicaines.

RÉCIT.

1. Le dix-neuvième siècle. — Notre époque contemporaine ne sera pas inférieure aux siècles précédents ni par les grands événements qu'elle a accomplis ni par les hommes célèbres qu'elle a produits.

La littérature est représentée par des écrivains remarquables et compte un nom qui pourra être cité à côté des plus beaux génies qui ont honoré l'humanité, Victor Hugo.

Mais c'est surtout par les découvertes scientifiques et par les inventions utiles au progrès général que notre temps tiendra une grande place dans l'histoire.

Le seizième siècle avait donné au monde l'imprimerie ; le dix-neuvième siècle lui a donné la télégraphie électrique, les chemins de fer et la navigation à vapeur.

Et qui peut prévoir les surprises que la science nous ménage encore et les progrès sociaux qu'elle peut assurer !

2. La télégraphie électrique. — Qui de vous n'a vu sur nos grandes routes et le long de nos chemins de fer ces poteaux placés de distance en distance et supportant des fils métalliques ? Ce sont des fils du télégraphe. Toutes les grandes villes, tous les pays civilisés sont reliés les uns aux autres par ces fils. En quelques minutes une dépêche est transmise de Paris à Marseille, et même en Amérique. Car des fils ont été plongés dans la mer ; on les appelle les câbles sous-marins.

L'électricité transmise par ces fils d'un point à un autre, permet la rapidité des communications.

3. Ampère. — Deux savants français, Ampère et Arago, ont attaché leur nom à cette belle découverte des télégraphes électriques.

André-Marie Ampère, naquit à Lyon en 1775. Son goût pour les sciences mathématiques se révéla de bonne heure. On raconte que, même avant de savoir lire les chiffres, il s'amusait à compter avec de petits cailloux. Il eut bientôt appris tout ce qu'on savait de mathématiques dans son école. Puis il lut les ouvrages que son père possédait, et, il fit de tels progrès, qu'à vingt ans il avait déjà la réputation d'un savant.

Fig. 124. — Télégraphe électrique.

Les études du jeune Ampère furent arrêtées quelque temps par un affreux malheur. Son père fut condamné à mort par la Convention. La raison du jeune savant se troubla et on crut qu'il resterait fou. Mais peu à peu il reprit goût au travail, il étudia avec ardeur l'histoire naturelle, et la physique.

Ampère résolut alors d'enseigner aux autres ce qu'il avait appris lui-même : il fut nommé professeur de mathématiques au lycée de Lyon.

C'est à cette époque qu'Ampère s'adonna à l'étude des phénomènes de l'électricité. Deux savants étrangers, l'Américain Franklin et l'Italien Volta avaient déjà fait d'importantes découvertes. Mais Ampère eut l'honneur d'appliquer le premier l'électricité à la transmission des nouvelles. Il n'eut pas le temps de voir les beaux résultats de son invention. Car la première ligne télégraphique, celle de Paris à Rouen, a été établie en 1845 ; et Ampère mourut en 1836. Mais un autre français illustre, Arago, perfectionna

Fig. 125. — Ampère.

la belle découverte qui rendra à jamais illustre le nom d'Ampère.

4. Arago. — François Arago, naquit en 1786 à Estagel, dans les Pyrénées - Orientales. Comme Ampère, dont il fut l'ami, il montra dans son enfance de grandes dispositions pour les mathématiques. A seize ans, il était reçu le premier à l'école polytechnique, après avoir passé un brillant exa-

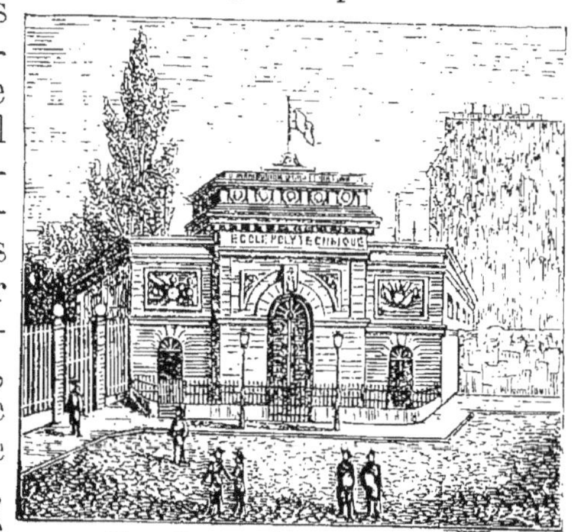

Fig. 126. — L'École polytechnique.

men devant l'illustre mathématicien, Monge.

Arago n'avait encore que vingt ans quand l'empereur Napoléon le chargea d'une mission scientifique en Espagne. Il devait mesurer la circonférence de la terre.

Dans ce pays, le jeune savant éprouva les plus tristes mésaventures. Les Espagnols qui étaient alors

Fig. 127. — Monge.

les ennemis des Français le jetèrent dans une prison. Il parvint à s'en échapper et s'enfuit à Alger, en traversant la mer sur une barque. Il voulut revenir en France ; mais dans le voyage il fut pris par des corsaires, ramené en Espagne où on voulut le fusiller. De nouveau libre, il s'embarqua pour la France : mais son navire fut poussé par la tempête vers la côte d'Afrique où

l'attendit une horrible captivité. Ce n'est qu'après trois ans qu'Arago put enfin revoir sa patrie.

Fig. 128. — Arago.

A son retour, Arago fut nommé membre de l'Institut, puis professeur à l'école polytechnique où il remplaça Monge, son ancien maître. Il n'avait que vingt-trois ans. Plus tard ses beaux travaux lui firent confier la direction de l'Observatoire de Paris.

Arago ne fut pas seulement un savant célèbre par les découvertes en astronomie et par les perfectionnements qu'il apporta à l'invention d'Ampère, il fut aussi un remarquable orateur politique. Il se montra toute sa vie dévoué aux idées libérales et à la République. En 1848 le peuple de Paris le nomma par acclamation membre du gouvernement. Quand la République fut renversée Arago resta fidèle à ses convictions. Il mourut en 1853.

Fig. 129. — Cuvier.

Par son génie scientifique, par ses découvertes et aussi par l'honnêteté et la fermeté de son caractère François Arago mérite d'être cité parmi les hommes les plus célèbres de notre temps.

LECTURES.

PREMIÈRE LECTURE. — Cuvier.

Les beaux travaux de Buffon sur l'histoire naturelle furent continués par un des savants les plus illustres de notre époque, Cuvier.

Fig. 130. — Une vue du Jardin des Plantes.

Cuvier naquit à Montbéliard en 1769. Encore enfant il révéla d'heureuses dispositions pour les sciences naturelles. Il lisait avec passion les

11.

œuvres de Buffon; il collectionnait les plantes et aimait à les classer et à les décrire.

A vingt ans il accompagna comme précepteur une famille en Normandie. La vue de ces belles falaises lui inspira le désir d'étudier la géologie. Il recueillait et examinait avec attention les cailloux et les coquillages que renferment les rives de l'Océan.

A son retour à Paris sa réputation de savant était déjà grande. Aussi fut-il nommé professeur au muséum d'histoire naturelle. C'est alors qu'il commença ses admirables travaux. Il connaissait si parfaitement la structure du corps des animaux, qu'avec quelques ossements il pouvait reconstruire les animaux qui avaient disparu. C'est ainsi que Cuvier put reproduire l'image de la plupart des êtres qui avaient vécu à l'époque antéhistorique. Sa science était si grande qu'il put faire pour ainsi dire l'histoire de la terre à l'âge où les hommes ne vivaient pas encore.

Le nom de Cuvier fut connu partout. Toutes les académies voulurent le compter au nombre de leurs membres.

Cuvier était aussi bon et modeste qu'il était savant. Il aidait de ses conseils tous ceux qui se destinaient à la science; sa maison hospitalière était ouverte à tous. Les dernières années du savant furent troublées par des douleurs domestiques : il vit mourir tous ses enfants. Lui-même mourut en 1833.

Fig. 131. — Un phare.

DEUXIÈME LECTURE.

Les phares. — Augustin Fresnel.

Vous avez vu sans doute le long de nos côtes ou à l'entrée de nos ports ces tours surmontées d'un fanal qui brille la nuit pour guider les navires: ce sont les phares.

La construction des phares est très ancienne. Un roi d'Égypte, nommé Ptolémée Philadelphe, fit construire sur l'île Pharos (de là le nom de phare) une haute tour d'où l'on découvrait

Fig. 132. — Fresnel.

les vaisseaux à plusieurs lieues en mer. Cette tour qui prit le nom de l'île était une des sept merveilles du monde.

Les phares n'avaient pas rendu de grands services jusqu'à notre époque, parce que leur lampe n'avait qu'une faible lumière qui ne s'apercevait pas d'assez loin sur la mer. Aussi par les nuits sombres et orageuses les naufrages étaient encore bien fréquents.

C'est un Français, Augustin Fresnel, qui, par ses belles découvertes, perfectionna l'éclairage des phares.

Fresnel naquit au petit village de Broglie, dans l'Eure, en 1788. A seize ans il entrait un des premiers à l'Ecole polytechnique. Nommé ingénieur, il continua ses études scientifiques et fit bientôt des découvertes qui le rendirent célèbre.

Ses expériences sur la lumière lui permirent de multiplier les rayons lumineux et de les rendre visibles à une distance très éloignée. Il entoura la lampe des phares de verres et de miroirs qui donnèrent à la lumière une portée plus grande. Désormais les navires pouvaient apercevoir les feux de la côte à plus de douze lieues en mer. Ils pouvaient ainsi éviter les écueils et naviguer d'une manière plus sûre. Les naufrages devenaient plus rares.

Fresnel n'est pas seulement un savant; c'est un bienfaiteur de l'humanité.

TROISIÈME LECTURE. — **L'éclairage au gaz.** — **Philippe Lebon.**

La première idée de l'éclairage au gaz est due à un Français, Philippe le Bon, né à Brachet, village de la Haute-Marne, en 1765. Cet ingénieur avait découvert qu'en soumettant le charbon de terre ou de bois à une température très élevée on obtenait un gaz susceptible de s'enflammer. Il construisit un petit appareil, appelé *thermolampe*, sorte de poêle qui devait à la fois chauffer et éclairer les appartements.

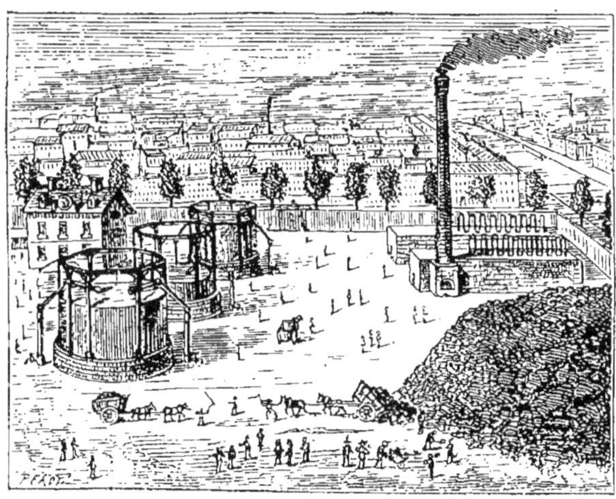

Fig. 133. — Usine à gaz.

Mais les premiers essais de Lebon réussirent peu. Le gaz éclairait mal et, comme il n'était pas épuré, il répandait une odeur désagréable. L'inventeur ruiné dut renoncer à son entreprise.

Les idées de Lebon furent reprises par un ingénieur anglais. Les appareils furent perfectionnés. En 1805 la manufacture de Watt fut éclairée au gaz. Le succès devint complet et peu à peu toutes les villes de l'Europe adoptèrent ce mode d'éclairage.

Cette découverte a rendu de grands services : elle n'a pas seulement embelli nos villes, elle les a rendues plus sûres pendant la nuit. Autrefois les rues n'étaient éclairées que par quelques lanternes ou réverbères. Aussi la circulation y était-elle difficile et périlleuse.

Aujourd'hui l'électricité fournit un nouveau moyen d'éclairage qui sera probablement utilisé, comme le gaz, pour le service public.

QUATRIÈME LECTURE. — La photographie. — Joseph Niepce.

La photographie est l'art de fixer, à l'aide de la lumière, l'image des objets sur une plaque de métal, sur du verre ou sur du papier.

La découverte de la photographie est due à Joseph Niepce qui naquit à Chalons-sur-Saône, en 1765.

Depuis longtemps un savant italien avait fait connaître le phénomène de la *chambre obscure*. Il avait construit une boîte fermée de toutes parts, à l'exception d'une petite ouverture par laquelle pénétrait un rayon de soleil. Il vit alors se peindre sur le fond de la boîte l'image renversée des objets qui étaient en face.

Niepce chercha pendant dix ans le moyen de fixer cette image. Il apprit qu'un peintre célèbre de Paris, nommé Daguerre, faisait les mêmes recherches. Les deux inventeurs associèrent leurs efforts et ils finirent par réussir. Mais Niepce mourut pauvre et ignoré avant d'avoir joui de sa découverte.

En 1839, Arago fit connaître à l'Académie des sciences la belle découverte de Niepce et de Daguerre. Le gouvernement accorda une récompense nationale qui consistait

Fig. 134. — Le photographe.

en une pension de 6000 francs pour Daguerre et en une autre de 4000 francs pour le fils de Niepce.

Depuis cette époque l'art de la photographie n'a cessé de faire des progrès et aujourd'hui on reproduit avec une grande rapidité et d'une manière inaltérable l'image de tous les objets.

EXERCICES ORAUX ET ÉCRITS.

1. Explication des mots. — *Télégraphe*, vient de deux mots grecs, *télé*, au loin, *graphein*, écrire. — *Électricité*, vient du mot grec, *électron* qui veut dire ambre, parce que l'électricité a été d'abord reconnue dans cette substance. — *Phénomène*, c'est-à-dire ce qui apparaît; se dit des effets qu'on remarque dans la nature. — *École polytechnique*, école où on enseigne les sciences et où on prépare des ingénieurs et des officiers.

2. Explication des noms géographiques. — *Estagel*, village des

Pyrénées-Orientales. — *Alger*, capitale de notre colonie d'Algérie, en Afrique.

3. **Questionnaire.** — Qu'est-ce qu'un télégraphe électrique? — Quels sont les deux savants français qui ont fait cette découverte? — Où est né Ampère? — Comment révéla-t-il ses dispositions pour les mathématiques? — Quel malheur troubla sa raison? — Où fut-il nommé professeur? — Quelle découverte fit-il? — Quels savants étrangers s'étaient déjà occupés d'électricité? — Où est né Arago? — De quelle grande école fut-il élève? — Où fut-il envoyé en mission? — Quelles furent ses aventures? — A son retour à Paris où fut-il nommé professeur? — Quelles découvertes fit-il? — Que fit Arago en 1848? — Quand est-il mort?

4. **Devoir à rédiger.** — Citez les principales découvertes de ce siècle et dites ce que vous savez sur chacune d'elles.

DEUXIÈME RÉCIT. — LES CHEMINS DE FER. — DENIS PAPIN. — JAMES WATT. — FULTON. — STEPHENSON.

LEÇON.

1. La puissance de la vapeur et son application aux chemins de fer et à la navigation est une des découvertes les plus utiles de notre siècle.

2. Au dix-septième siècle, un Français, Denis Papin, né à Blois, avait démontré la puissance de la vapeur; il avait inventé la marmite dite de Papin et construit un bateau à vapeur.

3. Les expériences de Papin furent reprises et complétées par deux Anglais : James Watt et Stephenson. Ils perfectionnèrent les machines qui furent utilisées pour les chemins de fer.

4. Enfin l'Américain Fulton construisit les bateaux à vapeur.

5. Toutes ces découvertes ont fait faire de grands progrès au commerce et à l'industrie.

RÉCIT.

1. La vapeur. — Quand vous placez un vase rempli d'eau sur le feu, vous remarquez après quelques minutes que l'eau commence à bouillir et qu'elle laisse échapper une sorte de nuage humide qui s'appelle la vapeur.

La force de la vapeur a été utilisée pour produire les merveilles qui sont sous vos yeux. C'est elle qui fait mouvoir avec tant de rapidité ces lourdes locomotives sur nos chemins de fer; qui permet aux navires de remonter les fleuves et même de traverser les mers. C'est elle qui met en mouvement les puissantes machines de nos fabriques.

Quels services la vapeur n'a-t-elle pas rendus ? Autrefois il fallait huit jours au moins pour aller de Paris à Marseille. Vous faites maintenant ce voyage en seize heures. Christophe Colomb avait mis plus d'un mois pour aller en Amérique; un bateau à vapeur franchit la même distance en huit jours. Et dans nos fabriques combien de bras étaient nécessaires pour faire mouvoir une machine ! Combien de temps perdu ! Aujourd'hui la plus petite machine à vapeur fait plus de travail que cent ouvriers, et elle le fait cent fois plus vite.

L'invention des machines à vapeur est donc une des plus belles et des plus utiles découvertes de notre temps. Aussi faut-il graver dans notre mémoire les noms des savants qui nous ont appris à utiliser la puissance de la vapeur.

2. Denis Papin. — C'est un Français qui a mis sur la voie de cette découverte. Il s'appelle Denis Papin. Il naquit à Blois, dans le Loir-et-Cher, en 1647. Son père qui était médecin voulait qu'il suivît sa carrière. Mais Papin préféra se vouer à l'étude des sciences. Il révéla une grande aptitude surtout pour la physique; et, jeune encore, il fit des travaux remarquables qui attirèrent l'attention sur lui. Un savant hollandais, Huygens, l'inventeur des horloges à pendule, et l'Anglais Bayle voulurent le voir et l'associer à leurs recherches.

3. La marmite de Papin. — La première qualité du savant c'est de savoir observer. Le fait le plus ordinaire peut devenir, sous l'œil interrogateur d'un homme attentif, l'origine d'une grande découverte. Vous avez vu que Galilée avait découvert la loi du pendule en observant le mouvement d'une lampe dans l'église de Pise. On raconte que le savant anglais Newton eut la première idée de la loi des mouvements des corps, c'est-à-dire de la gravitation, en voyant tomber une pomme d'un arbre. Papin fut aussi un observateur ; et c'est par l'observation qu'il fit sa découverte.

Il avait remarqué que l'eau, soumise à l'action du feu, atteint une température beaucoup plus élevée si elle est contenue dans un vase fermé. Il en conclut qu'en faisant cuire les aliments dans une marmite fermée on pourrait les faire cuire plus vite, puisque l'eau était plus chaude, et à meilleur marché. Il inventa donc une marmite économique.

Mais alors, il fit une autre découverte : c'est que la vapeur enfermée dans la marmite tendait à en sortir et soulevait le couvercle. Il se dit que la vapeur avait une force d'expansion. Pourquoi n'utiliserait-on pas cette force ? Enfin il remarqua que cette force de la vapeur était si grande, qu'elle pouvait faire éclater la marmite. Il mit alors un petit tube au couvercle pour laisser échapper un peu de vapeur. C'est cette soupape qui est encore employée dans nos machines et qui s'appelle la *soupape de sûreté.*

Vous voyez combien de choses Papin avait découvertes dans ce simple fait : une marmite qui bout sur le feu.

4. Les malheurs de Papin. — Les travaux du savant furent interrompus par de douloureuses épreuves. Louis XIV venait de révoquer l'édit de Nantes. Denis Papin qui était protestant dut s'exiler de sa patrie. Réfugié en Allemagne, il lutta souvent contre la misère. Cependant il recommença courageusement ses recherches scientifiques. Il eut l'idée de faire mouvoir un bateau par la force de la vapeur. Il fit sa première expérience sur le Wéser. Elle réussit ; le bateau, muni de roues auxquelles la vapeur donnait l'impulsion, s'avançait sur le fleuve, sans le secours des voiles ou des rames. Ce fut une grande joie pour l'inventeur. Malheureusement les bateliers du Wéser pensèrent que cette invention les ruinerait ; et, dans leur colère barbare, ils détruisirent le bateau.

Papin assista à la ruine de toutes ses espérances. Il en mourut de douleur, 1710.

La ville de Blois a élevé une statue à ce savant qui, par sa découverte, a rendu de si grands services à l'humanité.

5. James Watt. — Les expériences de Papin sur la vapeur furent reprises et complétées plus tard par deux Anglais : James Watt et Stéphenson.

James Watt naquit à Greenock, ville de l'Ecosse, en 1736.

Elevé à l'école primaire de sa ville natale, il montra un goût précoce pour l'étude des sciences. A six ans, son père le surprenait cherchant la solution d'un problème de géométrie.

A vingt et un ans Watt comprit qu'il devait par son travail venir en aide à sa famille. Il se plaça chez un constructeur d'instruments de mathématiques. Il n'y resta qu'un an. Sa santé le força à revenir en Ecosse où il obtint un modeste emploi à l'université de Glasgow.

Un jour qu'on lui donna à réparer une petite machine à vapeur il conçut l'idée de ces beaux travaux qui devaient rendre son nom immortel.

Il perfectionna la machine à vapeur de Papin ; il inventa un procédé pour condenser la vapeur ; puis il inventa la machine à double effet avec deux courants de vapeurs qui faisaient mouvoir le piston de bas en haut et de haut en bas. Enfin il construisit le régulateur à boules qui permettait à la machine de conserver une vitesse toujours uniforme.

Watt, qui avait eu des débuts pénibles, et qui, pendant de longues années, n'avait pu, faute de ressources, construire sa machine à vapeur, gagna plus tard une grande fortune. Il fut nommé membre de toutes les académies savantes. Notre académie des sciences se fit un honneur de le compter au nombre de ses associés.

Watt mourut en 1819. Sa statue en marbre blanc

a été placée dans l'abbaye de Westminster où sont inhumés les souverains de l'Angleterre.

6. Robert Fulton. — Robert Fulton naquit en 1765, aux Etats-Unis, de parents très pauvres. Il apprit à lire et à écrire dans une petite école de village ; puis il fut mis en apprentissage chez un orfèvre. Il voyagea ensuite en Angleterre et en France où il apprit la mécanique.

En 1803 il construisit un bateau à vapeur. On parla de cette invention à l'empereur Napoléon. Mais celui-ci répondit : « Tous ces inventeurs sont des charlatans et des imposteurs qui n'ont d'autre but que d'attraper de l'argent. Cet Américain est du nombre. Ne m'en parlez pas davantage. »

Fulton découragé retourna en Amérique. Il construisit un nouveau bateau à vapeur qu'il appela le *Clermont*. On se moqua de son invention et les Américains surnommèrent le bateau la *Folie-Fulton*.

Cependant, quand Fulton essaya son bateau sur le fleuve, tous les spectateurs, saisis d'étonnement en voyant le *Clermont* fendre l'eau avec rapidité, applaudirent à cette belle découverte.

Fulton établit alors un service régulier pour les voyageurs. Mais ce ne fut que peu à peu que les passagers osèrent monter sur son bateau. On raconte que, lorsque le premier voyageur paya le prix de sa place, Fulton se mit à pleurer. « Excusez mon émotion, dit-il, mais cet argent que vous me donnez est le premier salaire qu'aient obtenu mes longs travaux. »

Fig. 135. — Un bateau à vapeur.

De nombreux bateaux à vapeur furent alors construits; ils enrichirent les États-Unis et Fulton lui-même.

Cette grande découverte, en diminuant la lenteur et la durée des transports, contribua aux progrès du commerce et facilita les voyages les plus lointains.

Fulton mourut en 1815. Sa mort causa un deuil général.

LECTURE. — **Histoire de Georges Stephenson (1).**

1. — Georges Stephenson était fils d'un pauvre ouvrier mineur. A huit ans il commença à travailler. Il gardait les vaches dans les champs qui avoisinaient la mine où son père était occupé, et il gagnait à cela quatre sous par jour.

A dix ans, son père l'emmena avec lui à la mine. L'enfant était si petit qu'il se cachait derrière les chariots et les machines lorsque passait l'inspecteur des mines : car il craignait qu'on ne le trouvât trop jeune pour gagner son salaire. Cependant le pauvre enfant ne gagnait que douze sous.

Il se montra si travailleur, si attentif à sa besogne, qu'on s'empressa, à mesure qu'il avançait en âge, de lui confier des occupations de plus en plus difficiles. Lorsqu'il atteignit l'âge de seize ans, on lui remit le soin de la machine à vapeur.

Georges avait un goût tout particulier pour les machines ; on s'aperçut

Fig. 136. — Stephenson.

vite à la mine combien celles qui étaient confiées à ses soins étaient en bon état. Mais là ne se bornait pas l'attention de Georges. Il voulait encore comprendre le mécanisme ingénieux des machines qu'il surveillait. Au lieu donc d'exécuter son pénible travail de douze heures par jour avec l'indifférence d'un automate, le jeune homme observait les rouages compliqués de la machine à vapeur qui lui était confiée.

Malheureusement Georges, qui avait alors dix-sept ans, ne savait ni lire ni écrire : ses parents, trop pauvres, n'avaient pu l'envoyer à l'école. Il comprit vite que ces machines qu'il aimait tant resteraient pour lui des énigmes indéchiffrables, jusqu'au jour où il serait devenu moins ignorant. Il résolut d'apprendre à lire, et acheta un alphabet.

Le soir, il alla trouver le maître d'école du village, et prenait une leçon ; pendant le jour, à l'heure des repas, il étudiait. Dès qu'il avait un instant de loisir, on le voyait tirer de sa poche un livre de lecture ou une ardoise sur laquelle il s'essayait à écrire ou à calculer. C'était un

---

(1) Cette lecture est extraite textuellement du beau livre de M. Bruno, *Francinet*, Belin, éditeur. Nous ne saurions trop recommander pour les classes élémentaires ce livre de lecture courante qui a été couronné par l'Académie française.

travailleur si énergique, que, une fois sa journée achevée, il recommençait à travailler la nuit, raccommodant les vieux souliers de ses camarades pour gagner l'argent nécessaire à l'achat de ses livres.

II. — Georges Stephenson se maria jeune. Pour subvenir aux besoins de sa famille, il dut travailler plus que jamais. Le dimanche, il employait ses loisirs à s'instruire, lisant et calculant sans cesse, étudiant sur des dessins le mécanisme de toutes les machines nouvelles, et se mettant ainsi au courant des choses qui concernaient son métier.

Il était si sobre qu'on ne l'a jamais vu au cabaret. Il s'exposa même à mécontenter le chef de la mine, auquel il devait sa place de mécanicien, plutôt que de consentir à l'accompagner dans une taverne pour y prendre un verre d'eau-de-vie.

— Excusez-moi, monsieur, répondit fermement Stephenson; je me suis promis à moi-même de ne jamais boire.

Le feu prit un jour à la demeure de Georges en son absence. Une partie de son mobilier brûlée ou endommagée lui causa de grandes pertes. Entre autres, le coucou qui marquait les heures était dans un si triste état qu'on ne pouvait plus le faire marcher; et, ce qui était plus fâcheux encore, l'argent manquait pour s'adresser à l'horloger. Stephenson fit pour sa précieuse horloge ce qu'il faisait pour ses machines : il la démonta avec précaution, l'examina, la nettoya, la remit à neuf avec tant d'intelligence qu'elle marcha ensuite mieux que jamais.

— Bon! pensa alors notre industrieux travailleur, voilà désormais une nouvelle corde à mon arc. Au lieu de raccommoder simplement les chaussures à la veillée, j'y joindrai la réparation des horloges. L'incendie au moins m'aura été bon à quelque chose.

Et en effet, à partir de cette époque, tout le village lui confia le soin de ses montres et de ses coucous.

III. — Cependant, la réputation d'habileté de Stephenson comme mécanicien se répandait. On l'envoya au fond de l'Ecosse réparer une machine importante. Au lieu de prendre une voiture, il fit courageusement la route à pied, un bâton à la main.

— Autant d'économisé, pensait-il; cela me permettra de payer les mois d'école de mon fils.

Georges en effet avait un fils, qu'il avait appelé, du nom de son vieux père : Robert. Ce que Georges désirait le plus pour son fils, c'était de pouvoir lui donner une bonne éducation. C'était dans ce but qu'il joignait depuis tant de temps le travail de la nuit à celui du jour.

La machine dérangée que Stephenson était allé voir, finit, grâce aux bons soins de notre ami, par rendre son service. Georges reçut 700 fr. en paiement.

— Que me voilà riche, pensait-il! C'est égal, je suis venu à pied : je retournerai de même pour ne pas entamer mon trésor.

Chemin faisant, il voulut passer par le village qu'habitait son vieux père, et il arriva épuisé de fatigue dans le hameau.

Un affreux accident venait d'arriver. Le vieux Stephenson, horriblement brûlé par un jet de vapeur qu'une machine lui avait lancé, était devenu aveugle. De plus, il était tombé dans une misère profonde.

Stephenson, qui avait fait une longue route à pied plutôt que de toucher à ses 700 francs, en dépensa aussitôt la moitié pour payer les dettes de son vieux père.

Puis il lui fit quitter la pauvre cabane où il languissait, et l'emmena dans une jolie maisonnette, à peu de distance de sa demeure. L'aveugle vécut là, heureux, pendant de longues années.

Stephenson avait déjà eu précédemment le malheur de perdre sa femme, qu'il aimait extrêmement; il ne lui restait donc plus que son petit Robert, très jeune encore, et son vieux père aveugle.

A ce moment là, l'Angleterre, engagée contre la France dans une guerre désespérée, appelait tous les hommes valides sous les armes. On n'exemptait pas même du service les ouvriers dont la famille réclamait le travail pour vivre.

Georges, forcé de partir ou de s'acheter un remplaçant, dépensa ses dernières économies pour s'exempter du service, afin de gagner le pain de son père et de son fils.

Ainsi, de tant de travail, de tant de nuits passées, il ne restait plus rien à Stephenson. Un chômage, une maladie, auraient suffi pour le plonger dans la plus affreuse misère.

— « Que de fois, disait-il lui-même, dévoré d'inquiétude sur l'avenir, j'ai fait en pleurant le trajet de ma cabane à la mine ! »

Néanmoins, ce découragement dura peu. Il se remit au travail avec plus d'ardeur que jamais; le travail et l'étude le consolèrent.

IV. — Une nouvelle machine avait été établie dans une mine voisine de celle où travaillait Georges. Cette machine devait pomper l'eau qui se trouve toujours dans les excavations des mines; mais elle était mal placée et se refusa à marcher. De savants ingénieurs furent appelés par la compagnie qui exploitait la mine; ils tentèrent, mais en vain, de réparer la machine. Un an se passa sans que personne ne pût en obtenir un service convenable.

Stephenson saisissait toutes les occasions possibles de s'approcher de cet appareil obstinément rebelle. Son esprit n'avait plus de repos; il voulait trouver l'obstacle qui empêchait la machine de fonctionner. Un samedi soir, après l'avoir longuement observée, il s'en revint tout joyeux :

— Je sais comment.il faudrait faire pour la mettre en mouvement! s'écria-t-il.

Cette réflexion fut rapportée au directeur de la mine, qui, non sans hésitation, se décida à confier les réparations à Stephenson. Quelques jours plus tard, la machine avait si bien fonctionné que toute l'eau qui obstruait la mine était épuisée, et les ouvriers s'étaient remis au travail.

Emerveillés, ils surnommèrent Stephenson le *médecin des machines.*

V. — A mesure que Stephenson étudiait les livres sur les arts, les sciences et la mécanique, il s'attachait à découvrir des perfectionnements pour les machines. Il avait dans sa maison un petit atelier où s'étalaient des modèles de toutes sortes, et il passait de longues heures à en étudier les divers mécanismes.

Il se mit à construire lui-même des machines, et il en fabriqua plusieurs pour les houillères voisines; elles marchèrent merveilleusement.

Georges alors reprit une idée qu'il avait eue depuis sa jeunesse : c'est qu'en perfectionnant les machines à vapeur dont on se servait pour transporter les chargements, on arriverait à se passer du secours des chevaux et à franchir l'espace avec une vitesse beaucoup plus grande. Les locomotives existaient déjà à cette époque, mais ces machines, fort imparfaites, n'accomplissaient que deux lieues à l'heure; de plus, elles consommaient beaucoup de charbon; enfin elles faisaient un bruit tellement grand que les chevaux et le bétail en étaient épouvantés. Dès qu'un troupeau ou une voiture se montrait, on était obligé d'arrêter l'effrayant chariot à vapeur pour éviter les accidents. Tout cela causait beaucoup d'ennuis, et ralentissait à un tel point la vitesse des transports, que les machines de ce genre tombaient en défaveur.

Stephenson commença par porter remède à ce bruit excessif en inventant une nouvelle espèce de tuyau qui évitait le bruit et augmentait le tirage.

Mais il ne devait pas arriver du premier coup à réaliser entièrement l'idéal qu'il s'était proposé.

VI. — En 1829, un concours fut ouvert en Angleterre. On proposait un prix à l'inventeur d'une locomotive capable d'entraîner un poids énorme avec une vitesse de trois lieues à l'heure.

Stephenson, qui avait enfin résolu les difficultés de son travail, présenta au concours une locomotive qu'il appela la *Fusée*. On donna le signal : la *Fusée* partit, et on vit qu'elle méritait bien son nom, car elle entraîna le poids convenu avec une vitesse de six lieues à l'heure.

Débarrassée ensuite de sa charge, la *Fusée* partit une seconde fois et atteignit dix lieues à l'heure.

Fig. 137. — La locomotive la *Fusée* de Stephenson.

Quatre autres locomotives concoururent avec la *Fusée ;* elles ne remplissaient pas les conditions, et furent écartées.

A partir de ce jour, le triomphe de Stephenson fut complet. Acclamé par ceux-là même qui le raillaient la veille, il devint l'objet de l'orgueil national.

On n'avait d'abord songé aux locomotives que pour transporter des marchandises ; on comprit enfin ce que Stephenson prédisait et ce à quoi il travaillait depuis vingt ans : « Les hommes finiront eux-mêmes, disait-il, par voyager à l'aide de la vapeur. »

La réputation de l'ancien mineur était sans rivale. De simple ingénieur des mines il se fit entrepreneur de chemins de fer. C'est lui qui établit la première voie ferrée en Angleterre. Puis il passa en France, où il fit construire le chemin de fer de Paris à Rouen et de Marseille à Avignon.

Plus tard il se rendit en Belgique, en Italie, en Espagne, puis en Égypte, et là encore on lui dut l'établissement des premiers chemins de fer.

VII. — Georges Stephenson devint propriétaire d'une immense fortune, due à son travail et à son intelligence. Lorsqu'il se sentit trop fatigué pour continuer ses travaux industriels, il en laissa la suite à son fils Robert. Il reporta alors son activité sur des institutions charitables. Il fit construire des écoles pour ses ouvriers, ouvrit des bibliothèques à leur usage, et créa pour eux des caisses de secours et de prévoyance.

Sans cesse il leur rappelait, quand il se rendait au milieu d'eux, qu'il ne devait sa fortune et ses succès qu'à la persévérance.

— La persévérance, leur disait-il, a toujours été ma devise; sans elle je ne fusse arrivé à rien. En dépit de ma pauvreté et des difficultés qu'elle me créait, j'ai persévéré à m'instruire. En dépit des conseils et des mauvais exemples, j'ai persévéré à ne jamais mettre les pieds au cabaret. En dépit des revers de la fortune qui m'ont accablé si souvent, je me suis toujours répété ma devise : Persévérance! Elle m'a fait triompher de toutes les misères. Si vous voulez l'adopter, mes amis, elle fera pour vous ce qu'elle a fait pour moi : elle vous rendra heureux.

Ces simples paroles de Stephenson trouvaient toujours un écho dans les âmes des ouvriers; car ces hommes savaient qu'avant de donner des conseils, Stephenson avait commencé par donner l'exemple.

La vie de Georges Stephenson est une des plus belles qui se puissent offrir comme modèles de travail, de persévérance et d'intégrité. Il mourut à soixante-sept ans, en 1848. L'Angleterre lui a élevé une statue à Newcastle, près de l'usine qu'il avait fondée.

EXERCICES ORAUX ET ÉCRITS.

1. **Explication des mots.** — *Locomotive* vient de deux mots latins : *locus*, lieu, et *motio*, mouvement. — *Soupape de sûreté*, petit appareil qui s'ouvre de lui-même pour donner issue à une partie de la vapeur, et empêcher l'explosion. — *Piston*, pièce mobile fixée à l'extrémité d'une tige et qui reçoit un mouvement alternatif de va-et-vient dans un cylindre.

2. **Explication des noms géographiques.** — *Blois*, préfecture de Loir-et-Cher. — *Weser*, fleuve de l'Allemagne. — *Greenock*, ville de l'Ecosse (Grande-Bretagne). — *Glascow*, une des principales villes de l'Ecosse.

3. **Questionnaire.** — Qu'est-ce que la vapeur? — A quelles inventions a-t-on utilisé la force de la vapeur? — Quel est le Français qui a eu le premier cette idée? — Où est né Denis Papin? — Qu'appelle-t-on la marmite de Papin? — Pourquoi Papin fut-il exilé? — Où alla-t-il? — Que devint son bateau à vapeur? — Pourquoi les bateliers du Weser le détruisirent-ils? — Qui a complété les expériences de Papin? — Où est né James Watt? — Quelle est l'importance de sa découverte? — Qui a construit les premiers bateaux à vapeur? — Où est né Fulton? — Quel est le nom de son bateau à vapeur? — Quel surnom lui avait-on donné? — Pourquoi? — Fulton a-t-il réussi? — Quelle est l'utilité des bateaux à vapeur?

4. **Devoir à rédiger.** — Racontez la vie de Denis Papin.

TROISIÈME RÉCIT. — **LES VOYAGES.** — **DAVID LIVINGSTONE**
né en 1813, mort en 1873.

LEÇON.

1. David Livingstone est le plus grand voyageur de notre époque.

2. L'Écossais Livingstone, fils d'un ouvrier, se forma lui-même à l'étude des sciences. A vingt-sept ans, il était reçu docteur et il résolut de voyager.

3. Il dirigea plusieurs explorations au centre de l'Afrique, encore inconnue. Il visita la vallée du Zambèze et découvrit la région des grands lacs.

4. Ses voyages étaient inspirés par un sentiment d'humanité : il voulait porter la civilisation au milieu de peuplades encore barbares.

5. Livingstone mourut en Afrique à la suite des fatigues et des maladies provoquées par ses longs voyages. C'est une victime du dévouement à la science et à l'humanité.

RÉCIT.

1. Les voyages. — Notre siècle, qui est si grand par les découvertes scientifiques et par les inventions utiles, ne le céde à aucune autre époque par le nombre des hardis voyageurs qui ont exploré les parties du monde qui nous étaient encore inconnues.

Les glaces du pôle Nord n'ont plus arrêté l'audace des navigateurs; les vastes régions du centre de l'Asie et de l'Amérique ont été parcourues plusieurs fois. Mais c'est surtout le continent africain, dont nous ne connaissions que le littoral, qui a provoqué les voyages les plus extraordinaires et les plus heureuses découvertes.

2. Les Français en Afrique. — Les découvertes en Afrique ont un intérêt particulier pour la France. Car elle possède sur ce continent deux belles colonies, le Sénégal et l'Algérie. La conquête de l'Algérie a été commencée en 1830. Tout récemment, en 1881,

Carte de l'Algérie.

notre brave armée a fait flotter le drapeau français sur les murs de Tunis. Enfin c'est un Français, M. Ferdinand de Lesseps, qui a exécuté en Afrique le plus grand travail des temps modernes, le percement de l'isthme de Suez.

3. Les voyages en Afrique. C'est vers l'intérieur encore inconnu de l'Afrique que les voyageurs ont dirigé tous leurs efforts. Parmi ces voyageurs il faut citer au premier rang un homme dont le nom sera aussi populaire que ceux de Christophe Colomb, de Vasco de Gama et de Cook : cet homme est David Livingstone.

4. David Livingstone. — David Livingstone naquit au village de Blantyre, en Ecosse, en 1813. A dix ans il commença à travailler dans une filature de coton ; car son père, modeste ouvrier, était pauvre. Le jeune Livingstone acheta avec les économies de son travail quelques livres ; et, comme il avait le désir de s'instruire, il apprit seul les premiers éléments. Bientôt il résolut de se perfectionner dans l'étude des sciences. Il alla à Glascow, ville de l'Ecosse, célèbre par son université ; il y apprit le latin, le grec, la géologie et la botanique. Aussi, à l'âge de vingt-sept ans recevait-il, dans l'université, le titre de docteur.

5. Projet de Livingstone. — On commençait à cette époque à diriger les voyages vers l'Afrique. Livingstone résolut d'explorer cette vaste contrée qui est située au centre de l'Afrique et sur laquelle on n'avait aucune idée précise. Quelques marchands d'esclaves seuls y avaient pénétré. Ils racontaient qu'elle était traversée par de grandes rivières et qu'elle renfermait des plaines fertiles, à côté de déserts arides. Ils racontaient aussi que les sauvages qui habitaient ce pays étaient en guerre perpétuelle et qu'ils avaient l'atroce coutume de manger la chair humaine. Livingstone en entreprenant ce voyage était poussé par deux nobles sentiments : l'amour de la science et de l'humanité. Connaître ces pays, en étudier la géographie, répandre chez ces peuples grossiers les idées bienfaisantes du christianisme, tel fut le but de cet homme qui fut à la fois un missionnaire et un savant.

6. Les voyages de Livingstone. — Plusieurs grands voyages ont été accomplis par le docteur Livingstone.

Dans le premier il partit du cap de Bonne-Espérance, remonta vers le nord, découvrit le lac Ngami et le fleuve de Zambèze; puis il arriva à Saint-Paul de Loanda, colonie portugaise de la côte occidentale de l'Afrique.

Dans son second voyage il traversa toute l'Afrique de l'ouest à l'est. Parti de Saint-Paul, il remonta les vallées du Coango et du Congo jusqu'à l'endroit où les deux fleuves réunis prennent le nom de Zaïre. Il explora le lac Dilolo. Puis il traversa tout le pays habité par les tribus africaines, appelées les *Makololos*, et pénétra dans la vallée du Zambèze dont il visita les chutes magnifiques. Le fleuve se précipite dans un abîme de 138 mètres de profondeur avec un tel bruit que les Africains appellent cette cataracte la *fumée tonnante*. Livingstone lui donna le nom le *Chute-Victoria*, en l'honneur de la reine d'Angle-erre.

Livingstone revint en Angleterre en 1856. Mais il n'y resta que le temps nécessaire pour y préparer une nouvelle expédition. Dans ce troisième voyage il explora de nouveau la vallée du *Zambèze* et de son principal affluent le *Chiré*. Mais sa principale décou-verte fut celle du grand lac le *Nyassa* dont la longueur est de 320 kilomètres. Après avoir recueilli toutes ses observations, il revint prendre quelque repos en An-gleterre.

7. La mort de Livingstone. — Les parents et les amis de Livingstone essayèrent vainement de le retenir. En 1866 l'intrépide voyageur prépara une nouvelle expédition qui devait être la dernière. Arrivé à Zanzibar, il reprit aussitôt la route des lacs; visita de nouveau le lac Nyassa; puis, pénétrant dans le pays du Loanda, il fit la découverte du lac angouélo.

Mais bientôt il tomba gravement malade; il était si

épuisé par les fatigues et par la fièvre que ses compagnons furent obligés de le porter sur un brancard. Ses compagnons mêmes moururent ou l'abandonnèrent. Livingstone, qui n'avait plus avec lui que quelques esclaves noirs, était dénué de tout, quand il fut rencontré par le voyageur *Stanley* que le journal américain le *New-York-Hérald* avait envoyé à sa recherche. Il reçut des secours et reprit courageusement ses explorations. Mais les fatigues l'avaient épuisé et il ne put résister aux nouvelles atteintes de la fièvre. Il mourut le 1er mai 1873.

Ses fidèles compagnons recueillirent précieusement ses notes et ses collections; ils embaumèrent son corps et le transportèrent à Zanzibar. Un navire le ramena en Angleterre: il fut enterré avec grande pompe dans l'abbaye de Westminster, le 18 avril 1874.

8. Appréciation sur Livingstone. — Le hardi voyageur avait bien mérité par sa belle vie tous les honneurs qu'on lui décerna à sa mort. Quel courage n'avait-il pas fallu à cet homme pour accomplir ses projets! Rien n'avait pu l'arrêter, ni les fièvres des régions malsaines, ni les attaques terribles des bêtes sauvages, les lions, les panthères, les serpents, ni les sentiments hostiles des peuplades nègres. Ce vaillant homme fut surtout un homme bon. Sa femme avait tenu à l'accompagner et elle mourut en Afrique victime de son dévouement. Ses serviteurs, pauvres nègres ignorants, s'étaient attachés à lui comme à un père. Malade, ils le portèrent sur une litière. Mort, ils ne voulurent pas abandonner son cadavre; mais ils le transportèrent pieusement, malgré les fatigues de la route, dans un voyage de plusieurs milliers de kilomètres.

David Livingstone a été un de ces hommes qui par leur courage, leur bonté, leur amour de la science ont fait honneur à l'humanité.

LECTURE. — Comment Stanley a retrouvé Livingstone (1).

Pendant le dernier voyage de Livingstone, les nouvelles de l'explorateur avaient cessé de parvenir en Europe. L'inquiétude était grande. On se demandait avec anxiété quel était son sort et celui de ses compagnons. Le directeur d'un grand journal américain, le *New-York Herald,* résolut d'envoyer un homme courageux à la recherche de Livingstone. Il pensa à un de ses rédacteurs, M. Henry Stanley, qui était alors en Espagne. Stanley, appelé à Paris par une dépêche, accourut aussitôt. Il raconte lui-même sa curieuse entrevue avec son directeur, M. Bennett.

« J'allai directement au Grand-Hôtel, et frappai à la porte de M. Bennett.

« Entrez, » dit une voix.

Je trouvai M. Bennett au lit.

« Qui êtes-vous? demanda-t-il.

— Stanley.

— Oh! oui. Prenez un siège; j'ai pour vous une mission importante. »

Il se jeta sa robe de chambre sur les épaules, et me dit vivement :

« Où pensez-vous que soit Livingstone?

— Je n'en sais vraiment rien, monsieur.

— Croyez-vous qu'il soit mort?

— Possible que oui, possible que non.

— Moi, je pense qu'il est vivant, qu'on peut le trouver, et je vous envoie à sa recherche.

— Avez-vous réfléchi, monsieur, à la dépense qu'occasionnera ce voyage?

— Vous prendrez d'abord 25,000 francs; quand ils seront épuisés, vous ferez une traite d'autant, puis une troisième, et ainsi de suite; mais retrouvez Livingstone! »

Stanley accepta bravement l'offre qui lui était faite. Il partit pour Zanzibar et pénétra avec une nombreuse escorte dans l'intérieur de l'Afrique. Après plusieurs mois de voyage, il rencontra enfin Livingstone au village d'Oudjiji, près du lac Tanganyika. Il fut ému en voyant sa figure pâle et amaigrie par la fièvre, ses vêtements en lambeaux. Il lui donna en abondance des provisions de toutes sortes qui réconfortèrent la santé ébranlée de Livingstone. Les deux voyageurs passèrent plusieurs jours ensemble : Stanley écoutait avec avidité les merveilleux récits du docteur. Puis il lui proposa de revenir avec lui en Europe : mais Livingstone préféra continuer ses explorations.

Stanley retourna seul en Angleterre; il a écrit la narration de son voyage. Ce récit fait également honneur à Stanley et à Livingstone.

EXERCICES ORAUX ET ÉCRITS.

1. **Explication des mots.** — *Missionnaire,* qui va prêcher la foi.

2. **Explication des noms géographiques.** — *Canal de Suez,* met en communication la Méditerranée et la mer Rouge. — *Cap de Bonne-Espérance,* situé au sud de l'Afrique. — *Zanzibar,* ville d'Afrique, sur la côte occidentale.

3. **Questionnaire.** — Quel est le continent qui a été exploré par de

(1) H. Stanley, *Comment j'ai retrouvé Livingstone,* Lib. Hachette.

nombreux voyageurs? — Quel est le plus célèbre de ces voyageurs? — Où est-il né? — Quel était le but des voyages de Livingstone? — Combien a-t-il fait de voyages? — Quelles sont les vallées qu'il a parcourues? — Les lacs qu'il a découverts? — Quel voyageur a été envoyé à sa recherche? — Où est-il mort? — Où a-t-il été enterré? — Que faut-il penser de Livingstone?

4. Devoir à rédiger. — Racontez la vie et les voyages de Livingstone.

CONCLUSION

La vie de tous ces hommes célèbres dont vous avez lu l'histoire doit laisser dans vos âmes de précieux souvenirs et vous inspirer de généreuses résolutions.

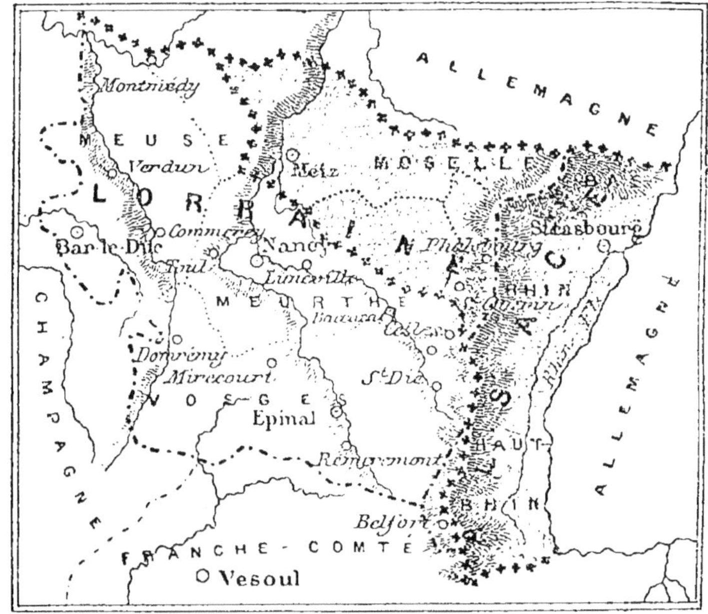

Carte de la Lorraine et de l'Alsace.

Le travail persévérant et opiniâtre est l'instrument de tous les progrès. Que d'efforts n'ont-ils pas déployés les Palissy, les Papin, les Stéphenson, les Fulton pour faire leurs admirables découvertes ! Buffon disait que « le génie n'est qu'une longue patience. » Soyez des hommes de travail.

L'amour de l'humanité a inspiré les plus beaux dévouements. Livingstone n'a pas reculé devant les fatigues et les dangers des voyages dans les pays inconnus de l'Afrique pour adoucir les mœurs barbares des sauvages. Diderot disait : « Celui qui blesse l'espèce humaine me blesse. » Soyez bons et humains ; aimez vos camarades comme vos frères.

Aimez surtout la patrie ! Car c'est l'amour de la patrie qui est le sentiment le plus noble et qui fait les grands cœurs. La France a toujours trouvé, aux heures sombres de son histoire, des enfants prêts à se dévouer pour elle. Jeanne d'Arc sauva le pays de la domination anglaise ; et les soldats de la République le délivrèrent des menaces de la coalition.

La France a été éprouvée, de nos jours, par les défaites les plus cruelles. Elle a perdu ses deux plus belles provinces, l'Alsace et la Lorraine. Peut-être aura-t-elle encore besoin de vous. Rendez-vous dignes de répondre à son appel. En travaillant, en devenant plus instruits, en pratiquant vos devoirs, dites-vous que vous augmentez les forces de la France. Quelle que soit la situation où les hasards de la vie vous placeront, vous serez des citoyens utiles si vous n'oubliez pas la devise : *Tout pour la Patrie!*

TABLE DES MATIÈRES

CHAPITRE QUATRIÈME. — LE MOYEN AGE

CHAPITRE CINQUIÈME. — LE QUINZIÈME SIÈCLE. — LES ORIGINES DES TEMPS MODERNES

CHAPITRE SIXIÈME. — LE SEIZIÈME SIÈCLE

CHAPITRE SEPTIÈME. — LE DIX-SEPTIÈME SIÈCLE

CHAPITRE HUITIÈME. — LE DIX-HUITIÈME SIÈCLE

CHAPITRE NEUVIÈME. — LA RÉVOLUTION FRANÇAISE

CHAPITRE DIXIÈME. — L'HISTOIRE CONTEMPORAINE

TABLE DES FIGURES